ABC du BAC

Excellence

la mention en plus

Anglais

2de • 1re • Term

Christelle Brouteele-Guille

Caroline Gallicher-Falguière

Nathan

Mode d'emploi

Un ouvrage efficace pour réviser et aller plus loin

PARTIE 1 – FICHES DE GRAMMAIRE

- **26 fiches de grammaire** pour vous accompagner tout au long du lycée, de la Seconde à la Terminale.
- **Des explications simples** et toujours illustrées par des exemples traduits en français.
- Chaque fiche propose **des exercices d'application corrigés**, de difficulté progressive pour bien assimiler les règles.

PARTIE 2 – LES NOTIONS DU LYCÉE – 2de, 1re, Term

COURS

- Un **cours très complet en espagnol** qui vous propose des axes d'analyse sur toutes les **notions du programme**.
- Des petits encadrés donnent **des informations complémentaires**, du vocabulaire…

REPÈRES

- Des biographies, des frises chronologiques, des zooms sur des éléments de civilisation…
- Des suggestions de lectures, de films à voir…

LEXIQUE

- **Les mots indispensables** associés au thème du chapitre, pour mieux comprendre et s'exprimer plus facilement.
- Un classement par sous-thèmes pour faciliter la mémorisation.

ISBN : 978-2-09-157501-8

CAHIER SPÉCIAL BAC

- La description des **trois épreuves du contrôle continu** et des conseils pour bien se préparer tout au long de l'année.
- Des **sujets type corrigés** pour chaque épreuve.
- La méthodologie des **compréhensions écrite et orale** et des **expressions écrite et orale.**

ANNEXES

- Des cartes des États-Unis et des Îles britanniques,
- des tableaux récapitulatifs de grammaire,
- les erreurs à éviter,
- les principaux faux-amis,
- les principaux verbes irréguliers…

Nathan live!

(!) L'application nécessite une connexion Internet

COMMENT FAIRE ? C'EST FACILE !

1. Téléchargez l'application gratuite **Nathan live** disponible dans tous les stores sur votre smartphone ou votre tablette (Appstore, GooglePlay, Windows Store).
2. Ouvrez l'application. Flashez les pages de vos manuels où ce logo apparaît en plaçant votre appareil au-dessus de la page.
3. Consultez les ressources !

En flashant les pages

▸ Les ressources en accès direct

SOMMAIRE

PARTIE 1 – FICHES DE GRAMMAIRE

PARTIE 2 - LES NOTIONS DU LYCÉE – 2de, 1re, Term

CAHIER SPÉCIAL BAC

ANNEXES

Le nouveau Bac

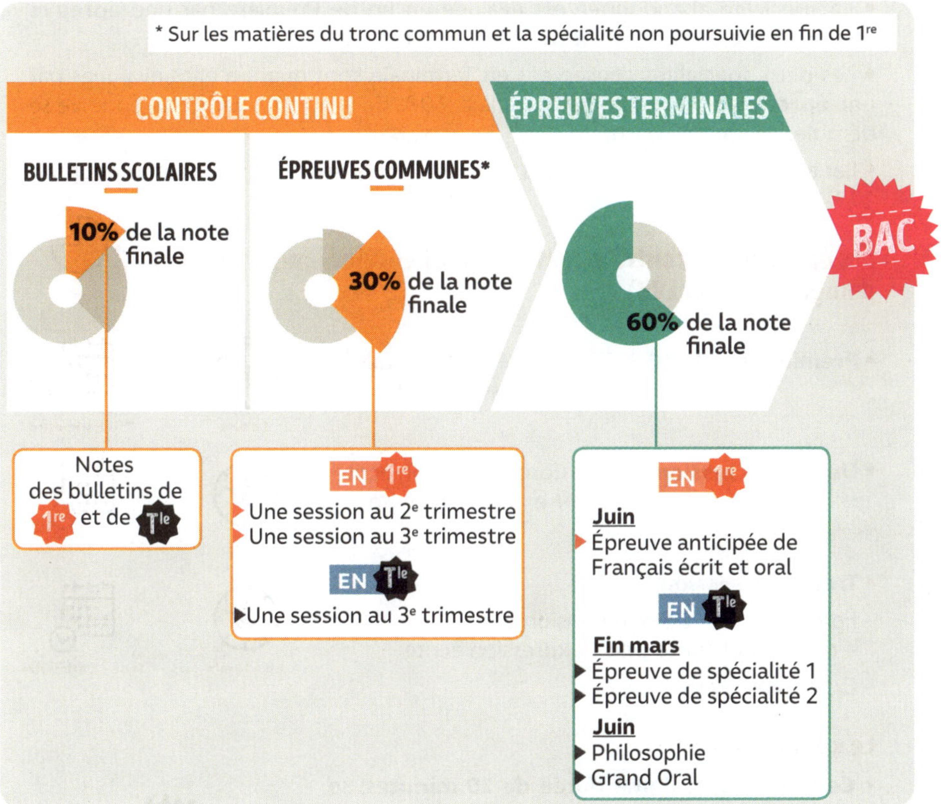

- **Deux sessions d'épreuves communes du contrôle continu** sont mises en place **en Première** pour les enseignements communs. Elles se déroulent **aux deuxième et troisième trimestres**, et leurs dates sont fixées par les lycées.
- Une **troisième session** d'épreuves communes du contrôle continu est mise en place durant le **troisième trimestre de Terminale**.
- Les nouvelles **épreuves finales** auront lieu en 2021 pour les élèves de Terminale.

* Toutes ces informations correspondent aux instructions officielles d'avril 2020.

3 spécialités en Première, 2 spécialités en Terminale

• À la fin de l'année, les élèves de Première **sélectionnent parmi les trois spécialités** choisies en début d'année **celle qu'ils ne poursuivront pas** en Terminale.

• La spécialité abandonnée est évaluée en fin de Première par une **épreuve commune de contrôle continu** (30 % de la note finale).

• Les deux spécialités conservées en Terminale sont quant à elles évaluées par une **épreuve finale** en fin de Terminale (60 % de la note finale). Cette épreuve se déroulera en mars à partir de 2021.

• Par ailleurs, toutes les notes des **bulletins scolaires** de l'année comptent pour 10 % de la note finale.

Les épreuves du contrôle continu pour l'enseignement commun d'Anglais (LVA et LVB)

Coeff. 5

• **Première session** (E3C1) : Compréhension orale
+ expression écrite

1 heure — 1re – 2e trimestre

• **Deuxième session** (E3C2) : Compréhension écrite
+ expression écrite

1 h 30 — 1re – 3e trimestre

• **Troisième session** (E3C3) :

– Épreuve écrite : Compréhension orale
+ compréhension écrite + expression écrite

– Expression orale

2 h + 10 min — Term – 3e trimestre

Le « Grand Oral »

• **Cette épreuve, d'une durée de 20 minutes**, se réalise devant un jury et porte sur les spécialités choisies par l'élève.

• **Elle se déroule en trois parties :** l'élève présente une question portant sur un (ou les deux) enseignement(s) de spécialité, puis le jury interroge l'élève sur ces enseignements, afin d'évaluer la capacité de l'élève à analyser et mobiliser des connaissances. S'ensuit enfin un échange à propos du projet d'orientation de l'élève.

Les grands moments de l'année de Terminale

CALENDRIER DU BAC | **CALENDRIER PARCOURSUP**

Novembre

Parcoursup : Recherche des informations sur Parcoursup

Janvier

Parcoursup : Inscription sur Parcoursup

Février

Parcoursup : Constitution de votre dossier complet, saisie et confirmation de vos vœux

Fin mars

Bac : Deux épreuves écrites de spécialité

Avril

3e trimestre
dates au choix de votre lycée

Bac : Épreuves de contrôle continu (E3C)

Mai

Parcoursup : Pensez à répondre aux propositions des établissements

Juin

Bac : Épreuve écrite de Philosophie et « Grand Oral »

Juillet

Parcoursup : Éventuellement, phase complémentaire

Septembre

* Informations mises à jour en mars 2020

PARTIE 1

Fiches de grammaire

1 DÉNOMBRABLES ET INDÉNOMBRABLES

1 Comment les reconnaître

• Un nom est **dénombrable** lorsqu'il désigne un ou des éléments que l'on peut compter séparément : un, deux, trois, quatre, cinq, etc. Exemples : *chair, car, house, student, window, book…*

• Un nom est **indénombrable** lorsqu'il désigne un élément que l'on ne peut séparer en unités (liquides, noms abstraits comme « l'argent », « la violence »…). Pour le compter, on utilise une unité de mesure spécifique telle que les litres, les bouteilles, les tonneaux, les kilogrammes, les verres…

Attention
Les sommes d'argent restent au singulier.
→ *Ten dollars* ***is*** *a lot of money.*

• Il y a de nombreuses différences entre le français et l'anglais. Sont indénombrables en anglais :
– les noms de matériaux et d'aliments : *wool* la laine, *milk* le lait, *bread* le pain, *tea* le thé
– les noms renvoyant à un ensemble d'éléments concrets ou à une notion abstraite :

- **éléments concrets** : *furniture* les meubles, *hair* les cheveux, *rubbish/trash* les ordures, *luggage* les bagages
- **notions abstraites** : *advice* les conseils, *evidence* des preuves, *news* des nouvelles, *information* des renseignements, *progress* le/les progrès, *knowledge* les connaissances/le savoir, *research* la (les) recherche(s), *damage* les dégâts, *growth* la croissance, *work* le travail/l'emploi, *business* les affaires.

Attention
Ces mots (même *news*) n'ont qu'une forme singulier (ils sont invariables), ils ne peuvent être précédés de *a/an* et sont toujours suivis d'un verbe au singulier.

2 Comment fragmenter les noms indénombrables

• Si l'on veut faire référence à un seul ou à plusieurs éléments, on peut utiliser *a piece of* ou simplement *some.*
→ *Furniture* des meubles, le mobilier, *a piece of furniture* un meuble
→ *Information* des renseignements, *some information* un renseignement
→ *News* des nouvelles, *some news* une nouvelle

• Mais certaines expressions sont particulières :
→ *A fit of anger / madness* une crise de colère / de folie
→ *A stroke of genius* un trait de génie
→ *A lump of sugar* un morceau de sucre
→ *A loaf of bread* une miche de pain (un pain)

Attention
A piece of bread un morceau de pain

3 Quelques particularités

• ***People*** a un sens collectif mais se comporte grammaticalement comme un dénombrable :

→ ***Many** people **are** happy.* Beaucoup de gens sont heureux.

Il peut être précédé de *a/an* et prendre la marque du pluriel uniquement dans le cas où il signifie : le(s) peuple(s).

→ *The Incas were **a** South American people.* Les Incas étaient un peuple d'Amérique du Sud.

→ *The people**s** of the world* les peuples du monde.

• **Certains noms terminés en *-s*** sont toujours suivis d'un verbe au singulier : *news, mathematics* (et tous les noms en *–ics*), *the United States, the Netherlands.*

→ *Physic**s** **is** a fascinating subject.* La physique est une matière passionnante.

→ *The United State**s** **is** one of the most powerful countries in the world.* Les États-Unis sont l'un des pays les plus puissants du monde.

→ *This **is** good new**s**.* Ce sont de bonnes nouvelles.

• En anglais britannique, certains noms sont suivis d'un verbe au singulier lorsqu'ils désignent le groupe dans son ensemble et d'un verbe au pluriel lorsqu'ils parlent des éléments du groupe : *government, family, crowd, audience.* En anglais US, ils restent singuliers.

→ *The typical family **is** composed of a father, a mother and two children.* La famille typique est composée d'un père , d'une mère et de deux enfants.

→ *My family **are** very angry with me.* Ma famille est en colère contre moi.

→ *The government **has** decided to pay for the damage.* Le gouvernement a décidé de payer les dégâts.

→ *The government **were** gathered in the castle.* Le gouvernement était réuni dans le château.

• ***Sheep*** **et *fish* ne prennent jamais la marque du pluriel**. Ils sont suivis tantôt d'un verbe au pluriel tantôt d'un verbe au singulier et sont précédés ou non de l'article *a* selon qu'ils renvoient à une unité ou à l'ensemble.

→ *They could see a sheep ; the sheep was lonely.* Ils voyaient un mouton ; le mouton était seul.

→ *The sheep are in the barn.* Les moutons sont dans la grange.

• **Certains noms changent de sens** selon qu'ils sont dénombrables ou indénombrables.

→ *I couldn't buy any **papers** because it's Sunday and all the shops are closed.* Je n'ai pas pu acheter de journal parce que c'est dimanche et tous les magasins sont fermés (dénombrable).

→ *Can you lend me some wrapping **paper**?* Peux-tu me prêter du papier cadeau ? (indénombrable)

→ *I need **an iron** to iron my shirt.* J'ai besoin d'un fer à repasser pour repasser ma chemise (dénombrable).

→ *Popeye always eats a lot of spinach because it is full of **iron** and makes him strong.* Popeye mange toujours beaucoup d'épinards parce que c'est plein de fer et que cela le rend fort (indénombrable).

GRAMMAIRE

Exercices

1 Classer les mots suivants en deux catégories : dénombrables et indénombrables. → Corrigé p. 85

Book, pencil, happiness, milk, love, river, flower, beauty, anger, house.

2 Trouver et corriger les erreurs dans les phrases suivantes. → Corrigé p. 85

1. *I am sorry, but the news are bad.*
2. *Can you help me, please? I need an advice.*
3. *You aren't allowed to take your luggages with you.*
4. *The cinema was empty. There wasn't much people.*
5. *The young couple only had a few furniture.*
6. *Economics were my favourite subject at the time!*

3 Traduire. → Corrigé p. 85

1. Je vais te donner trois conseils.
2. Les renseignements fournis étaient faux.
3. Attendez s'il vous plait avant de prendre mes bagages.
4. Les nouvelles que je viens de recevoir ne sont pas bonnes.
5. Pourquoi y a-t-il tant de gens aujourd'hui ?
6. Les peuples d'Europe devraient s'entendre.

2 LES QUANTIFIEURS INDÉFINIS *SOME, ANY, NO*

Ils expriment une certaine quantité qui n'est pas précise, qui est indéfinie.

1 *Some, any, no*

• **Dans les phrases affirmatives,** on emploie ***some.***
→ *I have got some very interesting new photographs to show you.* J'ai de nouvelles photos très intéressantes à vous montrer.

• **Dans les phrases négatives** on utilise ***not any*** ou ***no***.
→ *I am sorry but we have**n't** got **any** magazines* ou *I am sorry but we have got **no** magazines.* Je suis désolé mais nous n'avons pas de magazines.

• Devant les noms **dénombrables singuliers,** on préfère utiliser ***a*** plutôt que ***not... any*** :
→ *He has **not** got **any** brothers and sisters.* Il n'a pas de frères et sœurs. (*Not any* est ici correct, car utilisé avec un nom pluriel).
→ *He has **not** got **a** car.* Il n'a pas de voiture. (*Not any* ne serait pas correct, car il s'agit d'un dénombrable singulier).

• **Dans les phrases interrogatives :**
– lorsqu'on ne connaît vraiment pas la réponse (peu, pas, ou beaucoup), on utilise ***any***.
→ *Do you have any change?* Avez-vous de la monnaie ?
– mais dans les questions purement formelles (questions de politesse qui sont des offres), on utilise ***some*** :
→ *Would you like some coffee?* Voulez-vous du café ? (si on en propose, c'est qu'il y en a !)

• **Emploi particulier de *any* dans une phrase affirmative :**
Il prend en compte toutes les possibilités de choix qui s'offrent.
→ *You can choose any book you want.* Tu peux choisir n'importe quel livre (celui que tu veux).

• **Emploi de *any* avec d'autres mots négatifs que *not* :**
→ *He left without any money.* Il est parti sans argent.
→ *He had hardly any money on him.* Il n'avait presque pas d'argent sur lui.
Donc *without* et *hardly* sont considérés comme des mots négatifs.

2 Les composés de *some, any, no* suivent les mêmes règles

• ***Someone, somebody*** : quelqu'un

→ *So finally someone arrived and told me to come in.* Donc finalement quelqu'un est arrivé et m'a dit d'entrer.

• ***Somewhere*** : quelque part

→ *This little town must be somewhere in Wales.* Cette petite ville doit être quelque part au pays de Galles.

• ***Something*** : quelque chose

→ *He wanted something new.* Il voulait quelque chose de nouveau.

• ***Anyone, anybody*** : quelqu'un / n'importe qui

→ *Has anybody seen my pullover?* Est-ce que quelqu'un a vu mon pull ?

→ *Anybody can come, of course!* N'importe qui peut venir, bien sûr !

• ***Anywhere*** : quelque part, n'importe où

→ *Where do you want to go? Anywhere, I don't mind.* Où veux-tu aller ? N'importe où, cela m'est égal.

• ***Anything*** : n'importe quoi

→ *He could have given her anything.* Il aurait pu lui offrir n'importe quoi (au sens : les choses les plus chères…).

• ***No one, nobody*** : personne

→ *There was absolutely nobody.* Il n'y avait absolument personne.

• ***Nowhere*** **:** nulle part

→ *I have nowhere to go.* Je n'ai nulle part où aller.

• ***Nothing*** : rien

→ *He said nothing.* Il ne disait rien.

Exercices

1 Réécrire ces phrases en utilisant *no*.

➔ Corrigé p. 85

1. *Sarah hasn't got any children.*
2. *These people haven't got any money.*
3. *There aren't any people leaving in this part of the country.*
4. *They haven't put any pictures on this wall.*

2 Réécrire ces phrases en utilisant *not… any*.

➔ Corrigé p. 85

1. *There is no coffee left.*
2. *We have got no books at all.*
3. *This little boy has got no friends.*
4. *There are no buses today.*

3 D'AUTRES QUANTIFIEURS

1 Both, each, every, several…

- ***Both*** **:** les deux

➔ *Both children were rather happy.* Les deux enfants étaient plutôt heureux.
➔ *Both of them enjoyed being together.* Tous les deux appréciaient d'être ensemble.

- ***Each*** + nom singulier : chaque

➔ *Each bedroom had its own bathroom. What luxury!* Chaque chambre avait sa salle de bains. Quel luxe !
➔ *Each of you should make an effort.* Chacun d'entre vous devrait faire un effort.

- ***Every*** + nom singulier : chaque / tous.

Le sens est presque le même que pour ***each,*** mais ***every*** considère plutôt les éléments dans leur ensemble au lieu de les prendre un par un.

➔ *Every day we went to the same places, it was boring.* Tous les jours (chaque jour) nous allions aux mêmes endroits, c'était ennuyeux.

Remarque
Every est le seul quantifieur à n'être jamais suivi de *of*.

- ***Most*** : la plupart

➔ *Most people are on holiday in August in France.* La plupart des gens sont en vacances en août en France.
➔ *Most of them like going to the seaside.* La plupart d'entre eux aiment aller au bord de la mer.
➔ *Most of the people I know are going abroad to study.* La plupart des gens que je connais vont à l'étranger pour étudier.

Attention !
Ne pas confondre ***most*** avec ***the most*** (➔ Fiche 6 : le superlatif).

- ***Whole*** : tout, tout entier

➔ *The whole school was making fun of them.* Toute l'école se moquait d'eux.

- ***All*** **:** tout, tous

➔ *All the people are happy now.* Tous les gens sont heureux maintenant.
➔ *All of them were present.* Tous étaient présents.

- ***Several*** **:** plusieurs

➔ *I could see several friends in the assembly.* Je voyais plusieurs amis dans l'assemblée.
➔ *Several of them had come from very far away.* Plusieurs d'entre eux étaient venus de très loin.

2 *Few, little, many, much*

	Dénombrables	Indénombrables
Petite quantité	***Few*** peu de → *This writer is more a poet than a playwright, in the end he wrote more poems and very **few** plays.* Cet écrivain est plus un poète qu'un dramaturge, finalement il a écrit beaucoup de poèmes et peu de pièces de théâtre.	***Little*** peu de → *He showed very **little** patience.* Il a fait preuve de très peu de patience.
	A few quelques → *I will tell you **a few** other stories.* Je te raconterai quelques autres histoires.	***A little*** un peu de → *I had **a little** time before taking the train so I could go shopping.* J'avais un peu de temps avant de prendre le train, alors j'ai pu faire des courses.
	Fewer moins de → *There were **fewer** students than I had expected.* Il y avait moins d'étudiants que je ne l'avais imaginé.	***Less*** moins de → *She had **less** money at this time of her life.* Elle avait moins d'argent à cette période de sa vie.
Grande quantité	***Many*** beaucoup → *Did they ask **many** questions?* Ont-ils posé beaucoup de questions ?	***Much*** beaucoup → *There wasn't **much** water.* Il n'y avait pas beaucoup d'eau.

Remarque

Much et *many* s'utilisent surtout dans les phrases interrogatives et négatives. On les remplace par *a lot of* dans les phrases affirmatives.

→ *The child ate **a lot of** cookies.* L'enfant a mangé beaucoup de gâteaux.

→ *We heard **a lot of** noise.* Nous avons entendu beaucoup de bruit.

Exercices

1 **Choisissez la bonne solution.** → Corrigé p. 85

1. *The comment meant nothing to …….. the children who were there.*
a) more b) most of c) few d) several

2. *…….. project will have to be illustrated by genuine photographs.*
a) Both b) Whole c) Few d) Each

3. *They spent their …….. lives saving money in order to buy this house.*
a) several b) little c) whole d) most

4. *........ the children were so happy.*
a) all b) whole c) little d) both

5. *There were .... famous celebrities who were taking part in the demonstration.*
a) most of b) little c) every d) several

6. *They smiled first and then .... them burst out laughing.*
a) whole b) a few c) both of d) some

2 **Choisir entre *little, a little, few, a few* pour compléter les blancs.** ➔ Corrigé p. 86

1. *During the war, people were hungry, there was so .... food.*
2. *In life you always need .... luck.*
3. *There are .... buses at night in big towns.*
4. *Ok, I think I need .... time to think about it.*
5. *There were only .... famous film stars in Cannes this year. It was disappointing.*

3 **Choisir entre *much* et *many* pour compléter ces phrases.** ➔ Corrigé p. 86

1. *Did .... students fail the exam?*
2. *We haven't got .... petrol left.*
3. *I haven't seen my best friend for .... years.*
4. *Oh no! You bought too .... bread!*
5. *We were lucky last winter: there wasn't .... snow.*

4 LES DÉTERMINANTS

La correspondance entre les systèmes français et anglais de détermination est limitée.
A/an correspond à peu près à « un/une » et *the* à « le/la/les ».
On peut dire qu'il y a trois types d'articles en anglais : *a/an* – *the* – *Ø*.
Chacun de ces déterminants permet d'envisager le nom de façon différente.

1 On parle d'un élément parmi d'autres sans véritable détermination (indéfini) : *a/an*

- Lorsqu'on parle d'un élément parmi d'autres, l'article est indéfini.

→ *I just saw a beautiful bird in the garden.* Je viens de voir un oiseau magnifique dans le jardin.

A. On utilise *a* devant un son-consonne et *an* devant un son-voyelle.

→ ***A** bird* (son-consonne), mais ***an** animal* (son-voyelle)
Mais **attention :**

- Les graphies « eu » *(a European)*, « u » *(a university)*, « y » *(a year)* ou encore « h » *(a hotel, a house, a horse)* sont souvent des sons-consonnes et prennent donc ***a*** comme article.
- Le « h » est aspiré (*hotel, home, house*…) et il prend ***a*** comme article. Mais il y a **quatre exceptions**, où le « h » n'est pas aspiré : *honest* honnête, *heir* héritier, *hour* heure, *honour* honneur. Ces mots prennent donc ***an*** comme article :

→ *He is **an** honest person.* C'est une personne honnête.
→ ***An** heir to the throne was born last night.* Un héritier pour le trône est né la nuit dernière.
→ *It is **an** honour for me.* C'est un honneur pour moi.
→ *Half **an** hour* une demi-heure

Conseil
Il est préférable dans ces cas de vérifier la prononciation de la première lettre du mot dans un dictionnaire.

Attention
Il y a une 5e exception en **anglais US**, où le « h » de *herb* n'est pas aspiré :
→ *thyme is **an** herb.*

B. *A/an* n'a pas de pluriel : on utilise alors le déterminant Ø.

→ *I just saw Ø beautiful birds in the garden.* Je viens de voir des oiseaux magnifiques dans le jardin.

GRAMMAIRE

C. *A*, dans quelques cas particuliers

• **Les noms de métiers**
➔ *He is **a** doctor.* Il est médecin. (Il y a un article en anglais, mais pas en français)

• **Les indénombrables** : on n'utilise jamais *a/an* avec les indénombrables, on le remplace souvent par *some* :
➔ *The detective needed some evidence.* Le détective avait besoin d'une preuve.

Attention
Deux exceptions :
What a shame! Quelle honte !
What a pity! Quel dommage !

• **Dans certaines expressions :**
➔ *It costs 3 pounds a kilo.* Ça coûte 3 £ au kilo.
➔ *She ran 5 kilometers a day.* Elle courait 5 kilomètres par jour.
➔ *They usually come twice a month.* D'habitude, ils viennent deux fois par mois.

2 On parle d'un élément connu de tous, repéré dans un contexte bien identifié : *the*

• On utilise *the* devant :
– les éléments identifiables par tous : *the sun, the world, the Earth, the Internet, the future...*
– les noms précisés par une relative :
➔ *The books that are on the shelf are mine.* Les livres qui sont sur l'étagère sont les miens.
– Les noms précisés par un complément :
➔ *The life of the inhabitants of this country is extremely difficult.* La vie des habitants de ce pays est extrêmement difficile.
– Les noms de pays au pluriel ou comportant un nom commun :
➔ *The United States* les États-Unis
➔ *The United Kingdom* le Royaume Uni
➔ *The Netherlands* les Pays-Bas
– les instruments de musique :
➔ *He plays **the** piano very well.* Il joue très bien du piano.
– les noms de fleuves, de montagnes, de mers : *the Atlantic, the Alps, the Thames* la Tamise.

3 On renvoie à la généralité, à la notion : Ø

• On utilise Ø pour :
– les indénombrables (➔ **Fiche 1**)
➔ *Progress can be very negative as well.* Le progrès peut être très négatif aussi.

GRAMMAIRE

– une vérité d'ordre général :
→ *Cats eat mice.* Les chats mangent les souris.
→ *Water boils at 100° C.* L'eau bout à 100° C.

– les noms propres et donc les titres accompagnés du nom :
→ *Queen Elizabeth II* la reine Elizabeth II mais *the Queen of England.*
→ *President Clinton* le président Clinton mais *the President of the United States.*

– les noms de pays *(Voir Annexes p. 283)*
→ *Denmark* le Danemark
→ *Poland* la Pologne

4 *The* ou Ø ?

Le mot est pris dans son sens général	Le mot est pris dans un sens plus précis, plus concret
→ *They go to church every Sunday.* Ils vont à l'église tous les dimanches.	→ ***The** church they go to is just around the corner.* L'église (le bâtiment) où ils vont est juste au coin.
→ *In this country, school begins very early in the morning.* Dans ce pays, l'école commence très tôt le matin.	→ ***The** school is quite far away.* L'école (le lieu, le bâtiment) est assez loin.
→ *Nature has been damaged by pollution.* La nature a été abîmée par la pollution.	→ ***The** nature of his crime is so horrible!* La nature de son crime est tellement horrible ! (Le sens du mot est différent : le genre, la sorte)
→ *She makes money.* Elle gagne de l'argent.	→ *Where did he hide **the** money?* Où a-t-il caché l'argent ? (celui qu'on lui a donné, celui du vol, etc…)
→ *Time is money.* Le temps c'est de l'argent.	→ *Oh yes! That was **the** time when we were together on holiday.* Ah oui ! C'était la fois où nous étions en vacances ensemble (le sens du mot est différent).

5 Quelques différences entre le français et l'anglais

– la semaine dernière	*last week*
– le mois prochain	*next month*
– l'année dernière	*last year*
– tous les lundis	*on Mondays*
– à la télévision	*on television (on TV)*
– aller à la maison	*to go home*

6 *This* et *that*

• *This* et *that* sont des **démonstratifs**, ils servent à montrer, ils ont la même racine que *the*.

• *This* (pluriel : *these*) désigne un objet ou une personne proche de celui qui parle.

➔ *Can you help me with this bottle ? It is difficult to open.* Peux-tu m'aider avec cette bouteille ? Elle est difficile à ouvrir.

• *That* (pluriel : *those*) désigne un objet ou une personne éloignés dans le temps ou dans l'espace de celui qui parle (avec parfois une connotation négative) :

➔ *Those were the days!* C'était le bon temps !

➔ *Can you consider that a real job?* Peut-on considérer ça/cela comme un vrai travail ?

• Ces mots peuvent aussi être pronoms et s'emploient alors avec les mêmes nuances :

➔ *Give me that!* Donne-moi cela !

➔ *This is a real mess!* C'est un vrai bazar !

GRAMMAIRE

Exercices

1 Compléter par *a*, *an*, *the* ou Ø.

➔ Corrigé p. 86

1. *..... air in this area is rather polluted.*
2. *Of course he was ...... writer.*
3. *In England most schoolchildren eat......apple with lunch.*
4. *....... queen arrived in France yesterday.*
5. *....... President Obama has served two terms.*

2 Traduire.

➔ Corrigé p. 86

1. *C'était le genre de personne qui aimait donner des conseils aux autres.*
2. *Elle achète toujours des fleurs le dimanche.*
3. *Qui étaient Jefferson et Lincoln ? – Des présidents américains.*
4. *Il conduisait à 100 km/h en ville, et il a été arrêté.*
5. *La patience est une qualité que j'admire.*

5 LES ADJECTIFS

L'adjectif peut être épithète ou attribut. Il est toujours invariable.
– Les **adjectifs épithètes** se placent toujours devant le nom, même s'il y en a plusieurs et même s'ils sont précédés de *very*.
– Attention : en anglais, **certains adjectifs ne peuvent être qu'attributs :** *alive* vivant, *alike* semblable, *afraid* effrayé, *alone* seul, *asleep* endormi, *cross* fâché, *drunk* saoul, *glad* joyeux.
→ *He is alive* et non pas *he is an alive man.* Il est vivant.
→ *They are drunk* et non pas *they are drunk persons.* Ils sont saouls.

1 Ordre des adjectifs avant le nom

• Lorsqu'il y a plusieurs adjectifs avant le nom, ils se placent du plus vague au plus précis, du plus subjectif au plus précis.
Vous pouvez mémoriser la formule :

STACOM

Subjectivité/opinion, **T**aille ou forme, **Â**ge, **C**ouleur, **O**rigine, **M**atière/**M**esure

→ *A typical cloudy grey English sky.* Un ciel anglais typique, gris et nuageux.
De telles énumérations sont rares, heureusement.

• **Cas particuliers**
Avec last (dernier), *next* (prochain) et *first* (premier), accompagnés d'un **adjectif numéral**, contrairement au français, on met le numéral en **deuxième place**.
→ *The last three weeks* les trois dernières années
→ *The next five years* les cinq prochaines années
→ *The first two months* les deux premiers mois.

2 Les adjectifs composés

Il y a plusieurs sortes d'adjectifs composés, en voici quelques-unes :

• **Nom + verbe +** ***ing*** :
→ *A heart-breaking story* une histoire (déchirante) qui brise le cœur.

• **Adjectif + verbe +** ***ing*** :
→ *A hard-working girl* une fille travailleuse

Remarque
On dit de ces mots qu'ils ont un sens actif, c'est bien l'histoire qui déchire le cœur, et la fille qui travaille dur.

- **Nom + participe-passé** :
→ *He was heart-broken.* Il avait le cœur brisé.

- **Adjectif + participe-passé** :
→ *This is a widespread problem.* C'est un problème largement répandu.

- **Adverbe + participe-passé** :
→ *She is a smartly dressed woman.* C'est une femme bien habillée.

Remarque
On dit de ces mots qu'ils ont un sens passif : le sujet (*He*) subit l'action et le nom qualifié (*problem*) aussi.

- **Adjectif + nom + *-ed*** :
→ *A green-eyed person* une personne aux yeux verts

- **Nom + adjectif** :
→ *Take my navy blue shirt.* Prends ma chemise bleu marine.

- **Adjectif + adjectif :**
→ *I love my dark grey dress.* J'aime ma robe gris foncé.

- **Cas particulier** pour les adjectifs qui parlent d'âge, de durée, de distance ou de nombre de pages :

→ *A man who is thirty years old*	*is*	*a thirty-year-old man*
→ *A meeting which lasts three hours*	*is*	*a three-hour meeting*
→ *A trip which is five kilometers long*	*is*	*a five-kilometer trip*
→ *A book that is 100 pages long*	*is*	*a 100-pages book*

Noter que ni *year*, ni *hour*, ni *kilometer* ne prennent la marque du pluriel car ils sont devenus **adjectifs** et donc sont **invariables.**

- **Attention à l'ordre des mots :** dans un adjectif composé, c'est toujours **le deuxième terme qui est le plus important** et qui porte vraiment le sens, le premier terme ne fait que préciser le sens du deuxième.

3 Les adjectifs nominalisés

- **Ce sont des adjectifs qui sont employés comme des noms** grammaticalement :
– ils renvoient à un groupe,
– ils sont précédés de *the*,
– ils sont suivis d'un verbe au pluriel,
– ils gardent leur caractéristique d'invariabilité et ne prennent pas la marque du pluriel.

- **Voici les plus connus :** *the blind* les aveugles, *the deaf* les sourds, *the rich* les riches, *the poor* les pauvres, *the dead* les morts, *the elderly* les gens âgés, *the homeless* les sans-abris, *the unemployed* les chômeurs…
→ *I am collecting money for the blind.* Je ramasse de l'argent pour les aveugles.

- Les adjectifs de nationalité rentrent dans cette catégorie, mais attention, il y a une exception : on dit *the Whites* les Blancs, *the Blacks* les Noirs.
→ *Even today the Blacks ar still being discrimated.* Même aujourd'hui, les Noirs sont encore discriminés.

GRAMMAIRE

• Si on veut parler d'une seule personne ou d'un nombre précis, on fera suivre l'adjectif d'un nom : *man, woman, people.*

→ *He helped the blind man cross the street.* Il a aidé l'aveugle à traverser la rue.

→ *A few English people attended the match.* Quelques Anglais assistaient au match.

4 Les adjectifs de nationalité

• Ils prennent toujours une majuscule, dans toutes les circonstances (en français, on ne met la lettre capitale que pour désigner les habitants d'un pays).

→ *The English are famous for their humour.* Les Anglais sont réputés pour leur humour.

→ *It is a French company.* C'est une société française.

• Les adjectifs de nationalité terminés en *-sh, -ch, -ese,* lorsqu'ils désignent le peuple, suivent les mêmes règles que les adjectifs nominalisés, c'est-à-dire qu'ils sont invariables et sont suivis d'un verbe au pluriel : *The Dutch* les Hollandais, *the English* les Anglais, *the French* les Français, *the Irish* les Irlandais, *the Welsh* les Gallois, *the Chinese* les Chinois, *the Scottish* les Écossais, *the Japanese* les Japonais, *the Portuguese* les Portuguais, *the Vietnamese* les Vietnamiens, *the Swiss* les Suisses.

→ *The French are so proud of themselves.* Les Français sont si fiers d'eux-mêmes.

→ *The Chinese have always been very hard-working people.* Les Chinois ont toujours été des gens très travailleurs.

• Les autres adjectifs de nationalité se comportent comme des adjectifs ordinaires et s'ils prennent le rôle d'un nom, ils le deviennent à part entière et s'accordent si besoin.

→ *The Americans love Paris so much.* Les Américains aiment tellement Paris.

• Il existe certains noms de peuple particuliers : *voir Annexes p. 283.*

5 Les adjectifs suivis d'une préposition

• Certains adjectifs anglais introduisent leur complément par une préposition qui n'a rien à voir avec celle utilisée en français : *different from* différent de, *responsible for* responsable de, *interested in* intéressé par, *good at* bon en, *keen on* passionné de, *dependent on* dépendant de, *kind to* gentil avec, *disappointed with* déçu par.

GRAMMAIRE

Exercices

1 Complétez les phrases en utilisant un adjectif composé.

➔ Corrigé p. 86

1. *We had to write an essay of 200 words.* → *We had to write a .... essay.*
2. *She has a very bad temper.* → *She is a .... person.*
3. *This actor is famous all over the world.* → *He is a .... actor.*
4. *Her eyes have the shape of almonds.* → *She has .... eyes.*
5. *This singer is known well in France.* → *She is a .... singer.*

2 Traduire.

➔ Corrigé p. 86

1. Il était gaucher et son frère était rouquin.
2. Il souffrait d'une grave maladie mentale.
3. La petite fille de deux ans vient juste de commencer à parler.
4. Ils sont très différents l'un de l'autre, le garçon s'intéresse aux animaux et la fille est très bonne en dessin.
5. Les Gallois ont battu les Canadiens par un score de trois à un.
6. Les riches ont plus de privilèges que les pauvres, c'est évident.

GRAMMAIRE

6 LA COMPARAISON

Pour comparer plusieurs éléments on utilisera différents degrés de l'adjectif :
– soit le **comparatif** pour mettre en balance deux éléments (plus… que / moins… que),
– soit le **superlatif** pour mettre en valeur un seul élément (le plus / le moins).

1 Le comparatif

• **Le comparatif de supériorité : plus… que**

Il faut distinguer les adjectifs courts des adjectifs longs.

Adjectifs courts	Adjectifs longs
Ils sont formés soit d'une seule syllabe (*soft*), soit de deux syllabes et terminés par *-y,-er, -ow, -le* (*sunny* ensoleillé, *clever* intelligent, *shallow* peu profond, *gentle* doux)	Ils sont formés de deux syllabes ou plus (*beautiful*).
On ajoute la terminaison *-er* à la fin de l'adjectif et on introduit le deuxième élément de la comparaison par ***than***. ➔ *You are tall**er than** your friend.* Tu es plus grand que ton ami. ➔ She is definitely happ**ier than** her sister. Elle est vraiment plus heureuse que sa sœur.	On ajoute ***more*** devant l'adjectif et on introduit le deuxième élément de comparaison par ***than***. ➔ *His house was **more** beautiful **than** the others in the village.* Sa maison était plus belle que les autres maisons du village.

Attention

Attention aux changements orthographiques :
Happy → *happier* : le *y* devient *i*.
Big → *bigger* (on double la consonne finale dans un mot d'une seule syllabe terminé par une seule consonne précédée d'une seule voyelle)

• **Comparatif d'égalité : aussi… que**

La formation est la même pour tous les adjectifs, qu'ils soient courts ou longs :

as + adj + *as*

et si la phrase est négative : *not so* + adj + *as* ou *not as* + adj + *as*.

➔ *The young boy is **as** tall **as** his father now.* Le jeune garçon est aussi grand que son père maintenant.
➔ *This new book is **as** interesting **as** the other one.* Ce nouveau livre est aussi intéressant que l'autre.
➔ *He was **not so** nervous **as** before.* Il n'était pas aussi anxieux qu'avant.
➔ *This suitcase isn't **as** heavy **as** that one.* Cette valise n'est pas aussi lourde que l'autre.

- **Comparatif d'infériorité : moins… que**

La forme est la même pour tous les adjectifs, qu'ils soient courts ou longs :

less + adj + *than*.

➔ *He is **less** bright **than** I thought.* Il est moins intelligent que je ne le pensais.

Il est peu utilisé en anglais courant car on préfère utiliser le comparatif d'égalité négatif, qui est plus nuancé.

➔ *Her brother is less tall than her husband.* → *Her brother is **not so tall** as her husband* ou ***not as tall** as her husband.*

Les deux phrases ont le même sens, mais la seconde donne un sens moins direct, plus adouci.

2 Le superlatif

- **Le superlatif de supériorité : le plus**

Là aussi, il faut distinguer les adjectifs courts des adjectifs longs.

Adjectifs courts	Adjectifs longs
The + adj + *-est*	*The most* + adj
➔ ***The** tall**est** man on Earth is my cousin.* L'homme le plus grand de la Terre est mon cousin.	➔ *It is **the most** interesting book.* C'est le livre le plus intéressant.

Remarque

Attention aux changements orthographiques (comme indiqué plus haut pour le comparatif)

sunny → *the sunniest*

big → *the biggest*

- **Les compléments du superlatif**

➔ *It is the most interesting book **in** the world.* C'est le livre le plus intéressant du monde.

➔ *She is one of the most famous singers **in** her country.* C'est l'une des chanteuses les plus connues de son pays.

Dans ces deux exemples, on utilise ***in*** pour introduire le complément car il s'agit d'un lieu.

➔ *It is the warmest autumn **of** the century.* C'est l'automne le plus chaud du siècle.

Dans ce dernier exemple, on utilise *of* car le complément désigne une période de temps.

- **Le superlatif d'infériorité : le moins**

Pour tous les adjectifs, courts ou longs, on utilise *the least*.

➔ *It is **the least** interesting film I've ever seen.* C'est le film le moins intéressant que j'aie jamais vu.

GRAMMAIRE

3 Les comparatifs et superlatifs irréguliers

Adjectif	Comparatif	Superlatif
Good (well)	*Better than…*	*The best…*
Bad	*Worse than…*	*The worst…*
Far	*Farther/further than…*	*The farthest/the furthest*
Old	*Older than…* Pour l'adjectif attribut, le « o » se transforme en « e » *(elder)* lorsqu'on parle des membres d'une même fratrie *(the elder sister, the elder of two).*	*The eldest in the family* idem

Attention

Lorsqu'on compare deux éléments seulement, on utilise une forme spéciale qui est un mélange du comparatif et du superlatif : *he was the younger of the two brothers.*

4 Progression et accroissement

• **De plus en plus /de moins en moins**

– De plus en plus + adjectif long : *more and more interesting* de plus en plus intéressant
– De plus en plus + adjectif court : *happier and happier* de plus en plus heureux
– Avec les irréguliers : *worse and worse / better and better* de pire en pire /de mieux en mieux
– De moins en moins : *less and less intelligent* de moins en moins intelligent
– Avec un nom : de plus en plus d'élèves : *more and more students* de plus en plus d'élèves
– De moins en moins + dénombrable : *fewer and fewer houses* de moins en moins de maisons
– De moins en moins + indénombrable : *less and less wine* de moins en moins de vin

• **Plus il… plus il ; plus il… moins il ; moins il… moins il**

Lorsque *the more* ou *the less* sont suivis d'un verbe avec un attribut ou avec un complément d'objet direct, cet attribut ou ce complément d'objet direct viennent se placer juste après *the more* ou *the less.* L'ordre des mots en anglais dans ce cas est donc radicalement différent de celui du français.

➔ *The more it rained, the more tired they were.* Plus il pleuvait, plus ils étaient fatigués.
➔ *The more tired they were, the less they walked.* Plus ils étaient fatigués, moins ils marchaient.
➔ *The more people we saw, the more surprised we were.* Plus on voyait de gens, plus on était surpris.
➔ *The less money he had, the more he drank.* Moins il avait d'argent, plus il buvait.
➔ *The more interested they were, the more they wrote.* Plus ils étaient intéressés, plus ils écrivaient.

5 Plus de… moins de ; autant de…

• On peut utiliser *more* et *less* ou *fewer* devant des noms pour parler d'une plus grande quantité de… ou d'une moins grande quantité de… :

➔ *There were* ***more*** *people* ***than*** *last time.* Il y avait plus de gens que la dernière fois.

→ *We collected* ***less*** *money* ***than*** *usual.* Nous avons récolté moins d'argent que d'habitude. (*Less* devant un nom indénombrable).

→ *They had* ***fewer*** *books* ***than*** *their friends.* Ils avaient moins de livres que leurs amis. (*Fewer* devant un nom dénombrable).

• On utilise *as much* ou *as many* pour parler de quantités égales (autant de…)

– Pour un mot dénombrable : *as many*

→ *There were not* ***as many boys*** *as last year.* Il n'y avait pas autant de garçons que l'année dernière.

– Pour un mot indénombrable : *as much*

→ *We did not have* ***as much wind*** *as usual.* Nous n'avons pas eu autant de vent que d'habitude.

6 Nuancer les quantités

• **Beaucoup plus / beaucoup moins**

→ *We had* ***a lot more*** *instruments.* Nous avions beaucoup plus d'instruments. (dénombrable)

→ *There were* ***not many more*** *candles.* Il n' y avait pas beaucoup plus de bougies. (dénombrable)

→ *There was* ***much more*** *room.* Il y avait beaucoup plus de place. (indénombrable)

• **Un peu plus / un peu moins**

→ *You got* ***a bit more*** *luck.* Tu as un peu plus de chance.

→ *There was* ***a bit less*** *sun than last year.* Il y avait un peu moins de soleil que l'année dernière.

• **Deux fois plus**

→ *They had* ***twice as many*** *children as their friends.* Ils avaient deux fois plus d'enfants que leurs amis.

GRAMMAIRE

Exercice

1 Traduire. Corrigé p. 87

1. *Elle est beaucoup plus jeune que lui.*
2. *Ma voiture n'est pas aussi puissante que la leur.*
3. *Elle est meilleur pianiste que lui. C'est la meilleure pianiste que j'ai jamais entendue.*
4. *Vos résultats sont de plus en plus mauvais / de pire en pire.*
5. *Il est de plus en plus difficile de trouver un appartement à Londres.*
6. *Il est de plus en plus égoïste. Plus il vieillit, plus il est égoïste.*
7. *Nous avons des trains de plus en plus rapides.*
8. *Plus elle grandit, plus elle ressemble à sa mère.*
9. *Plus nous attendions, plus il était impatient.*
10. *L'Empire State building est trois fois plus haut que le bâtiment des Nations Unies. Mais ce n'est plus le plus haut gratte-ciel de Manhattan.*
11. *La plus jeune de leurs deux filles va encore au lycée, l'aînée est médecin.*

7 LE CAS POSSESSIF OU GÉNITIF

1 Généralités

• Le cas possessif est l'équivalent du **complément du nom** en français : il exprime une relation d'appartenance entre deux noms.

• **Construction** :

possesseur + *'s* + personne ou chose possédée

→ *My father's car* la voiture de mon père
→ *The dog's bone* l'os du chien
Le premier terme du cas possessif est un **être animé** dans la majorité des cas.

> **Remarque**
> L'ordre des mots est inversé par rapport au français.

2 Quelques particularités de construction

• Si le premier terme est un pluriel en -s : on ajoute seulement l'apostrophe :
→ *The girls' dresses* les robes des filles
Attention : s'il s'agit d'un **nom propre** singulier qui se termine en *–s*, on garde le *-s* :
→ *Prince Charles's son* le fils du prince Charles

• L'objet possédé peut rester sous-entendu :
→ *At the baker's* chez le boulanger (le mot *shop* est sous-entendu)
→ *At the Smiths'* chez les Smith (le mot *home* est sous-entendu)

• L'objet possédé peut rester sous-entendu également dans une réponse à une question commençant par *whose* (« à qui ») :
→ *Whose book is it? - It is Peter's.* À qui est le livre ? - C'est celui de Peter.

> **Attention**
> Ne jamais dire : *It is Peter's one,* c'est une erreur !

• Si le premier terme est un nom propre, il ne faut pas mettre d'article devant : → *Sarah's house* la maison de Sarah

• Le premier terme du cas possessif peut servir de repère **dans le temps** ou **dans l'espace** ou être un élément connu de tous :
→ ***Last year's*** *programme* le programme de l'année dernière
→ *Read* ***today's*** *article in the paper.* Lis l'article d'aujourd'hui dans le journal.
→ *The* ***world's*** *population* la population du monde
→ ***London's*** *museums* les musées de Londres

> **Remarque**
> Ici, on peut aussi utiliser un adjectif composé : *a two-hour walk.*

- Le premier terme du cas possessif est une durée :
→ *A two hours' walk* une promenade de deux heures (→ Fiche 5 : Les adjectifs)

- On parle de génitif générique lorsque cette forme désigne une caractéristique de l'objet, un « genre » d'objet :
→ *A woman's magazine* un magazine féminin

Exercices

1 Choississez entre un génitif ou une construction avec *of*. → Corrigé p. 87

1. *The car / my friends*
2. *The book / the cover*
3. *The toys / his sister*
4. *Her relatives / the admiration*

2 Traduire. → Corrigé p. 87

1. J'ai horreur d'aller chez le dentiste mais il le faut, j'ai tellement mal aux dents.
2. C'est ce que la femme du fermier m'a dit.
3. Peux-tu me donner l'adresse du médecin ?
4. Ils ne respectaient pas les droits des citoyens.

8 LE PRÉSENT

1 Le présent simple

• À la forme affirmative, toutes les formes sont semblables à l'infinitif sans *to*, sauf la 3e personne du singulier qui prend un -s. Attention aux modifications orthographiques pour les verbes terminés par –c, -o, -s et –sh : **on utilise –es** (pour faciliter la prononciation).

➔ *She goes in her bathroom, dresses herself and brushes her hair.* Elle va dans la salle de bains, s'habille et se brosse les cheveux.

➔ *Do you work? Does she work? → We do not work (we don't work) / He does not work (he doesn't work).*

• Le présent simple s'emploie dans les situations suivantes :

– Pour donner les **caractéristiques** d'une personne, d'un objet.

➔ *Clara doesn't like sweets.* Clara n'aime pas les bonbons.

➔ *Cats eat mice.* Les chats mangent les souris.

– Pour énoncer des **vérités d'ordre général**.

➔ *Water boils at 100 °.* L'eau bout à 100 °.

– Pour parler d'une **activité habituelle** ou d'une action qui se répète :

➔ *They always go to the seaside in summer.* Ils vont toujours au bord de la mer en été.

On l'emploie alors avec les adverbes de fréquence (*always, often, never, sometimes…*).

– Pour donner des **informations**, des **instructions**, **raconter** une histoire :

➔ *So the Queen leaves Buckingham Palace and her carriage heads toward the Houses of Parliament.* Alors la reine quitte le palais de Buckingham et son carosse prend la direction des Maisons du Parlement.

➔ *You boil the milk with the vanilla and you mix it with the butter.* Faites bouillir le lait avec la vanille et mélangez avec le beurre.

2 Le présent *be + V-ing*

• Le présent *be + V-ing* se construit avec l'auxiliaire *be* conjugué au présent + un verbe à la forme en *–ing*.

auxiliaire *be*, base verbale + *ing*

She is working

– À la forme interrogative, on inverse simplement le sujet et l'auxiliaire.

➔ *Are we working?*

GRAMMAIRE

– À la forme négative, on ajoute *not* après l'auxiliaire.
→ *We are not working* (forme contractée : *we aren't working)*

• Le présent *be + V-ing* s'emploie dans les situations suivantes :
– Pour décrire **une action en train de se dérouler**.
→ *Look! They are cutting the trees.* Regarde ! Ils coupent les arbres.
→ *Listen! She is crying.* Écoute ! Elle pleure.

– Pour faire un **commentaire**, porter un jugement (reproche, désapprobation).
→ *You are being stupid!* Tu es idiot ! **(dans ce comportement-là, précisément)**
→ *He is always complaining.* Il se plaint tout le temps.

– Pour parler d'**actions futures organisées d'avance**.
→ *I am taking the children to the zoo tomorrow, I promised a long time ago!* J'emmène les enfants au zoo demain, je leur ai promis il y a longtemps.

– Pour décrire une **attitude**, une **posture** (être assis, couché, agenouillé etc…).
→ *They are sitting under the trees.* Ils sont assis sous les arbres.
→ *The dog is lying on the ground.* Le chien est couché sur le sol.

• Attention aux **verbes d'état** !
– Les verbes d'état **ne s'emploient pas** au présent *be + V-ing* (*to have, to know, to like, to agree, to understand, to want, to prefer, to see, to mean*…).
→ *I understand what he means.* Je comprends ce qu'il veut dire. (même si l'action est en train de se dérouler)

– **Attention : certains de ces verbes changent de sens** lorsqu'ils prennent *be + V-ing* car ils deviennent alors verbes d'action :
→ *Do you see the house over there?* Est-ce que tu **vois** la maison là-bas ? → *They are seeing each other a lot.* Ils **sortent ensemble** souvent.
→ *I don't think so.* Je ne **crois** pas. → *I am thinking about something else suddenly.* Je **réfléchis** à autre chose, tout à coup.

GRAMMAIRE

Exercices

1 Mettre au présent simple ou au présent *be + V-ing*. Corrigé p. 88

1. *Do you know what he (do) ……… at the moment?*
2. *What time this train (get) ……… to Edinburgh?*
3. *Well, of course, you (not/walk) ……… there, it's too far!*
4. *He always (work) ……… very hard.*
5. *What (you/think) ……… about?*

2 Traduire. ➔ Corrigé p. 88

1. Le soleil se lève à l'Est.
2. Ma petite sœur aime beaucoup les fraises mais moi je les déteste.
3. Il n'est pas là pour le moment, il joue au golf avec son père. Ils jouent ensemble tous les samedis après-midi.
4. Cette peinture représente deux hommes qui discutent du mariage de leurs enfants.
5. Comprends–tu ce qu'ils disent ?

9 LA RÉFÉRENCE AU PASSÉ – LE PRÉTÉRIT

En anglais, il existe deux prétérits : le **prétérit simple** (*simple past*) et le **prétérit continu** (*be +V-ing*).

1 *Simple past* ou *preterite*

• Pour les **verbes réguliers** à la forme affirmative, il se forme en ajoutant *–ed* à l'infinitif (sans *to*).
➔ *I worked hard yesterday.* J'ai travaillé dur hier.
➔ *We saw a plane in the sky.* Nous avons vu un avion dans le ciel.

*Pour les **verbes irréguliers**, voir la liste en Annexes, p. 284.*

Attention
Prononciation de la terminaison *–ed* :
– /t / après les sons : /s/, /p/, /k/, /f/, /sh/ : *they worked*
– /id/ après les sons : /t/ et /d/ : *they wanted, the plane landed*
– /d/ dans tous les autres cas.

• Pour les formes **interrogative** et **négative**, on utilise l'auxiliaire *did*.
➔ *The children did not (didn't) like the film.* Les enfants n'ont pas aimé le film.
➔ *Did your father come with you?* Est-ce que ton père est venu avec toi ?

• Le *simple past* s'emploie pour parler d'une action **passée**, **terminée** et donc sans lien avec le présent. On utilise souvent des marqueurs de temps pour repérer l'action dans le temps : *three weeks ago, last year, in the 19th century, before, during the night…*
➔ *I went to London three weeks ago.* Il y a trois semaines, je suis allée à Londres.
➔ *They attacked the country three months ago.* Il y a trois mois, ils ont attaqué le pays.

• **Cas particulier de l'expression *used to***
Used to est une expression toute faite sans équivalent en français qui sert à parler d'une habitude dans le passé en soulignant qu'elle ne se fait plus aujourd'hui. Il s'agit de marquer une rupture totale entre le passé et le présent.
➔ *When I was young I used to speak Spanish fluently but I don't anymore.* Quand j'étais jeune, je parlais espagnol couramment mais ce n'est plus le cas aujourd'hui.
➔ *Grandma, did you use to have a computer when you were little?* Grand-mère, est-ce que tu avais un ordinateur quand tu étais jeune ?
➔ *In those days people didn't use to go on holidays like today.* À cette époque, les gens n'allaient pas en vacances comme aujourd'hui.

Attention
À la forme interrogative et négative, comme pour tous les autres verbes lexicaux, le temps est porté par l'auxiliaire *did*, et donc on écrit *use* sans « d ».

- **Attention à ne pas confondre** *used to* et *be /get used to + V-ing*

→ *I am used to going to the cinema every week.* J'ai l'habitude d'aller au cinéma toutes les semaines.

→ *They got used to meeting their parents every Sunday.* Ils se sont habitués à rencontrer leurs parents tous les dimanches.

→ *Babies will get used to eating all sorts of food.* Les bébés s'habitueront à manger de la nourriture variée.

2 Prétérit *be + V-ing*

- **À la forme affirmative**, il se construit à partir de l'auxiliaire *be* conjugué au prétérit, suivi d'un verbe à la forme *V-ing*.

→ *You were listening.* Tu écoutais.

→ *I was writing.* J'écrivais.

– **À la forme interrogative**, on inverse le sujet et l'auxiliaire, que l'on fait passer en première position.

→ *Were you listening?* Est-ce que tu écoutais ?

– **À la forme négative**, on ajoute *not* après l'auxiliaire *was/were*.

→ *I was not (wasn't) writing.* Je n'écrivais pas.

- Le preterit *be + V-ing* décrit une action se déroulant dans le passé, en opposition à une action au prétérit simple (on le traduit souvent par un imparfait en français).

→ *He was having a bath when the bomb exploded.* Il prenait un bain lorsque la bombe explosa.

GRAMMAIRE

Exercice

1 Mettre au prétérit simple ou au prétérit *be + V-ing*. → Corrigé p. 88

1. *The thieves, who (wear) .... masks, (take) .... all the jewels.*
2. *They (build) .... this house ten years ago.*
3. *This time yesterday, I (lie) .... on the beach.*
4. *He (have) .... a coffee with his friend when someone (steal) .... his wallet.*
5. *When their father (come) in .... , all the children (stop) .... talking.*
6. *I would rather you (tell) .... my mother about the accident yourself.*
7. *I wish you (not cry) .... so much.*
8. *In those days we (go) .... to the seaside every summer, but we don't anymore.*

10 NI PRÉSENT, NI PASSÉ : LE *PRESENT PERFECT*

Il existe en anglais une forme verbale qui n'appartient ni au passé ni au présent et qui n'a donc aucun équivalent en français, c'est le *present perfect*.

1 Le *present perfect* simple (*have* + *EN*)

Remarque

EN est le symbole pour « participe passé » car en vieil anglais, les participes passés étaient tous en *-en*.

- On conjugue l'auxiliaire *have* au présent simple, et on ajoute le participe passé du verbe conjugué : infinitif sans *to* + *-ed* pour les **verbes réguliers**.
- Pour les **verbes irréguliers**, voir Annexes.

Forme affirmative	→ *Good job, they have picked 10 kilos of apples!* Bon travail, ils ont ramassé 10 kilos de pommes ! → *He has just arrived.* Il vient d'arriver.
Forme négative	→ *He has not (hasn't) eaten anything up to now.* Il n'a rien mangé jusqu'à maintenant.
Forme interrogative	On inverse le sujet et l'auxiliaire que l'on fait passer en première position. → *Have you seen him lately?* L'avez-vous rencontré récemment ?

Remarque importante : l'auxiliaire *have* est au présent, cette forme est donc plutôt reliée au présent, très souvent avec l'adverbe *now*.

- Le *present perfect* considère l'action elle-même et son **résultat, ses conséquences dans le présent,** sans s'intéresser au moment où cela a été accompli. On fait un **bilan dans le présent** (qui peut être sous-entendu). On l'emploie avec des adverbes comme : *since, for, already, ever, never, not…yet, so far, it's the first time…*

→ *It's 12 o'clock and I have answered 7 e-mails this morning.* Il est midi, et j'ai répondu à 7 mails ce matin.

→ *Have you ever been to China? No, I haven't, but you have never been to Japan, which is worth visiting.* Êtes-vous déjà allés en Chine ? Non, mais vous n'êtes jamais allés au Japon, qui vaut la peine d'être visité.

→ *You haven't visited the house yet, come in!* Vous n'avez pas encore visité la maison, entrez !

- Avec l'adverbe *just*, il peut indiquer une action qui vient juste de se passer.

→ *I have just finished.* Je viens juste de terminer.

→ *He has just met her.* Il vient juste de la rencontrer.

Remarque

En anglais US, on emploie souvent le prétérit avec *just*.

→ *I just finished.* Je viens juste de finir.

GRAMMAIRE

2 Le *present perfect* en *be* + *V-ing*

Forme affirmative	Il se forme avec *have* au présent + *been* + *V-ing*. ➔ *They have been working hard.* Ils ont travaillé dur. / Ils travaillent dur (depuis un moment).
Forme négative	C'est l'auxiliaire *have* qui porte la négation. ➔ *They have not been working hard.* Ils n'ont pas travaillé dur. /Ils ne travaillent pas beaucoup.
Forme interrogative	On inverse le sujet et l'auxiliaire, que l'on fait passer en première position. ➔ *Have they been working?* Ont-ils travaillé dur ?

• Le *present-perfect* en *be* + *-ing* peut avoir une valeur de résultat, de bilan, mais l'action récente est considérée dans sa durée, et on montre qu'on en voit des traces dans le présent.

➔ *You have been painting, I guess! Your clothes are stained all over.* Tu as fait de la peinture, il me semble ! Tes vêtements sont tous tachés.

➔ *Where have you been going?* Où vas-tu ? (sous-entendu : tu as changé d'habitude récemment et cela m'intrigue.)

• Il peut s'agir d'une activité qui dure dans le présent (➔ **Fiche 12** : *For/Since*).

➔ *He has been living here for two months.* Il habite ici depuis deux mois.

GRAMMAIRE

Exercice

Mettre au prétérit ou au *present perfect* simple ou au *present perfect* en *be* + *V-ing*. ➔ Corrigé p. 88

1. *Now look, you (break) .... my best plate.*
2. *How often (you /be) .... in love?*
3. *We (know) .... each other for ages.*
4. *I (see) .... Kate yesterday.*
5. *My children (catch) .... a plane to New York this morning.*
6. *I can't stand it anymore, he (listen) .... to that music for hours.*

11 LE *PAST PERFECT* OU *PLUPERFECT* (PLUS-QUE-PARFAIT)

1 Forme

On conjugue l'auxiliaire *have* au prétérit (*had*) et on ajoute le participe passé du verbe conjugué :

Forme affirmative	→ *They had waited for hours.* Ils avaient attendu pendant des jours.
Forme négative	→ *They had not waited very long.* Ils n'avaient pas attendu très longtemps.
Forme interrogative	→ *Had they waited for so many days?* Avaient-ils attendu pendant tant de jours ?

2 Le *past perfect* s'emploie dans un contexte passé

• Il s'emploie pour parler d'actions qui ont eu lieu **avant** d'autres actions déjà passées, autrement dit pour faire le lien entre deux actions du passé (tout comme le plus-que-parfait français) :

→ *When he arrived the boy had started the game.* Quand il arriva, le garçon avait commencé le jeu.

→ *They had never seen such stars before.* Ils n'avaient jamais vu de telles étoiles auparavant.

• **Remarque :** l'auxiliaire *had* peut se contracter en *'d*.

→ *They had decided to work* → *They'd decided to work.* Ils avaient décidé de travailler.

Dans ce cas, **attention à ne pas le confondre avec la contraction de *would*.** Observez :

→ *They'd seen her.* → Il s'agit de la contraction de *had*, car on reconnaît un **participe passé**. Ils ne l'avaient pas vue.

→ *They'd see her.* → Il s'agit de la contraction de *would* car on reconnaît la base verbale. Ils la verraient.

3 Le *past perfect* peut avoir un sens modal

(→ **Fiche 13** sur le prétérit et *past perfect* modal)

• Le *past perfect* peut avoir un sens modal pour parler d'une action qui ne s'est pas réalisée dans le passé :

→ *I wish they had come.* J'aurais aimé qu'ils soient venus.

→ *If only they had come!* Si seulement ils étaient venus !

→ *I would rather they had come.* J'aurais préféré qu'ils soient venus.

4 Past perfect en *be + V-ing*

• **Forme :**

aux. *have* au prétérit + *been* (part. passé de *be*) + base verbale + *-ing*

→ *He had been working.* Il avait travaillé.

• **Emploi :** il s'emploie comme le *present perfect* en *be + V-ing,* mais dans un contexte passé.

→ *When we arrived we noticed that he had been crying.* Quand nous sommes arrivés, nous avons remarqué qu'il avait pleuré.

Exercices

1 Compléter les phrases suivantes par le verbe entre parenthèses au prétérit ou au *past perfect* : ➔ Corrigé p. 89

1. *He (remember) he (make) that promise twenty years before.*
2. *Yesterday I (arrive) late at work because I (oversleep).*
3. *Everybody (know) that she (send) me an invitation.*
4. *Before going to prison, he (be) a very good boy.*
5. *Before she (move) to Exeter in 2010, she (spend) two years in Brighton.*

2 Traduire. ➔ Corrigé p. 89

1. Il n'avait pas joué aux échecs depuis des années.
2. J'avais déjà vu ce film.
3. Il n'était pas allé à Londres depuis 1995.
4. Saviez-vous qu'il avait été blessé à la guerre ?
5. Je lui ai dit que j'avais bien aimé son livre.
6. Si seulement j'avais eu une voiture à ce moment-là !

12 FOR, SINCE, AGO

Culturellement parlant, les anglophones n'envisagent pas le temps de la même manière que les Français. Pour traduire les mots exprimant des repères dans le temps tels que « pendant », « depuis », « cela fait… », « il y a… », il faut « penser à l'anglaise », c'est-à-dire partir des mots anglais. Les mots anglais à utiliser sont *ago, since, for,* du plus simple au plus compliqué.

1 *Ago* : il y a + complément de temps

- Attention : en anglais, le complément de temps **précède** *ago*. Et le verbe est au prétérit obligatoirement.

→ *Twelve years ago we went to Rome.* Il y a douze ans, nous sommes allés à Rome.
→ *I bought this car two years ago.* J'ai acheté cette voiture il y a deux ans.

2 *Since* : depuis

- *Since* marque le point de repère dans le temps du **début de l'action**, et est toujours traduit par « depuis ». Ce point de repère peut être un nom, une date, un événement : *Monday, last month, last week, 1965, when I was little, my birthday*, etc.
- Le verbe se met au ***present perfect* simple** si on considère le **résultat de l'action dans le présent.**

→ *I have written five postcards since this morning.* J'ai écrit cinq cartes postales depuis ce matin (j'ai les cartes postales sous les yeux).

- Le verbe se met au ***present perfect be + V-ing*** si on considère **l'action dans son déroulement** (c'est un peu comme si on faisait un gros plan sur l'action elle-même).

→ *They have been playing together since two o'clock, they must be tired.*
Ils jouent ensemble depuis 14 heures, ils doivent être fatigués.
→ *We have been living in a foreign country since the birth of our eldest child.*
Nous vivons à l'étranger depuis la naissance de notre aîné.

Remarque
En français, avec « depuis », les verbes sont toujours au présent.

- Le point de repère peut aussi être une proposition subordonnée introduite par *since* :

→ *The room has been much cooler since I installed a fan.* La pièce est beaucoup plus fraîche depuis que j'ai installé un ventilateur.

GRAMMAIRE

➔ *He has met everybody in the family since he arrived.* Il a fait connaissance avec toute la famille depuis qu'il est arrivé.

➔ *They have been working hard since they were born.* Ils travaillent dur depuis qu'ils sont au monde.

Dans ce cas, le verbe de la proposition principale est au ***present perfect*** (*He has met / They have been working*), mais le verbe de la proposition introduite par *since* est au **prétérit** (*arrived / was born*).

3 *For* : pendant ou depuis

• *For* est suivi d'une **expression de durée dans le temps** : *a week, a year, several months, a century, two days, five weeks, etc.* Dans ce cas, il se traduit par « depuis », ou par l'expression « cela fait… que… », ou « il y a… que… ».

• Si *for* est **le seul indicateur temporel** dans la phrase, le verbe se met au ***present perfect***. *For* se traduit alors par : « depuis » ou bien « cela fait…que… »

➔ *I have been working for two days now.* Je travaille depuis deux jours maintenant, ou Cela fait deux jours que je travaille maintenant.

• S'il y a **un autre repère temporel** dans la phrase qui marque que **l'action est terminée** (tel que *two weeks ago* ou bien *last year)*, le verbe se met au **prétérit.** Dans ce cas, *for* se traduit par « pendant ».

➔ *Last year he worked with them for five days.* L'année dernière, il a travaillé avec eux pendant cinq jours.

• **Attention :** ne pas confondre avec *while* qui est une conjonction de subordination et signifie : **pendant <u>que</u>**….

➔ *He called me while I was in the garden.* Il m'a appelé pendant <u>que</u> j'étais dans le jardin.

Remarque

En français, on utilise le présent.

Astuce

Pour traduire « depuis », « pendant », « cela fait… que » :

1. savoir s'il s'agit d'un **point de repère dans le temps (→ *since*)** ou d'une **durée (→ *for*)** ;

2. choisir le temps du verbe en fonction du choix précédent (*since* → *present perfect* ; *for* → soit *present perfect* soit prétérit).

4 Les questions sur la durée

• *For, since, ago* s'emploient rarement dans les interrogations, mais plutôt dans les réponses (courtes ou longues) aux interrogations.

➔ *How long have you been working here? – Since 2015. / I've been working here since 2015.* Depuis quand travaillez-vous ici ? – Depuis 2015. / Je travaille ici depuis 2015.

➔ *When did you first meet? - A long time ago. / We first met a long time ago.* Quand vous-êtes vous rencontrés ? Il y a longtemps. / Nous nous sommes rencontrés il y a longtemps.

➔ *How long have they lived here? – For many years. / They have lived here for many years.* Depuis quand vivent-ils ici ? – Cela fait plusieurs années (depuis plusieurs années). / Ils vivent ici depuis plusieurs années.

Exercices

1 Mettre *for* ou *since* devant les expressions suivantes.

➔ Corrigé p. 89

1. .... *five years*
2. .... *last week*
3. .... *1993*
4. .... *your birthday*
5. .... *10 months*

2 Mettre le verbe au temps qui convient.

➔ Corrigé p. 89

1. *We .... (visit) England two years ago.*
2. *They .... (work) together for such a long time! (now)*
3. *These students .... (study) English for six years. (now)*
4. *He .... (listen) since the beginning of the lecture.*
5. *It .... (not rain) since last year around here.*

3 Traduire.

➔ Corrigé p. 89

1. Je suis allée les voir il y a quinze jours.
2. Il travaille depuis six heures du matin.
3. Il travaille sur ce livre depuis huit ans.
4. Cela fait des jours qu'ils gardent l'évènement secret.
5. Depuis combien de temps sont-ils mariés ?

13 EXPRIMER UN SOUHAIT, UN REGRET : PRÉTÉRIT ET PLUS QUE PARFAIT MODAL

1 Prétérit temporel et prétérit modal

• Comparons et observons les verbes au prétérit dans les exemples suivants :
1. *Last year when he* ***came*** *he* ***told*** *you the truth.* L'année dernière quand il est venu, il t'a dit la vérité.
2. *If only he* ***gave*** *me some money!* Si seulement il me donnait de l'argent !
3. *The child wishes his mother* ***came*** *more often.* L'enfant aimerait que sa mère vienne plus souvent.

1. Dans le premier exemple, les deux verbes *came* et *told* parlent d'une action située dans le passé et qui est terminée. C'est ce que l'on appelle le **prétérit temporel** (**→ Fiche 9**).

2 et 3. Mais dans les deux autres phrases, *gave* et *came* parlent d'une action virtuelle, qui est seulement un souhait non réalisé. On appelle ce temps le **prétérit modal.** Il ressemble de très près au prétérit temporel car il a exactement la même forme : on ajoute *–ed* à l'infinitif sans *to* pour les verbes réguliers et pour les verbes irréguliers, voir la liste en Annexe.

Remarque
En français, dans la phrase 3 on utilise un subjonctif qui a à peu près la même valeur que le prétérit modal.

• Le seul verbe qui se distingue est l'**auxiliaire *be*** qui dans ce cas **garde la forme *were* à toutes les personnes** de la conjugaison : *I were, she were, we were*, etc…

2 Pour exprimer un souhait, une hypothèse, dans le présent

• On utilise le prétérit modal **pour des actions non réalisées dans le présent**, autrement dit pour exprimer un souhait, une hypothèse, après : *I wish, if, as if, as though, even if, suppose, I would rather, it is time* (*it is about time, it is high time*)…

→ *I wish he were here.* J'aimerais qu'il soit là.
→ *I wish I knew the truth.* J'aimerais savoir la vérité.
→ *If I were you I would refuse this offer.* Si j'étais toi, je refuserais cette offre.
→ *He behaves as if he were the boss.* Il se comporte comme s'il était le patron.
→ *Even if he came we would not be happy.* Même s'il venait, nous ne serions pas contents.
→ *Suppose he asked you, what would you say?* Et s'il te demandait, que dirais-tu ?
→ *I would rather they were with us.* Je préfèrerais qu'ils soient avec nous.
→ *It's (about) time we went home.* Il est temps que nous rentrions à la maison.
(*It's time to go home* est admis aussi mais d'un niveau de langue moins recherché.)
→ *It's high time you made up your mind.* Il est grand temps que tu te décides.

3 Pour exprimer un regret

• Pour parler **d'actions non réalisées dans le passé** (autrement dit, des regrets) on utilisera le ***past perfect*** aussi appelé plus que parfait modal, qui ressemble complètement pour sa forme au *past perfect* temporel :

➔ *I wish he had brought his camera.* J'aurais aimé qu'il apporte son appareil photo. (Mais il ne l'avait pas apporté au moment où se déroulait l'action : je le regrette…)

D'ailleurs, cet exemple peut se traduire aussi par : Je regrette qu'il n'aie pas apporté son appareil photo).

➔ *If he had come yesterday he would have repaired the dishwasher.* S'il était venu hier, il aurait réparé le lave-vaisselle.

➔ *I would rather he had come.* J'aurais préféré qu'il vienne.

• Attention aux pièges de traduction…

➔ *I wish he had been here.* J'aurais aimé qu'il soit là → Je regrette qu'il ne soit pas là.

➔ *I wish he had not been here.* J'aurais aimé qu'il ne soit pas là.

Remarque
En français, la marque du passé porte sur la première partie de la phrase et non sur la deuxième comme en anglais !

4 Pour parler de souhaits pour le futur

• Pour parler de ce qui est encore réalisable dans le futur selon la capacité ou la volonté du sujet, on utilisera les **modaux** *could* (capacité) et *would* (volonté).

➔ *I wish I could go with them.* J'aimerais pouvoir aller avec eux.

➔ *I wish that noise would stop.* J'aimerais que ce bruit s'arrête. (mais ça a l'air de durer)

Exercices

1 Compléter à l'aide d'un prétérit ou d'un plus que parfait modal selon le cas, en vous appuyant sur les modèles. ➔ Corrigé p. 90

I didn't see the film. I wish… → ***I wish I had seen the film.***
I haven't got a country house. I wish… → ***I wish I had a country house.***

1. *I am not a good swimmer.* → *I wish…*
2. *I didn't have my camera with me.* → *I wish…*

3. *I didn't know he was married. → I wish…*
4. *He doesn't want to take riding lessons and I agree with him. → I'd rather….*
5. *You have had too much to drink, don't drive! → I wish you….*

2 Reformuler l'énoncé selon l'amorce proposée de façon à conserver le même sens. ➔ Corrigé p. 90

1. *If only I had answered that letter! → I wish…*
2. *Why don't you tell him the truth right now? → It's about time you…*
3. *I'd like him to come but I know he can't. → I wish…*
4. *I regret selling my old car. → I wish…*
5. *Had he been told the whole story, he would have come at once. → If he….*

3 Traduire. ➔ Corrigé p. 90

1. Même s'il était coupable, il était sympathique.
2. Je souhaite que notre équipe gagne le match demain.
3. Si tu parlais plus clairement, je te comprendrais mieux.
4. Je regrette qu'il fasse si chaud.
5. Supposons qu'il soit venu, que lui aurais-tu dit ?

14 L'EXPRESSION DU FUTUR

Il n'y a pas de temps grammatical « futur » en anglais, mais il existe plusieurs manières d'annoncer un événement futur, selon ce que l'énonciateur veut exprimer.

1 *Will* + base verbale

Remarque
Le *will* se contracte souvent en *'ll*
→ *They'll be there at ten.*

• **Construction**

– Construction à la forme affirmative :

Sujet + *will* + BV

→ *They will be there at ten.* Ils seront là à 10 heures.

– Construction à la forme négative :

Sujet + *will* + *not* ou bien sujet + *won't*

→ *I am sure they will not like it / I am sure they won't like it.* Je suis certain qu'ils n'aimeront pas cela.

– Construction à la forme interrogative :

Will + sujet + BV

→ *Will you be present as well?* Serez-vous présents aussi ?

• **Les emplois**

– Pour exprimer une prédiction (prévisions météorologiques, par exemple).
→ *Tomorrow, the weather will be nice.* Demain, il fera beau.

– Cette forme est également souvent utilisée dans les propositions principales dont les subordonnées sont introduites par *if* ou *when.*
→ *If you go away they will be sad.* Si tu t'en vas, ils seront tristes.
→ *When you go away they will be sad.* Quand tu partiras, ils seront tristes.

Remarque : en conséquence, en anglais, quand la principale est au futur, il n'y a pas de futur dans les subordonnées de temps introduites par *when, as soon as, while, once…*

Mais dans les questions au style direct ou indirect, on peut utiliser *will* après *when* et *if* :

→ *When **will** she come back?* Quand reviendra-t-elle ? (style direct)
→ *We would like to know when she **will** come back.* Nous voudrions savoir quand elle reviendra. (style indirect)

GRAMMAIRE

2 Présent *be* + *V-ing*

• On utilise cette forme pour parler de projets bien précis et repérés dans le temps ou inscrits dans un agenda :

→ *We are leaving tomorrow at nine.* Nous partons demain à neuf heures.
→ *They are meeting the headmaster on Monday.* Ils rencontrent le directeur lundi.

3 *Be going to* + base verbale

Remarque
C'est l'équivalent du français « il va + verbe ».

• Cette forme s'utilise lorsqu'on est certain que l'action va avoir lieu (on a des indices qui lient l'action future avec le présent).

→ *The sky is so dark, it is definitely going to rain.* Le ciel est si noir, il va certainement pleuvoir.

4 Le présent simple

Il s'utilise comme souvent en français, pour un événement à venir prévu que l'énonciateur annonce d'une manière neutre (horaires, programmes).

→ *We leave tomorrow at 9.* Nous partirons demain à 9 h.

5 *Be (just) about to* + base verbale

Pour dire qu'un événement est sur le point de se passer.

→ *I was (just) about to call you.* J'étais sur le point de t'appeler.

6 *Be to* + base verbale

Cette forme, plutôt soutenue, s'utilise pour une action qui est prévue officiellement, ou pour parler d'un engagement.

→ *The president is to make an important announcement today.* Le président doit faire une annonce importante aujourd'hui.
→ *She is to pick up her friend at the airport.* Elle va aller chercher son ami à l'aéroport.

7 *Be likely to* + base verbale

Cette expression s'utilise pour exprimer une probabilité.

→ *She is likely to miss the train.* Il est probable qu'elle rate le train.

Exercices

1 Compléter par le verbe entre parenthèses à la forme qui convient. ➔ Corrigé p. 90

1. *Here is the weather forecast: tomorrow .... (be) mainly dry but there .... (be) a few showers in the South.*
2. *I am pretty sure there .... (not/be) another film that good for a very long time.*
3. *I .... (see) you again when I .... (be) in London next week.*
4. *My train .... (leave) at 10 o'clock sharp.*
5. *......... you (ask) your Maths teacher that question if you .... (see) her tomorrow.*

2 Traduire. ➔ Corrigé p. 90

1. Vous m'avertirez dès que ma mère rentrera.
2. Il part pour Londres cet après-midi.
3. Je quitterai cette maison demain, c'est certain.
4. J'étais sur le point de vous écrire quand vous m'avez téléphoné.
5. Sa femme va avoir un bébé.

15 LE PASSIF

1 Construction

• **La langue anglaise utilise le passif plus fréquemment** que le français, car cela permet de mettre en valeur le **sujet en tête de phrase.**

• Quand on passe de la voix active à la **voix passive**, le complément d'objet direct devient sujet du verbe. La construction verbale est simple : on utilise l'auxiliaire *be* + participe passé.

sujet	auxiliaire *be*	participe passé
The house	*is*	*sold*
The house	*is being*	*sold*
The house	*was*	*sold*
The house	*was being*	*sold*
The house	*has been*	*sold*
The house	*had been*	*sold*
The house	*can be*	*sold*
The house	*must be*	*sold*
The house	*will be*	*sold*

Contrairement à la voix active, le sujet de la voix passive n'exécute pas l'action. Il la subit, il est victime ou bénéficiaire, il reçoit quelque chose ou il en bénéficie.

→ *The politician was killed.* L'homme politique a été tué (l'homme politique est victime).

→ *The child was given a bicycle.* On a donné une bicyclette à l'enfant (l'enfant est bénéficiaire).

2 Le complément d'agent

• Il est inutile la plupart du temps car on ne cherche qu'à **mettre en valeur le sujet** qui est victime ou bénéficiaire de l'action exprimée par le verbe.

→ *A road is being built.* On construit une route.

• Si le complément d'agent est indispensable, s'il apporte une précision indispensable au sens de la phrase, il est introduit par *by*.

→ *He was assassinated* ***by*** *a lunatic.* Il a été assassiné par un fou.

3 Les verbes à double complément

• Certains verbes ont deux compléments : un complément de personne, dit **complément d'attribution**, et un **complément d'objet direct**. Par exemple, *to allow* permettre, *to ask* demander, *to award* accorder, *to give* donner, *to lend* prêter, *to offer* offrir, *to promise* promettre, *to sell* vendre, *to send* envoyer, *to write* écrire, *to teach* enseigner…

→ *They asked* *my father* *a question.* Ils ont posé une question à mon père.

(*my father* ↑ complément de personne ; *a question* ↑ complément d'objet direct)

En anglais, le complément de personne sera choisi prioritairement comme sujet du passif.

→ *My father was asked a question.* On a posé une question à mon père.

Remarque
Cette tournure est traduite en français par « *on* ».

4 Les verbes prépositionnels

• Avec les verbes prépositionnels, on maintient la préposition **à la droite du verbe au passif,** même si le complément est devenu sujet du verbe. Par exemple, *to account **for*** expliquer, *to deal **with*** traiter de, *to take care **of*** s'occuper de, *to hear **from*** avoir des nouvelles de, *to make fun **of*** se moquer de, *to rely **on*** compter sur, *to look **after*** surveiller, *to pay attention **to*** faire attention à…

→ Voix active : *They were making fun **of** her.* Ils se moquaient d'elle. → Voix passive : *She was being made fun **of**.* On se moquait d'elle.

Voir la liste de verbes prépositionnels en Annexe, p. 281.

5 Les structures complexes

• Les verbes comme *to believe* croire, *to say* dire, *to know* connaître, *to think* croire peuvent s'employer au passif :

→ Voix active : *They believed he was a thief.* Ils croyaient que c'était un voleur. → *He was believed to be a thief.* On croyait que c'était un voleur.

• La proposition infinitive

→ Voix active : *They told the girl to listen*. Ils ont dit à la fille d'écouter. → Voix passive : *The girl was told to listen*. On a dit à la fille d'écouter.

GRAMMAIRE

Exercices

1 Mettre à la voix passive les phrases suivantes. ➔ Corrigé p. 91

1. *They handed me the painting I wanted to buy.*
2. *People say she is an excellent guide.*
3. *Someone must have attacked him.*
4. *No one can rely on him.*
5. *People were staring at him.*
6. *They built the bridge in 1927.*
7. *They will have to call for the doctor.*

2 Traduire. ➔ Corrigé p. 91

1. Comment avez-vous été traités ?
2. On lui a demandé d'improviser une scène.
3. Cela aurait dû être dit avant.
4. On lui a dit de montrer son passeport.
5. On parle anglais ici.
6. Il faut arrêter cette injustice.

16 LES AUXILIAIRES DE MODE, OU MODAUX : *MUST, MAY/MIGHT, SHALL/SHOULD, WILL/WOULD, CAN/COULD*

L'énonciateur utilise un modal pour **porter un jugement** qui peut être de deux natures :
– sur le sujet de la phrase et la **capacité, la permission, l'obligation qu'il a de faire une action** : ce sera le sens 1(voir point 2).
– sur les **chances de réalisation de l'action** : sera-t-elle certainement, probablement ou pas du tout réalisée ? C'est **l'expression de la probabilité**, ce sera le sens 2 (voir point 3).

1 Les cinq auxiliaires de mode (ou modaux)

• **Il y a cinq auxiliaires de mode,** et quatre d'entre eux ont une forme passée.

Au présent	*Must*	*May*	*Shall*	*Will*	*Can*
Au prétérit		*Might*	*Should*	*Would*	*Could*

Remarques :
1. *Must* n'a que la forme du présent.
2. Les formes du prétérit des modaux n'ont pas nécessairement un sens passé.

• **Les modaux sont des auxiliaires, donc :**
– ils sont invariables,
– ils sont incompatibles entre eux,
– ils font leur forme interrogative et négative sans l'aide d'un autre auxiliaire,
– ils sont suivis d'un infinitif sans *to*,
– ils ne prennent pas de *-s* à la troisième personne du singulier du présent.
→ *She can speak many languages.* Elle sait/peut parler plusieurs langues.
→ *You mustn't work so hard.* Tu ne dois pas travailler si dur.
→ *Should they be at home?* Devraient-ils être à la maison ?

Attention !
Can, à la forme négative, a une orthographe spéciale lorsqu'il est employé avec sa forme pleine :
→ *You **cannot** do that, it's just impossible!* Tu ne peux pas faire cela, c'est impossible !

GRAMMAIRE

• Lorsqu'on a besoin d'utiliser ces verbes à une forme à laquelle ils n'existent pas, quatre d'entre eux peuvent être remplacés, chacun selon leur sens spécifique :

– *Can* par *be able to*
– *Must* par *have to*
– *May* par *be allowed to*
– *Mustn't* par *be forbidden to*

Attention !
Ces verbes ont un sens proche de celui des modaux mais ce ne sont pas des auxiliaires de mode, leur sens est moins fort.

2 Sens 1 : capacité, permission/interdiction, obligation, suggestion/conseil

A. Can / could

• **Pour exprimer la capacité physique ou intellectuelle :**
→ *He can swim.* Il sait nager (il peut le faire).
→ *They couldn't get inside the house.* Ils n'ont pas pu rentrer dans la maison.
→ *In those days the king could send anyone to prison if he wanted.* À cette époque, le roi pouvait envoyer les gens en prison comme il le voulait.

Remarque
Can est souvent l'équivalent de savoir en français :
→ *I can speak English.* Je sais parler anglais.

Can s'utilise avec les verbes de perception : *see, taste, smell, hear, feel...*
→ *Can you see the house over there?* Voyez-vous la maison là-bas ?
→ *He could smell the smoke from far away and he started running.* Il pouvait sentir la fumée de loin et il se mit à courir.

• **Pour exprimer la permission :**
→ *Can I go out tonight?* Est-ce que je peux sortir ce soir ?
→ *You can take my car.* Tu peux prendre ma voiture.

• **Pour exprimer l'interdiction :**
→ *You can't cross the street here!* Tu n'as pas le droit de traverser la rue ici.
→ *You couldn't sleep outside in that country.* On n'avait pas le droit de dormir dehors dans ce pays.

B. May / might

• **Pour exprimer la permission** dans un registre de langue très soutenu ou dans des circonstances très formelles, et utilisé le plus souvent à la forme interrogative.
→ *May I come with you?* Puis-je venir avec vous ?
→ *You may come if you want.* Tu peux venir si tu veux.

• **Pour exprimer l'interdiction**
→ *You may not smoke here.* Tu n'as pas le droit de fumer ici.

Remarque
Might ne sera utilisé dans le sens de la permission qu'au style indirect.
→ *He asked if he might take a candy.* Il a demandé s'il pouvait prendre un bonbon.

C. Must

• Pour exprimer l'obligation / l'ordre :

→ *Children, you must stand up when the teacher comes in!* Les enfants, vous devez vous lever quand le professeur entre !

• À la forme négative, pour exprimer l'interdiction :

→ *You mustn't eat sugar all the time, it's bad for your health!* Tu ne dois pas manger de sucre tout le temps , c'est mauvais pour la santé.

→ *You mustn't cross the street on your own.* Tu ne dois pas traverser la rue tout seul.

D. Shall / should

• Pour exprimer la suggestion :

→ *Shall we go to the cinema tonight?* Et si on allait au cinéma ce soir ?

→ *Let's go, shall we?* Allons-y, tu veux bien ?

• À la forme prétérit, *should* exprime le conseil :

→ *You should call your grandparents.* Tu devrais appeler tes grand-parents.

→ *You shouldn't work so late at night*. Tu ne devrais pas travailler si tard le soir.

Remarque

Pour exrimer un futur, avant, en anglais UK, on employait *shall* à la 1re personne et *will* aux 2e et 3e personnes, mais cette distinction a tendance à disparaître.

• À la forme avec *have* + participe passé, il exprime le reproche :

→ *You should have explained all the rules before.* Tu aurais dû expliquer toutes les règles avant.

E. Will / would

• Pour exprimer le futur :

→ *They will come next week for his birthday.* Ils viendront la semaine prochaine pour son anniversaire.

• Pour exprimer la volonté / le refus :

→ *My car won't start, I don't understand why!* Ma voiture ne veut pas démarrer, je ne comprends pas pourquoi.

→ *Will you marry me? Yes, I will.* Veux-tu m'épouser ? Oui, je le veux.

→ *This stupid computer wouldn't work when I needed it.* Ce stupide ordinateur a refusé de fonctionner quand j'en avais besoin.

• Pour exprimer une caractéristique du sujet :

→ *He will always complain.* Il se plaint tout le temps (c'est bien lui !).

→ *Boys will be boys! (proverb)* Ça, c'est bien les garçons !

• Pour exprimer une idée de répétition, d'habitude :

→ *When we were little, our parents would take us for a walk every week end.* Quand nous étions petits, nos parents nous emmenaient promener tous les week-ends.

3 Sens 2 : l'expression de la probabilité

Pour évaluer les chances de réalisation d'une action :

• **Dans le présent :**

Du plus probable…

It will work	Ça marchera (c'est sûr à 100 %)
It must work	Ça doit marcher (j'ai des indices, je suis presque sûr)
It can work	Ça peut marcher
It could work	Ça pourrait marcher
It may work	Il se peut que ça marche
It might work	Il se pourrait que ça marche (mais rien n'est moins sûr)
It won't work	Ça ne marchera pas

… au moins probable

• **Dans le passé,** on utilise l'auxiliaire *have* suivi d'un participe passé :

Du plus probable…

It must have worked	Ça a dû marcher
It can have worked	Ça a pu marcher
It could have worked	Ça aurait pu marcher
It may have worked	Il se peut que cela ait marché
It might have worked	Il se pourrait que cela ait marché
It wouldn't have worked	Cela n'aurait pas marché

… au moins probable

• Quelques exemples :

→ *There is no light in his house, he must have gone out.* Il n'y a pas de lumière chez lui, il a dû sortir.

→ *She can't be very old.* Elle ne peut pas être très âgée.

→ *They are very late, they may have had an accident.* Ils sont très en retard, il se peut qu'ils aient eu un accident.

→ *The headmaster might be in his office by now, don't you think?* Le directeur doit être dans son bureau maintenant, tu ne crois pas ?

4 Cas particuliers : *Need / Dare / Ought to*

• ***Need*** : avoir besoin de

– Se comporte comme un verbe ordinaire (avec l'auxiliaire *do/does* à la forme interrogative et négative) **lorsqu'il est suivi d'un complément d'objet** (personne) :

→ *You do not need new shoes.* Tu n'as pas besoin de nouvelles chaussures.

→ *Do you need me?* Est-ce que tu as besoin de moi ?

– À la forme interrogative et négative, **lorsqu'il est suivi d'un autre verbe**, il peut se comporter comme un modal ou bien comme un verbe ordinaire :

➔ *I needn't tell you how important that is.* (modal → pas de *to* devant *tell*)

➔ *I do not need to tell you how important that is* (verbe ordinaire → *to tell*). Je n'ai pas besoin de vous dire combien c'est important.

Les deux constructions existent et sont équivalentes.

• ***Dare*** : oser. *Dare* se construit à la forme négative et à la forme interrogative comme un modal sans autre auxiliaire et sans *–s* à la 3e personne.

➔ *You daren't speak.* Tu n'oses pas parler.

➔ *How dare he?* Comment ose t-il ? (pas de *–s* à *dare*, 3e pers. du sing.)

Les deux constructions existent et sont équivalentes.

• ***Ought to*** : devoir, au conditionnel et dans une langue très formelle et peu utilisée aujourd'hui (sauf pour donner un conseil de haute portée morale).

➔ *You ought to write to your grandparents.* Tu devrais écrire à tes grands-parents.

GRAMMAIRE

Exercices

1 Classer les verbes en gras selon qu'ils expriment : 1) une obligation, 2) une probabilité forte, 3) une probabilité moyenne, 4) une capacité, 5) un conseil. ➔ Corrigé p. 91

1. **Il faut que tu fasses** plus attention, c'est ton deuxième accident cette année.
2. Ils étaient en retard, nous **avons dû les attendre**.
3. Prends un manteau, il **doit faire froid**.
4. Ils **pourront aller** à Malte en avion mais ils **devront réserver** leurs places.
5. Vous **devriez passer** une semaine à Barcelone.
6. **Il se peut qu'ils ne vous entendent pas.**
7. **Il se peut qu'elle n'ait pas dit** la vérité.

2 Traduire les phrases de l'exercice 1.

3 Compléter à l'aide de l'auxiliaire modal qui convient à la forme affirmative ou négative (sens 1 ou sens 2). Il n'y a qu'une seule réponse possible. ➔ Corrigé p. 91

1. *I .... swim across the lake, it's too far for me.*
2. *How many languages .... you speak?*
3. *You ...... throw stones at people, you ..... hurt someone.*
4. *I .... hear anything, there was too much noise.*
5. *He has just bought a Jaguar, he .... be rich.*
6. *I don't believe you, it ...... be true.*

17 LES PRONOMS RELATIFS

Pour relier deux phrases qui parlent d'une même chose ou d'une même personne et éviter d'en répéter le nom, on utilise un **pronom relatif**. Le pronom relatif remplace ce nom et joue le même rôle grammatical dans la proposition relative que le nom dans la phrase d'origine.

→ *I waited for the bus. The bus never turned up* → *I waited for the bus,* ***which*** *never turned up.* J'attendais le bus, qui n'est jamais arrivé.

→ *This is my teacher. My teacher wrote a book about the USA.* → *This is my teacher* ***who*** *wrote a book about the USA.* Voici mon professeur qui a écrit un livre sur les États-Unis.

Dans ces deux exemples, les pronoms relatifs *which* et *who* remplacent les noms *bus* et *teacher*. Ces deux noms sont les **antécédents** des relatifs *which* et *who*.

1 Comment choisir le relatif

• Le choix du relatif dépend **de son antécédent** (être humain ou non humain) et de la **fonction grammaticale du relatif** dans la proposition relative (sujet ou complément).

Qualité du nom / Fonction du relatif	Être humain	Objet
Sujet	*that - who*	*that - which*
Complément d'objet direct	*whom* *that* Ø	*which* *that* Ø
Complément du nom	*whose*	*whose*
Complément de lieu		*where*
Complément de temps		*when*

Remarque
Whom est de moins en moins employé ; on le rencontre parfois à l'écrit.

• Il dépend aussi du fait que la **proposition relative est déterminative ou non** :
– une proposition relative est **déterminative** lorsqu'elle apporte une information essentielle à la compréhension du message, et dont on ne peut pas se passer. Ce sont les relatives les plus fréquentes. Dans ce cas, tous les pronoms sont possibles (*that, which, who(m)*, Ø).

→ *I have not seen the film (**that**) he mentioned.* Je n'ai jamais vu le film qu'il mentionne. Il s'agit du film dont il a parlé et pas d'un autre !

– une proposition relative **non déterminative** apporte une précision accessoire, secondaire, qui pourrait être supprimée sans modifier radicalement le sens du message. **Cette proposition est toujours entre virgules.** On ne peut utiliser alors que les pronoms relatifs en *WH* (*who/which*), jamais *that* ni Ø.

→ *His latest film, **which** was shot in Australia, is a great success.* Son dernier film, qui a été tourné en Australie, est un grand succès.

• **Attention : le sens peut être radicalement différent** selon qu'il s'agit d'une relative déterminative ou non-déterminative :

→ *My sister, who is a doctor, lives in San Francisco.* Ma sœur, qui est médecin, habite à San Francisco. (Je mentionne **en passant** le fait que ma sœur est médecin → relative non déterminative.)

→ *My sister who is a doctor lives in San Francisco* (il s'agit de **ma sœur qui est médecin** et pas des autres ou de l'autre → relative déterminative)

→ *The students, who had received an award, were allowed to go home.* Les étudiants, qui ont reçu un prix, ont été autorisés à rentrer chez eux. (On nous informe incidemment que **les étudiants ont tous reçu un prix** → relative non déterminative.)

→ *The students who had received an award were allowed to go home.* (**Uniquement ceux qui ont reçu un prix** ont été autorisés à rentrer chez eux → relative déterminative.)

> **Astuce**
> Déterminative → sans virgule
> Non-déterminative → entre virgules

2 Le relatif *that* ou Ø

• Le relatif *that* peut remplacer les relatifs compléments d'objet direct (*whom / which*) et uniquement ceux-là.

→ *Where is the girl whom I saw last time?* → *Where is the girl that I saw last time?* Où est la fille que j'ai vue la dernière fois ?

• Il peut être omis, c'est le relatif Ø.

→ *Where is the girl(Ø) I saw last time?*

• **Attention :** après un **superlatif** et après ***first, last, all, only, everything, anything, anyone*** (et les composés du même modèle), on ne peut utiliser que *that* ou plus souvent le relatif Ø.

→ *It's the funniest film Ø I've ever seen.* C'est le film le plus drôle que j'aie jamais vu.

→ *He is the only child Ø we have.* C'est le seul enfant que nous avons.

> **Notez bien**
> Les *native speakers* utilisent systématiquement le relatif Ø (ou omettent *that*).

GRAMMAIRE

3 Le relatif « dont » : Ø ou *whose* ?

Attention, n'imitez pas le français ! La traduction de « dont » varie selon le type de phrase. Comparons deux phrases françaises utilisant « dont » :

- **Premier cas :**

➔ La fille dont je te parle est ma cousine. *The girl Ø I am talking about is my cousin.* Je parle de la fille, le bloc souligné est **complément du verbe**.

- **Deuxième cas :**

➔ L'homme dont je vois le chapeau est mon père. *The man whose hat I can see is my father.*
On veut parler du chapeau de l'homme et le mot homme est **complément du nom chapeau.** On doit donc utiliser ***whose*** en anglais, en prenant garde à l'ordre des mots, très différent du français : on a rapproché le relatif et le nom dont il est complément, et **l'article a disparu**.

4 Le relatif « où »

La langue française utilise le seul pronom « où » pour parler du **lieu** et du **temps** ; les pronoms sont différents en anglais.

- « Où », complément de lieu : *where*

➔ *This is the house* ***where*** *I was born.* Voici la maison où je suis né.

- « Où », complément de temps : *when*

➔ *That was the year* ***when*** *I was born.* C'était l'année où je suis né.

5 Le relatif « ce qui », « ce que »

➔ *I will tell you what I know,* ***which*** *is not very interesting.* Je vais vous dire ce que je sais, ce qui n'est pas très intéressant.
Pourquoi choisir *what* plutôt que *which* ? On peut dire ici que *what* **annonce ce qui suit** et que *which* **résume ce qui précède**.
Autrement dit, si l'expression « ce que/ce qui » a un antécédent, on utilisera *which*, et s'il n'y a pas d'antécédent on utilise *what*.

6 Comment construire les propositions relatives avec des verbes prépositionnels

Exemple : ***to deal with*** surmonter, gérer
➔ *(1)You have to deal with the situation. (2) This is a very serious situation.* → *(3) This is a very serious situation (that) you have to deal with.*

GRAMMAIRE

Dans la phrase (1), la préposition *with* introduit le complément (*the situation*). Dans la phrase (3), ce complément est représenté par le relatif *that* (que l'on peut omettre). On remarque que la préposition *with* reste collée au verbe *deal*, même s'il n'y a plus de complément ensuite.

Voir la liste de verbes prépositionnels en Annexe, p. 281.

7 Pour exprimer l'indifférence : le suffixe *-ever*

• On peut ajouter le suffixe *–ever* à un pronom relatif, au début d'une proposition relative, pour exprimer l'indifférence, l'ignorance.

→ *You can come whenever you want.* Tu peux venir à n'importe quel moment.

→ *He can do whatever he wants.* Il peut faire ce qu'il veut (n'importe quoi).

→ *I will talk to whoever walks by.* Je parlerai à quiconque qui passe.

GRAMMAIRE

Exercices

1 Relier les deux phrases par un pronom relatif pour ne faire qu'une seule phrase.

➔ Corrigé p. 92

1. *I met lots of people. They were all interesting.*
2. *We brought home a kitten. We had found it in the park.*
3. *Peter lives in a tiny street. This street goes down to the river.*
4. *The man came in. He was my father.*
5. *The school is building new science laboratories. I go to this school.*

2 Compléter par le relatif qui convient. Utiliser Ø chaque fois que c'est possible.

➔ Corrigé p. 92

1. *This is the castle .... the kings of England used to live.*
2. *This is the man .... I wanted you to meet.*
3. *She couldn't hear anymore, ... was a big problem.*
4. .... *I do not like is her angry looks.*

3 Traduire.

➔ Corrigé p. 92

1. Nous avons invité les enfants dont nous connaissions les parents.
2. Ils viennent d'avoir un bébé, ce qui est très fatiguant.
3. Le policier parlait de la valise que j'avais laissée dans le hall.
4. Il a une belle voiture de sport dont il ne se sert jamais.
5. Où que tu ailles, il te faudra un chauffeur.

18 LES PHRASES CONDITIONNELLES : L'HYPOTHÈSE

Les phrases conditionnelles en anglais fonctionnent comme en français.

1 On pose une hypothèse sur l'avenir : irréel du futur

- Pour exprimer que l'action est encore réalisable sous certaines conditons.

→ *If the weather **is** fine, we **will go** to the beach.*
S'il fait beau, nous irons à la plage.
présent futur

2 On pose une hypothèse sur le présent : irréel du présent

- Pour exprimer que l'action a très peu de chances de se réaliser dans le présent, compte tenu des circonstances.

→ *If the weather **was** fine, we **would go** to the beach*
S'il faisait beau, nous irions à la plage
passé/prétérit (valeur modale) conditionnel

Remarque : on utilise *were* à la 1re et 3e personne dans une langue soignée :
→ *If I were you, I wouldn't go*. Si j'étais toi, je n'irais pas.

3 On pose une hypothèse sur le passé : irréel du passé

- Pour exprimer que l'on regrette que l'action n'ait pas eu lieu dans le passé.

→ *If the weather **had been** fine, we **would have gone** to the beach.*
S'il avait fait beau, nous serions allés à la plage.
plus que parfait conditionnel passé

- Dans une langue très soignée, on supprimera le *if*, et on fera passer l'auxiliaire en tête de phrase :

→ *Had the weather been fine, we would have gone to the beach.* S'il avait fait beau, nous serions allés à la plage.

GRAMMAIRE

4 Remarques

- Il existe d'autres conjonctions qui introduisent des conditions :

– *Provided* : à condition que / pourvu que

→ *We will help,* ***provided*** *you calm down.* Nous t'aiderons à condition que tu te calmes.

– *Unless,* condition négative : à moins que / seulement si

→ *We won't come* ***unless*** *the weather is better.* Nous ne viendrons pas, à moins que le temps s'améliore.

- **Attention : ne pas confondre *if* et *whether***

En effet, *if* peut introduire aussi bien une question qu'une condition :

→ *I wouldn't tell them the truth, if I were you.* Je ne leur dirais pas la vérité, si j'étais toi (condition).

→ *They wanted to know if he was honest.* Ils voulaient savoir s'il était honnête (question).

Dans ce dernier cas (et seulement ce cas-là) on peut remplacer *if* par *whether*, ce qui donne à la phrase un niveau de langue plus élevé :

→ *They wanted to know whether he was honest.*

Astuce

C'est uniquement le « si » conditionnel qui peut se traduire par *whether*.

GRAMMAIRE

Exercices

1 Mettre les verbes entre parenthèse au temps et à la forme qui conviennent. → Corrigé p. 92

1. *I am sure he (do) it provided you (ask) nicely.*
2. *If I (win) that much money, I (buy) a bigger house.*
3. *You (not/get) there tonight unless you (leave) right now.*
4. *What you (do) if you (lose) your ticket yesterday?*
5. *If they (listen) to the weather forecast, they (know) it was going to rain.*

2 Traduire. → Corrigé p. 93

1. Tes résultats seraient meilleurs si tu travaillais plus.
2. Je suis sûr que si nous l'avions rencontré, il nous aurait invités.
3. Si j'étais toi, je ne m'inquiéterais pas.
4. Ils ne viendront pas, à moins que vous ne leur demandiez .

19 LES PHRASES EXCLAMATIVES

Anglais	Français
***What** + **a/an** + **groupe nominal** (singulier) → *What a surprise! (it was!)* → *What an interesting book!* En anglais, l'article reste avant le nom.	**Quel (le) + groupe nominal** → Quelle surprise ! (cela a été !) → Quel livre intéressant ! En français, pas d'article devant le nom.
What + groupe nominal (pluriel ou abstrait) → *What expensive clothes they sell in this shop!* → *What assurance he showed!*	**Quels/quelles + groupe nominal** → Qu'ils sont chers, les vêtements qu'ils vendent dans cette boutique ! → Quelle assurance !
***Such** + **a/an** + **groupe nominal** (singulier) → *He is such a good teacher!* ***Such** + **groupe nominal** (pluriel ou abstrait) → *You can't say such stupid things!* → *He showed such courage!*	**Si, aussi, tellement + groupe nominal** → C'est un si bon professeur ! → Tu ne peux pas dire des choses aussi stupides ! → Il a montré tellement de courage !
***How** + **adjectif ou adverbe** → *How hard they work!* → *How extraordinary*! (ici le verbe n'est pas exprimé) → *How slowly he speaks!*	**Comme c'est + adjectif** → Comme ils travaillent dur ! → Comme c'est extraordinaire ! → Comme il parle lentement !
***So** + **adjectif** → *It seemed so stupid that I couldn't believe him.* → *She is so beautiful!*	**Si / tellement + adjectif** → Cela semblait tellement stupide que je ne pouvais pas le croire. → Elle est tellement belle !

Remarque

L'adjectif (ou l'adverbe) reste collé à *how* et donc l'ordre des mots est très différent du français.

Remarque : on peut aussi utiliser **la forme interro-négative** pour marquer la surprise (ton un peu formel et affecté) :

→ *Isn't that beautiful!* N'est-ce pas magnifique !
→ *Doesn't she work hard!* Comme elle travaille dur !
→ *Wasn't that nice of him!* N'était-ce pas gentil de sa part !

Exercices

1 Transformer chacune des phrases suivantes en phrases exclamatives de quatre façons différentes : ➔ Corrigé p. 93

1. *She is a strong woman.*
2. *This little town is very quiet.*
3. *The party was great indeed.*
4. *There are amazing animals in this zoo!*

2 Traduire. ➔ Corrigé p. 93

1. Comme ils avaient l'air heureux !
2. Il est si timide qu'il va sûrement refuser de venir !
3. Quelle histoire affreuse !
4. Comme c'est intéressant !
5. Elle porte toujours de si belles boucles d'oreille !

3 Transformer ces phrases en exclamatives, en utilisant plusieurs formules. ➔ Corrigé p. 93

1. *That is an expensive car.*
2. *It was an exciting match.*
3. *His clothes look really weird.*
4. *I loved that film.*

20 RAPPORTER LES PAROLES DE QUELQU'UN : LE STYLE INDIRECT

Le passage du style direct au style indirect peut entraîner des modifications sur : les temps, les pronoms personnels, l'ordre des mots dans les questions, les compléments de temps et de lieux.

1 Les temps

• Si le verbe introducteur (*to say, to tell, to wonder, to want*…) est **au présent**, la citation conserve son temps d'origine.

→ *She says: "I like your dress". → She says she likes your dress.*

→ *She says: "I visited Paris last summer". → She says she visited Paris the summer before.*

Attention
Pour ne pas confondre *to say* et *to tell* → Fiche 21

Remarque
L'adverbe de temps a changé, voir point 3.

• Si le verbe introducteur est **au passé**, le temps de la citation sera souvent décalé d'un cran dans le passé, selon la concordance des temps :

DISCOURS DIRECT	DISCOURS INDIRECT
*She said: "I **like** your dress".* Présent	*She said she **liked** your dress.* Prétérit /simple past
*She said: "I **am coming** with you".* Présent + *Be* +*V- ing*	*She said she **was coming** with you.* Past + *Be* +*V- ing*
*She said: "We **visited** London".* Prétérit/simple past	*She said they **had visited** London.* Past perfect/pluperfect
*They said: "She **was playing** tennis".* Prétérit + *Be* +*V- ing*	*They said **she was playing** tennis.* Prétérit + *Be* +*V- ing*
*She said: "I **have lost** my glasses".* Present perfect	*She said she **had lost** her glasses.* Past perfect/pluperfect
*She said: "I'**ll teach** my children".* Futur avec will	*She said she **would teach** her children.* Prétérit de will : would
*She said: "I **would be** very happy if you accepted".* Conditionnel	*She said she **would be** very happy if they* Conditionnel *accepted.*
*He said: "**Sit down** !"* Impératif	*He told me **to sit down**.* Subordonnée infinitive
*He said: "**Don't speak** !"* Impératif négatif	*He told me (her/him/them) **not to speak**.* Notez la place du mot *not*

Remarque
Ici, pas de décalage dans le temps

Remarque
Ici, pas de décalage dans le temps

GRAMMAIRE

2 Les pronoms personnels et les possessifs

Les changements de pronoms personnels et possessifs se font comme en français.
→ *She told her brother: "**you** are not supposed to talk to **me** like that"* Elle a dit à son frère « **Tu** n'es pas censé **me** parler ainsi » → *She told her brother **he** was not supposed to talk to **her** like that.* Elle a dit à son frère qu'il n'était pas censé **lui** parler ainsi.
→ *They asked their children: "Did **you** enjoy **your** holidays?".* Ils demandèrent à leurs enfants : « Est-ce que **vous** avez aimé **vos** vacances ? » → *They asked their children if **they** had enjoyed **their** holidays.* Ils demandèrent à leurs enfants s'**ils** avaient aimé **leurs** vacances.

3 Les adverbes et compléments de lieu et de temps

Lorsque le discours est rapporté avec un verbe introducteur au passé, il faut adapter les compléments de temps à la situation :

Style direct	Style indirect
Today	*That day*
Yesterday	*The day before / The previous day*
Tomorrow	*The day after/the next day/the following day*
Last week	*The week before*
Next week	*The following week*
Three weeks ago	*Three weeks before*
Until now	*Until then*
Ago → *He said: "It happened months ago"*	*Before* → *He said it had happened months before.*
Here	*There*

4 Cas particulier : les questions

• En français, **l'ordre des mots** est le même au style direct et indirect dans les questions. Mais en anglais, il y a inversion.

	Direct	Indirect
Français	Elle a demandé : « Où est John ? » 1 2 3	Elle a demandé où était John. 1 2 3
Anglais	*She asked: "Where is John?"* 1 2 3	*She asked where **John was.*** 1 **3** **2**

• Les *yes or no questions* vont être transformées en propositions subordonnées introduites par *if* ou *whether*.
➔ *He said: "Are they coming?" → He asked **if /whether** they **were** coming.*

Exercices

1 Mettre au discours indirect les phrases suivantes. ➔ Corrigé p. 94

1. *She said: "I haven't got enough money, I am not going to stay here".*
2. *Peter said to me: "I will never accept such an offer".*
3. *He noticed: "he has been living here for years".*
4. *He ordered them: "Don't make so much noise!"*
5. *The teacher asked them: "Did you enjoy watching the match?"*
6. *I asked him: "Can you lend me some money?"*

2 Mettre la conversation suivante au style indirect (en mettant le verbe introducteur au passé). ➔ Corrigé p. 94

Jackie- I like your shoes, Clare. Where did you buy them?
Clare- I saw them advertised on TV and then I found them in a new shop yesterday.
Jackie- I'd like to get a pair for myself. But where is that new shop?
Clare- It's in the shopping centre near the train station. I can go with you tomorrow afternoon if you want.
Jackie- I am sorry but I can't, because I have to go and meet my parents.
Clare- Ok, so what about the weekend instead?
Jackie- That is great.

Clare raconte cette conversation à une autre de ses amies et commence ainsi : *I met Jackie yesterday and she said…*

3 Utiliser les verbes suivants comme verbes introducteurs. ➔ Corrigé p. 94

to remind - to admit - to decide - to warn - to advise - to complain.

1. *Wherever you go, don't forget to send a postcard to your grandmother.*
2. *Make sure you have discusssed this with your parents before you do anything.*
3. *All right, it is true, I did try to cheat on the exam.*
4. *Moreover, the food at the canteen was just horrible.*
5. *It is very important, don't make the same mistake over and over again.*
6. *I will not go back to this university next year.*

21 TO SAY OU TO TELL ?

1 Règle de base

• La règle de base à retenir est celle-ci :

To say ***something***
To tell ***somebody*** something

→ *He **said** it was ugly.* Il a dit que c'était laid.

(*it was ugly* : quelque chose)

→ *He **told us** he was coming soon.* Il nous a dit qu'il arrivait bientôt.

(*us* : à quelqu'un ; *he was coming soon* : quelque chose)

2 *To tell* = ordonner

• *To tell* signifie souvent « ordonner » ; dans ce cas la construction est différente : *to tell* sera suivi d'une proposition infinitive (→ Fiche 23).

to tell + sujet + verbe à l'infinitif

(sujet + verbe à l'infinitif : proposition infinitive)

→ *He told the children to calm down.* Il a demandé (dit, ordonné) aux enfants de se calmer.

Si le sujet est un pronom personnel, on utilise un pronom personnel complément :

→ *He told them to calm down.* Il leur a demandé de se calmer.
→ *The teacher told the girl to work harder.* Le professeur a demandé à la fille de travailler plus.
→ *The teacher told her to work harder.* Le professeur lui a demandé de travailler plus.

3 *To tell* = raconter

• Attention ! *To tell* veut aussi dire raconter.

→ *to tell a story* raconter une histoire
→ *to tell a joke* raconter une blague

Exercice

1 **Choisir *to tell* ou *to say* pour compléter les phrases suivantes.** ➔ Corrigé p. 94

1. *Can you .... me how to use this phone? The instructions don't .... anything clearly.*
2. *She isn't very polite, is she? She never .... please or thank you.*
3. *John .... me they were going to France, but Mary .... they were going to Spain!*
3. *The inspector .... he was too busy to see her. He .... her to come back the next day.*
5. *The doctor .... I was just tired. He .... my parents not to worry.*
6. *My grandmother used to .... beautiful stories.*
7. *The man .... the dog to go away.*

22 TRADUIRE « FAIRE » + INFINITIF

Il faut différencier les cas où **on fait faire quelque chose à quelqu'un** (« le professeur fait travailler les élèves ») et le cas où **l'action est provoquée par le sujet sans préciser qui l'exécute** (« je me fais construire une maison »). En anglais, il y a deux constructions très différentes selon ces deux cas.

1 Faire faire quelque chose à quelqu'un

Un sujet provoque l'action (premier verbe) **et un autre l'exécute** (deuxième verbe).

- Dans les phrases à la voix active :

→ *This teacher makes his students work hard.* Ce professeur fait beaucoup travailler ses élèves (Le professeur provoque l'action, mais les élèves l'exécutent.)

→ *This teacher had his students work hard.* Ce professeur a beaucoup fait travailler ses élèves.

- Si la phrase est au passif, la construction diffère :

→ *The students were made* ***to*** *work hard.* On a beaucoup fait travailler les élèves.

Attention

L'ordre des mots n'est pas le même qu'en français.

Remarque

On peut aussi utiliser *get (got au passé)* avec la même construction et le même sens.

→ *The teacher got his students to work hard.*

2 On ne sait pas qui exécute l'action

Un sujet provoque l'action mais on ne sait pas qui l'exécute.

- Au présent :

→ Nous faisons construire une maison. *We are having a house built.*

- Au passé :

→ Nous avons fait construire une maison. *We had a house built.*

On peut aussi utiliser *get* (*got* au passé)

→ *We got a house built.*

Attention

L'ordre des mots n'est pas le même qu'en français et le deuxième verbe (*built*) est au participe passé.

3 Expressions idiomatiques

- Pour certaines expressions idiomatiques, le français et l'anglais diffèrent :

→ Fais-tu la cuisine toi-même ? *Do you cook yourself?*
→ Il n'est pas difficile de se faire cuire un œuf ! *It is not difficult to cook an egg!*
→ Tu veux du thé ? J'ai fait bouillir de l'eau. *Would you like some tea? I just boiled water.*
→ Ne le fais pas attendre. *Don't keep him waiting.*
→ Il faut faire venir le docteur. *You have to call for the doctor.*
→ Je fais pousser des légumes dans mon jardin. *I grow vegetables in my garden.*
→ Va faire démarrer la voiture, j'arrive ! *Go and start the car, I'm coming!*
→ Faites entrer nos invités. *Let our guests come in.*

- **« Se faire faire … » ou les tournures pronominales françaises**

→ Je me suis fais voler mes bagages. *I had my luggage stolen.*
→ Je me suis fait couper les cheveux. *I got my hair cut.*
→ Je me suis bien fait comprendre. *I made myself understood well.*

Exercices

1 Transformer les phrases suivantes selon le modèle proposé. Corrigé p. 95

He forced the children to learn their lessons by heart → He made them learn their lessons by heart.

1. *We asked them to help her at once. → They…*
2. *I didn't make the curtains myself. → I had…*
3. *The policeman obliged him to lie down. → He…*
4. *We asked a professional to take pictures. → We….*

2 Traduire. Corrigé p. 95

1. Vous allez me faire rater le train.
2. La petite fille m'a fait rire.
3. Elle a fait nettoyer ses rideaux.
4. On m'a fait nettoyer ma chambre (utiliser un passif).
5. Je lui fais porter ses bagages.
6. Je lui ai fait porter ses bagages chez lui (par quelqu'un).
7. Il s'est fait faire un costume l'an dernier.
8. J'ai fait de mon mieux pour me faire entendre.
9. Il se fera couper les cheveux demain matin.
10. Il s'est fait punir hier.

23 INFINITIF ? INFINITIF SANS *TO* ? GÉRONDIF ?

En anglais, lorsqu'un verbe est suivi d'un autre verbe, ce dernier verbe peut être selon les cas :
– à l'infinitif : *to work*
– à l'infinitif sans *to* (= base verbale) : *work*
– au gérondif (*V* + *-ing*): *working*
Retenons : l'infinitif est en général lié à une idée de **futur** et le gérondif à une idée de **passé**.

1 Les verbes suivis de l'infinitif

Attention
La négation *not* se place devant le *to*. → *We have decided* ***not to go*** *there.* Nous avons décidé de ne pas y aller.

• Il s'agit de la plupart des verbes (surtout les verbes exprimant un souhait, une volonté de faire quelque chose).
→ *We have decided* ***to go*** *there.* Nous avons décidé d'y aller.

• On trouve l'infinitif aussi après certains adjectifs : *difficult, impossible…*
→ *It is difficult* ***to concentrate*** *here.* C'est difficile de se concentrer, ici.

• L'infinitif peut aussi exprimer le but :
→ *He went there* ***to find*** *his sister.* Il est allé là-bas pour trouver sa sœur.

• Cas particulier de la proposition infinitive avec des verbes comme *to want to, to expect to* s'attendre à ce que, *would like to, to ask to, to advise to, to tell to…*
C'est une construction particulière : s'il y a un nom ou pronom personnel complément (du premier verbe), il se place avant l'infinitif complet (du deuxième verbe).

Sujet	+	*want* *would like* *expect*	+	nom ou pronom personnel complément	+	infinitif complet

→ *My parents want* ***me*** *to work hard.* Mes parents veulent que je travaille dur.
→ *My sister expects* ***her friends*** *to help her.* Ma sœur s'attend à ce que ses amis l'aident.
→ *She would like* ***them*** *to come every day.* Elle voudrait qu'ils viennent tous les jours.

GRAMMAIRE

2 Les verbes suivis de l'infinitif sans *to* (base verbale)

• Il s'agit surtout des verbes *make* et *have* ou *let* (→ **Fiche 22**, « Faire » + infinitif).

→ *She made me cry.* Elle m'a fait pleurer.

→ *You let it go.* Tu l'as laissé partir.

→ *I had them open the door.* Je leur ai fait ouvrir la porte.

• On utilise l'infinitif sans *to* également avec *do nothing but* :

→ *He did nothing but shout.* Il n'a rien fait d'autre que de crier.

3 Les verbes suivis du gérondif

• Ce sont des verbes exprimant le **goût, la préférence (ou leur contraire)** pour une activité : *to like, to enjoy, to love, to prefer, to hate…*

→ *My brother hates walking.* Mon frère déteste marcher.

• Ce sont des **expressions** comme :

I can't stand… Je ne supporte pas de… *He can't stand listening to classical music.*
I can't help… Je ne peux pas m'empêcher de… *The children can't help watching TV.*
I don't mind… Cela m'est égal de… *I don't mind going with you.*
Do you mind…? Cela t'ennuie-t-il de… ? *Do you mind helping your mother?*
Would you mind ? Cela vous ennuierait-il de… ? *Would you mind opening the window?*
It is worth… Cela vaut la peine de… *This book is worth reading.*
It is no use… Il est inutile de… *It is no use listening to such stupidity.*
I look forward to… Il me tarde de… *I look forward to reading you soon*
to spend time… passer du temps à… *He spent a lot of time explaining what happened.*
to be fed up with…. en avoir assez de… *He is fed up with working.*
to take to… se mettre à… *He took to playing tennis recently.*

• Ce sont tous les verbes et adjectifs qui **introduisent leur complément par une préposition :**

to be responsible for… être responsable de…
to be interested in… être intéressé par…
to be fond of… aimer, adorer
to be keen on… être passionné de…
to give up… abandonner, arrêter de…

Voir la liste des verbes et expressions prépositionnels en Annexe, p. 281.

4 Cas particuliers : *to remember* et *to stop*

To remember et *to stop* peuvent être suivis soit de l'infinitif soit du gérondif, **mais alors leur sens change :**

→ *I remember **buying** something like that a long time ago.* Je me rappelle avoir acheté quelque chose comme cela il y a longtemps.

→ *I must remember **to buy** something for dinner tonight.* Je ne dois pas oublier d'acheter quelque chose pour dîner ce soir.

→ *They stopped **visiting museums** because they were tired.* Ils se sont arrêtés de visiter des musées parce qu'ils étaient fatigués.

→ *They stopped **to visit** the famous castle.* Ils se sont arrêtés pour visiter ce château très connu.

Astuce
Gérondif → référence au passé
Infinitif → référence au futur, expression du but

GRAMMAIRE

Exercices

1 Mettre le verbe entre parenthèses à la forme qui convient (base verbale, infinitif ou gérondif). ➔ Corrigé p. 95

1. *He couldn't help (smile) whenever he saw her.*
2. *You had better stop (complain).*
3. *What would you like (do) now?*
4. *She made him (repair) the car.*
5. *We can't afford (go) to Australia, it's too expensive.*
6. *They usually enjoy (play) football.*

2 Traduire. ➔ Corrigé p. 95

1. Arrête de parler !
2. Mon neveu passe son temps à regarder des vidéos sur son ordinateur.
3. N'oublie pas d'aller à ton rendez-vous.
4. Cela vaut la peine d'y réfléchir.
5. Je suis impatient d'avoir de ses nouvelles.

24 LES *QUESTION TAGS* ET RÉPONSES COURTES

Les *question tags* et réponses courtes sont utilisées pour confirmer ou au contraire marquer son désaccord.

1 Les *question tags*

• Ils se situent en fin de phrase et fonctionnent selon un schéma rigoureux : on reprend l'auxiliaire correspondant au temps du verbe de la phrase, ainsi que le pronom personnel sujet (correspondant au sujet de la phrase) en adoptant l'ordre de la phrase interrogative :

aux + sujet + ?

– **La phrase est affirmative :** le *question tag* sera négatif.

➔ *She worked hard, didn't she?* Elle a travaillé dur, tu ne crois pas ?

– **La phrase est négative :** le *question tag* sera affirmatif.

➔ *Paul wasn't very interested, was he?* Paul n'était pas très intéressé, non / hein ?

Notez que dans la reprise, c'est la forme contractée de la négation qui est utilisée :

➔ *He will arrive next week, won't he?* Il arrivera la semaine prochaine, oui ?

Remarque

Notez qu'aujourd'hui, on ne traduit plus les *question-tags* par « n'est-ce pas », comme ce fut le cas traditionnellement.

2 Les réponses courtes pour confirmer

• Quand il y a **deux locuteurs**, en réponse à une question, on ne répond pas par *yes* ou *no* tout seul. Le deuxième locuteur va confirmer en donnant une réponse courte.

➔ *Did he deliver a good speech? – No, he didn't.* A-t-il fait un bon discours ? – Non.

➔ *Did they have a good trip? – Yes, they did. / I suppose so!* Ont-ils fait bon voyage ? – Oui.

➔ *Have you got brothers and sisters? – No, I haven't.* Avez-vous des frères et sœurs ? – Non.

➔ *Have you heard from them? – No, I haven't!* As-tu de leurs nouvelles ? – Non.

3 Moi aussi, moi non plus : *so do I, neither do I*

Ce sont là aussi des cas où il y a **deux locuteurs**.

- **Moi aussi, lui aussi, eux aussi** : le premier énoncé est nécessairement affirmatif.

On reprend l'auxiliaire correspondant au temps du verbe du premier énoncé, précédé de *so* et suivi du sujet concerné :

➔ *My husband travelled a lot last year. – So did my boyfriend!* Mon mari a beaucoup voyagé l'année dernière. – Mon petit ami aussi !

➔ *I am working a lot at the moment. – So am I! / So is my sister!* Je travaille beaucoup en ce moment. – Moi aussi ! / Ma sœur aussi !

Remarque

On pourrait dire : *Me too / My sister too*, mais le registre de langue serait moins élevé.

- **Moi non plus, lui non plus, eux non plus** : le premier énoncé est nécessairement négatif.

On reprend l'auxiliaire correspondant au temps du verbe du premier énoncé, précédé de *neither* et suivi du sujet correspondant :

➔ *We never watch horror movies. – Neither do I / Neither do our children!* Nous ne regardons jamais les films d'horreur. – Moi non plus / Nos enfants non plus.

➔ *Peter won't help them! – Neither will we!* Peter ne les aidera pas. – Nous non plus !

GRAMMAIRE

Exercice

1 Relier le *question tag* à sa phrase. ➔ Corrigé p. 95

They went to Bali last year, •	• *don't you?*
Jane has just lost her bag, •	• *didn't they?*
He usually doesn't like chocolate, •	• *wouldn't she?*
My sister would rather stay in France, •	• *does he?*
You seem quite disappointed, •	• *hasn't she?*

25 DÉRIVER LES MOTS

En ajoutant un préfixe ou un suffixe, on peut créer des mots à partir d'une racine.

1 Les préfixes servent surtout à former des contraires

In+	Adjectif	***In**correct* : incorrect, ***in**accurate* : imprécis
Im+	Adjectif	***Im**patient* : impatient, ***Im**possible* : impossible
Un +	Adjectif ou verbe	***Un**fair* : injuste / ***Un**do* : défaire
Dis+	Adjectif ou verbe	***Dis**obedient* : désobéissant / ***Dis**obey* : désobéir

Mais certains peuvent aider à indiquer une répétition de l'action :
– *to reset* : remettre en marche, réinitialiser, redémarrer ;
– *to rewind* : remonter ;
– *to rearrange* : réarranger.

2 Les suffixes changent la catégorie grammaticale du mot

• Les suffixes qui fabriquent des noms :

Verbe +er	***Teach**er* : professeur ***Driv**er* : conducteur ***Wait**er* : serveur
Verbe +or	***Act**or* : acteur
Verbe +ess	***Wait**ress* : serveuse, ***act**ress* : actrice
Adjectif +ness	***Happi**ness* : bonheur ***Kind**ness* : gentillesse ***Sad**ness* : tristesse ***Mad**ness* : folie
Nom ou adjective +dom	***Bore**dom* : ennui ***Wis**dom* : sagesse ***King**dom* : royaume

GRAMMAIRE

Nom +hood	***Child**hood* : enfance ***Boy**hood* : enfance (pour un garçon) ***Man**hood* : âge adulte (pour un homme)
Nom +ship	***Member**ship* : adhésion/appartenance ***Relation**ship* : lien, rapport

• Les suffixes qui fabriquent des verbes :

Nom +ise/ize	***Advert**ise* : faire de la publicité ***Apolog**ize* : s'excuser ***Critic**ize* : s'excuser
Adj. +en	***broad**en* : élargir ***wid**en* : élargir
Racine d'un adj ou d'un nom +ify	***Ident**ify* : identifier ***Simpl**ify* : simplifier ***Satis**fy*: satisfaire

Conseils
Il est important de connaître le sens de ces suffixes.

• Les suffixes qui fabriquent des adjectifs :

suffixes	sens	exemples
-ful	Plein de	***use**ful* : utile ***hope**ful* : plein d'espoir ***care**ful* : prudent ***help**ful* : utile, serviable
-less	sans	***use**less* : inutile ***hope**less* : sans espoir ***care**less* : négligent ***help**less* : impuissant, désarmé
-al	Comme, se rapportant à	***music**al* : musical ***magic**al* : magique ***critic**al* : crucial, primordial, critique
-ed	Qui possède, qui est (équivalent du participe passé français : « é »), sens passif	***interest**ed* : intéressé ***bor**ed* : ennuyé ***talent**ed* : talentueux, doué
-ing	Qui crée, qui provoque (équivalent du participe présent français et de sa terminaison : « ant »)	***Interest**ing* : intéressant ***Bor**ing* : ennuyeux ***Excit**ing* : passionnant, palpitant

GRAMMAIRE

26 PHONOLOGIE

Quelques repères importants pour bien se faire comprendre et pour bien comprendre.

- **La lettre H** : Dans tous les mots commençant par H cette lettre se prononce en étant aspirée, les mots commençant par h sont donc logiquement précédés de l'article « a ».

<u>Exceptions :</u> Dans les mots : *honour, hour, honest, heir*, le « h » est muet et ces mots sont précédés de l'article « an ».

- **Kn** : Dans les mots commençant par ces deux lettres, le « k » est muet. *To **kn**ock* /nɒk/ : taper
- **Ch** : Dans de nombreux mots comme *architecture, hierarchy, archive*, le CH se prononce « k ».
- **À l'oral :** Seuls les mots porteurs de sens sont accentués, les mots grammaticaux (auxiliaires, prépositions) sont généralement inaccentués.
- **Terminaison du prétérit régulier et du participe passé :** Il y a trois façons de la prononcer :
  - /t/ si le verbe se termine par les sons p, s, ch, sh, th ;
  - /id/ si le verbe se termine par les lettres t ou d ;
  - /d/ pour tous les autres verbes.
- **Terminaison du présent simple 3e personne du singulier** : Le « s » de la 3e personne a trois prononciations différentes selon la lettre qui termine le verbe : /s/, /ɪz/, /z/.
- **L'article « the » :** Il se prononce différemment selon qu'il est placé devant un mot commençant par une consonne (the) ou un mot commençant par une voyelle (thi).
- **La lettre « u » :** Située au début d'un mot peut avoir plusieurs prononciations : le « u » de *university* ne se prononce pas comme le « u » de *umbrella*. En conséquence le déterminant utilisé devant ces mots ne sera pas le même : *a university* /**juː**nɪ'vɜːsɪti/ / *an umbrella* /**ʌ**m'brɛlə/.
- **Les mots se terminant en -ION :** Ils sont accentués sur la syllabe qui précède cette terminaison.
- **Les nombres se terminant par « Y » :** Ils sont accentués sur la première syllabe. *Seventy* /'sɛvənti/ : soixante-dix

• **Les nombres se terminant en « teen » :** Ils sont accentués sur cette dernière syllabe.

• **La plupart des mots composés** sont accentués sur le premier mot puisqu'il vient apporter une précision qui change le sens du mot suivant.

• **Les « WH » questions :** L'intonation est descendante ↘.

• **Les « YES or NO » questions :** L'intonation est montante ↗.

• **ATTENTION certains mots s'écrivent de la même manière mais se prononcent différemment :** L'accent du mot est sur la première syllabe si c'est un nom : *a* ***pro****test* et sur la deuxième syllabe si c'est un verbe : *to pro****test.***

Autres exemples :

– *Their* ***lives*** /'laɪvz/ *were radically different. / He* ***lives*** /'lɪvz/ *somewhere else.*

– *a* ***re****cord* /'rɛkɔːrd/ : un record / *to re****cord*** /rɪ'kɔːrd/ : enregistrer

Fiche 1 Dénombrables et indénombrables, p. 13

1 **Dénombrables** : *book, pencil, river, flower, house.*
Indénombrables : *happiness, milk, love, beauty, anger.*

2 **1.** *I am sorry but the news* ***is*** *bad.*
2. *Can you help me, please? I need* ***some advice****.*
3. *You aren't allowed to take your* ***luggage*** *with you.*
4. *The cinema was empty. There* ***weren't many*** *people.*
5. *The young couple only had* ***a little / a few pieces*** *of furniture.*
6. *Economics* ***was*** *my favourite subject at the time.*

3 **1.** *I am going to give you three pieces of advice.*
2. *The information given was wrong.*
3. *Please, wait before you take my luggage.*
4. *The news I have just received is not good.*
5. *Why are there so many people today?*
6. *The peoples of Europe should get along.*

Fiche 2 Les quantifieurs indéfinis *some, any, no*, p. 16

1 **1.** *Sarah has got no children.*
2. *These people have got no money.*
3. *There are no people leaving in this part of the country.*
4. *They have put no pictures on this wall.*

2 **1.** *There is not / isn't any coffee left.*
2. *We have not got / haven't got any books at all.*
3. *This little boy has not got / hasn't got any friends.*
4. *They are not / aren't any buses today.*

Fiche 3 D'autres quantifieurs, p. 18

1 **1. b)** *The comment meant nothing to* ***most of*** *the children who were there.*
2. d) ***Each*** *project will have to be illustrated by genuine photographs.*
3. c) *They spent their* ***whole*** *lives saving money to buy this house.*
4. a) ***All*** *the children were so happy.*

5. d) *There were* ***several*** *famous celebrities who were taking part in the demonstration.*
6. c) *They smiled first and then* ***both of them*** *burst out laughing.*

2 **1.** *During the war, people were hungry, there was* ***not much*** *food.*
2. *In life you always need* ***a little*** *luck.*
3. *There are* **few** *buses at night in big towns.*
4. *Ok, I think I need* **a little** *time to think about it.*
5. *There were* ***a few*** *famous film stars in Cannes this year. It was disappointing.*

3 **1.** *Did* ***many*** *students fail the exam?*
2. *We haven't got* ***much*** *petrol left.*
3. *I haven't seen my best friend for* ***many*** *years.*
4. *Oh no! You bought too* ***much*** *bread!*
5. *We were lucky last winter, there wasn't* ***much*** *snow.*

Fiche 4 Les déterminants, p. 21

1 **1.** ***The*** *air in this area is rather polluted.*
2. *Of course he was* ***a*** *writer.*
3. *In England most schoolchildren eat* ***an*** *apple with lunch.*
4. ***The*** *queen arrived in France yesterday.*
5. *President Obama has served two terms.*

2 **1.** *He was the kind of person who liked giving advice to others.*
2. *She always buys flowers on Sundays.*
3. *Who were Jefferson and Lincoln? –American presidents.*
4. *He was driving at 100 km an hour in town and was arrested.*
5. *Patience is a quality I admire.*

Fiche 5 Les adjectifs, p. 25

1 **1.** *We had to write a* ***2-hundred word*** *essay.*
2. *She is a* ***very bad-tempered*** *person.*
3. *He is a* ***world-famous*** *actor (or: He is a* ***well-known*** *actor).*
4. *She has* ***almond-shaped*** *eyes.*
5. *She is a* ***well-known*** *singer.*

Astuce
Il n'y a pas de *-s* à *hundred*

CORRIGÉS

2 **1.** *He was left-handed and his brother was red-headed.*
2. *He suffered from a serious mental illness.*
3. *The two year-old little girl had just started talking.*
4. *They are very different the one from the other, the boy is interested in animals and the girl is good at drawing.*
5. *The Welsh have beaten the Canadians by a score three to one.*
6. *The rich have more priviledges than the poor, it is obvious.*

Fiche 6 La comparaison, p. 29

1 **1.** *She is much younger than he.*
2. *My car is not as powerful as theirs.*
3. *She is a better pianist than he is. She is the best pianist I have ever heard.*
4. *Your results are getting worse and worse.*
5. *It is becoming more and more difficult to find a flat in London.*
6. *He is getting more and more selfish. The older he gets, the more selfish he is.*
7. *We have faster and faster trains.*
8. *The more she grows, the more she looks like her mum* ou : *the older she gets, the more she looks like her mum.*
9. *The longer we waited, the more impatient he was.*
10. *The Empire State building is three times as high as (three times higher than) the United Nations building. But it is not the highest skyscraper in Manhattan anymore.*
11. *The younger of their two daughters is still going to grammar school (UK) / high school (US), the elder one is a doctor.*

Fiche 7 Le cas possessif, ou génitif, p. 33

1 **1.** *My friends' car*
2. *The cover of the book*
3. *His sister's toys*
4. *Her relatives' admiration.*

2 **1.** *I hate going to the dentist but I have to, my tooth hurts so much.*
2. *That's what the farmer's wife told me.*
3. *Can you give me the doctor's address?*
4. *They didn't respect the citizens' rights.*

CORRIGÉS

Fiche 8 Le présent, p. 35

1 **1.** *Do you know what he* ***is doing*** *at the moment?*
2. *What time does this train* ***get*** *to Edinburgh?*
3. *Well, of course, you* ***are not walking*** *there, it's too far.*
4. *He always* ***works*** *very hard.*
5. *What* ***are you thinking*** *about?*

2 **1.** *The sun rises in the East.*
2. *My little sister likes strawberries very much but I hate them.*
3. *He is not here at the moment, he is playing golf with his father. They play together every Saturday afternoon.*
4. *This painting shows two men who are discussing their children's wedding.*
5. *Do you understand what they are saying?*

Fiche 9 La référence au passé : le prétérit, p. 38

1 **1.** *The thieves, who* ***were wearing*** *masks,* ***took*** *all the jewels.*
2. *They* ***built*** *this house ten years ago.*
3. *This time yesterday,* ***I was lying*** *on the beach.*
4. *He* ***was having*** *a coffee with his friend when someone* ***stole*** *his wallet.*
5. *When their father* ***came in****, all the children* ***stopped*** *talking.*
6. *I would rather you* ***told*** *my mother about the accident yourself.*
7. *I wish you* ***didn't cry*** *so much.*
8. *In those days we* ***used to go*** *to the seaside every summer, but we don't anymore.*

Fiche 10 Ni présent, ni passé : le *present perfect*, p. 40

1 **1.** *Now look, you* ***have broken*** *my best plate.*
2. *How often* ***have you been*** *in love?*
3. *We* ***have known*** *each other for ages.*
4. *I* ***saw*** *Kate yesterday.*
5. *My children* ***caught*** *a plane to New York this morning.*
6. *I can't stand it anymore, he* ***has been listening*** *to that music for hours.*

CORRIGÉS

Fiche 11 Le *past perfect*, p. 42

1 **1.** *He* ***remembered*** *he had made that promise twenty years before.*
2. *Yesterday I* ***arrived*** *late at work because I* ***had overslept****.*
3. *Everybody* ***knew*** *that she* ***had sent*** *me an invitation.*
4. *Before going to prison, he* ***had been*** *a very good boy.*
5. *Before she* ***moved*** *to Exeter in 2010, she* ***had spent*** *two years in Brighton.*

2 **1.** *He had not played chess for years.*
2. *I had already seen that film.*
3. *He had not been to London since 1995.*
4. *Did you know he had been wounded during the war?*
5. *I told him/her I had liked his/her book very much.*
6. *If only I had had a car at that moment!*

Fiche 12 *For, since, ago*, p. 44

1 **1.** *For five years*
2. *Since last week*
3. *Since 1993*
4. *Since your birthday*
5. *For ten months.*

2 **1.** *We* ***visited*** *England two years ago.*
2. *They* ***have been*** *working together for such a long time now!*
3. *These students* ***have been studying*** *English for six years.*
4. *He* ***has been listening*** *since the beginning of the lecture.*
5. *It* ***has not rained*** *since last year in this country.*

3 **1.** *I went to see them two weeks ago.*
2. *He has been working since six o'clock in the morning.*
3. *He has been working on this book for eight years.*
4. *They have kept the event secret for days.*
5. *How long have they been married?*

Fiche 13 Exprimer un souhait, un regret : prétérit et plus que parfait modal, p. 47

1 **1.** *I wish I were a good swimmer.*
2. *I wish I had had my camera.*
3. *I wish I had known he was married.*
4. *I'd rather he didn't take riding lessons.*
5. *I wish you would not drive.*

2 **1.** *I wish I had answered that letter.*
2. *It's about time you told him the truth.*
3. *I wish he could come.*
4. *I wish I hadn't sold it.*
5. *If he had been told the whole story he would have come at once.*

3 **1.** *Even if he were guilty, he was a very friendly person.*
2. *I wish our team would win the match tomorrow.*
3. *If you spoke more clearly, then I would understand you better.*
4. *I wish it weren't so hot.*
5. *Suppose he had come, what would you have told him?*

Fiche 14 L'expression du futur, p. 50

1 **1.** *Here is the weather forecast: tomorrow* ***will be*** *mainly dry but there* ***will be*** *a few showers in the South.*
2. *I am pretty sure there* ***won't be*** *another film that good for a very long time.*
3. *I* ***will see*** *you again when I* ***am*** *in London next week.*
4. *My train* ***leaves*** *at 10 o'clock sharp.*
5. *Will you* ***ask*** *your Maths teacher that question if you see her tomorrow?*

2 **1.** *You will tell me as soon as my mother comes back.*
2. *He is leaving for London this afternoon.*
3. *I will leave this house tomorrow for sure.*
4. *I was about to write you when you phoned.*
5. *His wife is going to have a baby.*

Astuce
As soon as, when sont suivis du présent, même si la principale est au futur.

Fiche 15 Le passif, p. 53

1 **1.** *I was handed the painting I wanted to buy.*
2. *She is said to be an excellent guide.*
3. *He must have been attacked.*
4. *He can't be relied on / upon.*
5. *He was being stared at.*
6. *The bridge was built in 1927.*
7. *The doctor will have to be called for.*

2 **1.** *How were you treated?*
2. *He was asked to improvise a scene.*
3. *It should have been told before.*
4. *He was told to show his passport.*
5. *English is spoken here.*
6. *This injustice must be stopped.*

Fiche 16 Les auxiliaires de mode, p. 60

1 **1.** *Il faut que tu fasses plus attention* → obligation dans le présent.
2. *Nous avons dû les attendre* → obligation dans le passé.
3. *Il doit faire froid* → probabilité dans le présent.
4. *Ils pourront aller* → capacité au futur. Ils devront réserver → obligation au futur.
5. *Vous devriez passer* → conseil.
6. *Il se peut qu'ils ne vous entendent pas* → probabilité moyenne / assez incertaine.
8. *Il se peut qu'elle n'ait pas dit* → probabilité moyenne / assez incertaine.

2 **1.** *You have to be more careful; it is your second accident this year.*
2. *They were late, we had to wait for them.*
3. *Take a coat, it must be cold.*
4. *They will be able to fly to Malta but they will have to book their seats.*
5. *You should spend a week in Barcelona.*
6. *It is late, they must be in bed.*
7. *They may not hear you.*
8. *Sorry for being late but I had to stop at Kate's to get / pick up CDs.*
9. *His wife might refuse to come and see him in prison.*
10. *She may not have told the truth.*

Astuce
Can ne pouvant s'utiliser avec will, on utilise son remplaçant *be able to.*

3 **1.** *I **can't** swim across the lake, it's too far for me.*
2. *How many languages **can** you speak?*
3. *You **mustn't** throw stones at people, you **might** hurt someone.*
4. *I **couldn't** hear anything, there was too much noise.*
5. *He has just bought a Jaguar, he **must** be rich.*
6. *I don't believe you, it **can't** be true.*

Fiche 17 Comment utiliser les pronoms relatifs, p. 61

1 **1.** *I met lots of people **who** were all interesting / All the people **that** / Ø I met were interesting.*
2. *We brought home a kitten **that** / Ø we had found in the park.*
3. *Peter lives down a tiny street **that** / **which** goes down to the river.*
4. *The man **who** came in was my father.*
5. *I go to the school **that** / **which** is building new science laboratories.*

2 **1.** *This is the castle **where** the kings of England used to live.*
2. *This is the man **who** / **that** / Ø I wanted you to meet.*
3. *She couldn't hear anymore, **which** was a big problem.*
4. ***What** I do not like is her angry looks.*

3 **1.** *We invited the children **whose** parents we knew.*
2. *They have just had a baby, **which** is very tiring.*
3. *The policeman was talking about the suitcase **that** / **which** / Ø I had left in the hall.*
4. *He has a beautiful sportscar, **which** he never uses.*
5. ***Wherever** you go you'll need a driver.*

Fiche 18 Les phrases conditionnelles : l'hypothèse, p. 65

1 **1.** *I am sure he **will do** it provided you **ask** him nicely.*
2. *If I **won** that much money, I **would buy** a bigger house.*
3. *You **will not (won't) get** there tonight, unless you **leave** right now.*
4. *What would you **have done** if you **had lost** your ticket yesterday?*
5. *If they **had listened** to the weather forecast, they **would have known** it was going to rain.*

2 **1.** *Your results would be better if you worked harder.*
2. *I am sure if we had met him he would have invited us.*

3. *If I were you I wouldn't worry.*
4. *They won't come unless you ask them.*

Fiche 19 Les phrases exclamatives, p. 67

1 **1.** *1) She is such a strong woman! 2) What a strong woman she is! 3) She is so strong! 4) How strong she is!*
2. *1) It is such a quiet little town! 2) What a quiet little town! 3) It is so quiet! 4) How quiet this little town is!*
3. *1) It was such a great party! 2) What a great party! 3) It was so great! 4) How great it was!*
4. *1) There are such amazing animals in this zoo! 2) What amazing animals there are in this zoo! 3) The animals in this zoo are so amazing! 4) How amazing the animals in this zoo are!*

2 **1.** *How happy they looked!*
2. *He is so shy he will certainly refuse to come!*
3. *What a terrible story!*
4. *How interesting!*
5. *She always wears such beautiful earrings!*

3 **1.** *How expensive! It is so expensive! What an expensive car! That is such an expensive car!*
2. *What an exciting match! It was such an exciting match! This match was so exciting!*
3. *What weird clothes! His clothes looked so weird! He wore such weird clothes!*
4. *What a good film! It was such a good film! It was so good!*

Fiche 20 Rapporter les paroles de quelqu'un : le style indirect, p. 69

1 **1.** *She said she hadn't got enough money, she was not going to stay there.*
2. *Peter told me he would never accept such an offer.*
3. *He noticed he had been living there for years.*
4. *He ordered them not to make so much noise.*
5. *The teacher asked them if/whether they had enjoyed watching the match.*
6. *I asked him if /whether he could lend me some money.*

2 *I met Jackie yesterday and she said she liked my shoes and she wanted to know (she asked) where I had bought them. So I told her I had seen them advertised on TV and I had found them the day before in a new shop. She said (she added) she would like to get a pair for herself. And she asked where that new shop was. I told her it was in the shopping centre near the train station. And I told her I could go with her the following day if she wanted. She said she was sorry but she couldn't because she had to go and meet her parents. So I suggested the weekend instead and she said that it was a great idea.*

3 **1.** *He reminded her/him/them not to forget to send a postcard to their grandmother wherever they went.*
2. *He advised him/her/them to make sure they had discussed this with their parents before they did anything.*
3. *He admitted it was true, he had cheated on the exam.*
4. *They/he/she complained that the food at the canteen had been just horrible.*
5. *He warned him/her/them not to make the same mistake over and over again.*
6. *He decided he would not go back to university the following year.*

Fiche 21 *To say* ou *to tell* ?, p. 72

1 **1.** *Can you* ***tell*** *me how to use this phone? The instructions don't* ***say*** *anything clearly.*
2. *She isn't very polite, is she? She never* ***says*** *please or thank you.*
3. *John* ***told*** *me they were going to France, but Mary* ***said*** *they were going to Spain.*
4. *The inspector* ***said*** *he was too busy to see her. He* ***told*** *her to come back the next day.*
5. *The doctor* ***said*** *I was just tired. He* ***told*** *my parents not to worry.*
6. *My grandmother used to* ***tell*** *beautiful stories.*
7. *The man* ***told*** *the dog to go away.*

Fiche 22 Traduire « Faire + infinitif », p. 74

1 **1.** *They were made to help her at once.*
2. *I had the curtains made.*

3. *He was made to lie down (by the policemen).*
4. *We had a professional take pictures.*

2 **1.** *You are going to make me miss the train.*
2. *The little girl made me laugh.*
3. *She had her curtains cleaned.*
4. *I was made to clean my bedroom.*
5. *I make him carry his luggage.*
6. *I had his luggage carried to his place.*
7. *Last year he had a suit made.*
8. *I did my best to make myself heard.*
9. *He will have his hair cut tomorrow morning.*
10. *He got punished yesterday.*

Fiche 23 Infinitif ? Infinitif sans *to* ? Gérondif ?, p. 76

1 **1.** *He couln't help* ***smiling*** *whenever he saw her.*
2. *You had better stop* ***complaining.***
3. *What would you like* ***to do*** *now?*
4. *She made him* ***repair*** *the car.*
5. *We can't afford* ***to go*** *to Australia, it's too expensive.*
6. *They usually enjoy* ***playing*** *football.*

2 **1.** *Stop talking!*
2. *My nephew spends his time watching videos on his computer.*
3. *Don't forget to go to your appointment.*
4. *It is worth thinking about it.*
5. *I am looking forward to hearing from him.*

Fiche 24 Les *question tags* et réponses courtes, p. 79

1

They went to Bali last year,	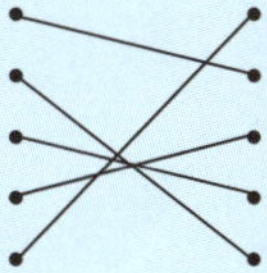	*don't you?*
Jane has just lost her bag,		*didn't they?*
He doesn't usually like chocolate,		*wouldn't she?*
My sister would rather stay in France,		*does he?*
You seem quite disappointed,		*hasn't she?*

CORRIGÉS

PARTIE 2

Les notions du lycée 2de • 1re • Term

CHAPITRE 1

The Art of Living Together

Mots-clés

- ***multiculturalism*** le multiculturalisme
- ***involvement*** l'engagement, l'implication
- ***consumer society*** la société de consommation
- ***sustainable development*** le développement durable
- ***to belong to*** appartenir à
- ***to trace one's roots*** retrouver ses racines
- ***to rebel against*** se rebeller
- ***to integrate*** s'intégrer

LES IDÉES ESSENTIELLES

- Les changements démographiques transforment les relations intergénérationnelles.
- Quels seront vos buts une fois que vous aurez fini l'école et commencé à travailler ?
- Où voulez-vous habiter, dans une ville ou dans un village ? Il y a différents quartiers et parfois des ghettos.
- Tout le monde aime comparer son image au travers des réseaux sociaux mais il ne faut pas se faire piéger par ces technologies.
- Quelles sont les valeurs promues par le sport ? Quel rôle les athlètes devraient-ils jouer dans le monde ?
- Certains artistes peintres, quels que soient leur style et l'époque à laquelle ils ont vécu, s'appuient sur la réalité dans leur art. Au fil des siècles, ils réinventent une nouvelle réalité.
- Imaginer le future et le prendre en compte permet aux individus de vivre ensemble et aussi en harmonie avec leur environnement.
- Le présent est construit sur le passé ; les êtres humains grandissent à partir de leurs racines. La vie est une chaîne qui inclue à la fois la continuité et les changements.

➔ p. 114

COURS

1 Crossing generational lines, sharing spaces, living together

• **The aging of the population**, the fact that people study for a longer time and work until they are older and also the fact that people migrate and often change countries throughout their lives, all those major demographic upheavals are necessarily bringing changes in the intergenerational relations.

• **The question is**: can generations still learn from one another and live together? The answer cannot be yes or no. It must be studied.

A Keeping traditions alive: the importance of transmission

• **In order to keep an ancient language going for example**, the elders certainly have a major role to play. For example, in Ireland the Irish language is spoken only by a minority today. The elders are the ones who help maintain a certain practice of it and make the younger generation proud of this new knowledge that roots them in their cultural identity. In some countries, many people are trying to find a balance between tradition and modernity.

• **Native Americans** are another example of people who must fight to keep their customs alive and in such a case elderly people do play an important role.

Help

- *rupheavals* bouleversement
- *elders* les aînés, les personnes âgées
- *knowledge* le savoir, la connaissance
- *to root* enraciné
- *to look forward to* être impatient de
- *layers* couches, strates

• **Canada** too is composed of a variety of persons coming from many different parts of the world. Even though they have the Canadian citizenship, they refuse to break from the past and from their roots and they do their best to stick to their traditions and their dreams.

• **Sharing and transmitting.** Adults and elderly people try to share what they remember from the past with the children who in their turn will transmit this to their own children. Grandparents can simply help their children remember what life was like at home. For instance, women keep the recipe books from their mother or grandmother and look forward to giving it to their daughters.

• **To help keep such relationships going, intergenerational projects are organised** and they aim at establishing deep links between the different age layers of the society. Some people no matter the generation they belong to, may be skeptical about the interest of such events but in the end, they will enjoy it and discover treasures among the skills of the other generations whether they are older or younger.

B Role Models

• **Young people generally look up to their parents** and other relatives (aunts and uncles, grandparents or even great-grand parents) as examples to follow. They can be good role models, because they offer young people an "up-close and personal" view of someone who navigates life's difficulties and conflicts successfully, and chooses healthy behaviours that a young person can follow into adulthood.

C Everyday life

• **There are many positive and practical ways of life that can establish bonds between generations.**

• **Mutual aid.** The elder will often be asked to take care of their grand-children when the parents are working. They can pick them up from school and help them do their homework or look after them when they are sick. A lot of young parents rely completely on their own parents to provide them with this sort of service.

• **Living together.** Due to the increasing number of retired people, governments find it difficult to pay for all the expenses this aging population requires, and particularly health expenses. The pensions are not always very high. Therefore, some families may decide to live together for financial reasons in order to reduce expenses. It may help keep the family spirit alive even if some families may be confronted to relational difficulties.

• **The generation gap**, the misunderstanding between generations can be a huge obstacle. However, most of the time, living arrangements will result in stronger bonds between generations so that when they grow up grand-children will be able to give back the cares and love and attention they received when they were younger.

• **Single parent families desperately need such arrangements.** The children are more than often raised by their grandparents, the most famous example being Barack Obama who bore a very tight link with his grandparents.

• **When the previous generation advances in years,** young people may become helpful. They will be happy or sometimes consider it is their duty to provide their old parents or grandparents with simple or basic needs and remain close to them while the role of retiring homes is being heavily criticized.

> **Did you know?**
> **Millennials**, also known as **Generation Y**, are the people who were born at the end of the 20th century and became adults at the turn of the millennium. They generally are the children of the famous baby-boomers (the people who were born in the fifties and sixties) The Millennials came of age with the generalization of computers and they usually are very familiar with digital technology.

Gated communities
Some wealthy aging persons try to protect themselves from the agitation of the world by settling into gated communities! In such places children and teenagers are not welcome. So that there is no noise at all everything looks peaceful and well organized thanks to the numerous facilities that exist.

2 Career possibilities, the world of work

• **As you become a teenager** you start thinking about your future and it seems quite legitimate. What are you going to do when you become an adult? What will enable you to get some autonomy when you grow up, when you leave your parents? What kind of job are you going to lean on? What goals will you be looking forward to?

• **We will focus on the dream jobs to start with** and we won't forget that we must think about our inner qualities and perhaps take some time to do it.

A What professions make you dream?

• **There are a number of jobs that make young people dream.** For example being a model or a singer or a football player, an actor or actress or a TV presenter can be considered as dream jobs since they seem to create fame and glory. This type of job also brings in a lot of money and that is appealing of course. One must be aware of the numerous efforts and sacrifices that are needed to reach such fame. Despite the obligations required by such jobs before they become a dream, many people succeeded. Their success makes people feel like being one of them. It seems something more attractive in a country like the USA because of the American dream and all the rags-to-riches stories. Oprah Winfrey, J.K. Rowling, Steve Jobs, Thomas Edison, Barack Obama, these people went from failure to success and they have come to know the value of hard work and dedication. They are self-made men or women.

Help
- *fame* renommé
- *be aware of* être conscient de
- *rags-to-riches* de la pauvreté à la richesse
- *failure* échec
- *dedication* dévouement, engagement
- *self-made* autodidacte

The American dream
It is the belief that anyone living in the United States of America can reach remarkable professional success by hard-work, sacrifices and risk-taking. This has limits since globalization and economic crisis, temporarily saw a decline in the American Dream.

● **In case you want to make the world a better place**, would you like to work for an NGO (Non Governmental Organization). What about the place of robots in the world of work? Will they grant us more time for leisureor will they deprive the human being from the respectability and the value, a job gives them?

B In order to find the job of your life

● **Meet the professionals** so that you get to know about their jobs. You may ask them to hire you for an internship so that you understand the way such and such a job really works. You might then be able to discover the conditions of work as they considerably vary from one place to another and have changed also a lot in the past few years.

● **Find out what you are good at.** Who are you really? Get to know who you are? What are your qualities and also your flaws? School may help you make a choice and discover career possibilities or opportunities. Your teachers can help you draft a cover letter in order to apply for an internship. Adults can also teach you about what to do if you want to be recruited and about finding the right strategy to be hired. They can show you how to write a resume. Going job hunting is not so easy. It is definitely important to be able to speak several foreign languages. You might wonder what the qualities required by companies are.

● **Try to have experiences** that will enrich you: why not try to have an afterschool job or a summer job. You can become a waiter/waitress in a fast food restaurant for example or a sales assistant in a shop. There may be pros and cons to such an experience of course: you will not get paid very much but you will get used to working regularly and having to follow the rules imposed by the boss.

Help

- *internship* stage
- *flaws* défauts
- *a cover letter* lettre de motivation
- *to be hired* être embauché
- *a resume* un CV
- *sales assistant* vendeur(se)
- *the pros and cons* le pour et le contre
- *a gap year* une année de césure, année sabbatique
- *acquaintances* les connaissances, les relations
- *hassle* harceler

● **Take time to think about it:** you might take a gap year which will enable you take advantage of your freedom to travel a little and become familiar with autonomy. In some countries schools may design their own transition year (TY). This year will show you the reality of the working world and probably help you getting to enlarge your circle of acquaintances. The way you are working during this period of time is exactly preparing you for the adult way of life. You are made responsible for your own projects, nobody will hassle you to hand back your project.You are not going to have any tests or homework everyday. It is up to you to get involved in everything that is offered to you and meanwhile think about your future.

COURS

3 Villages, towns, neighbourhoods

• **A person's home can be an important facet of their identity** and sense of belonging. Sometimes people choose to live near people who share a similar cultural identity. Other times, where you are may define your identity. Your home may be in an urban, suburban or rural area. Suburban areas are located around and on the outskirts of cities. Many of these suburban areas are called commuter towns because the people who live there commute to and fromwork in the nearby city everyday. Rural areas are more sparsely populated: their inhabitants live in small towns or on farms.

• **The places where we live all bear an important part of our culture and heritage.** Each of them have administrative divisions that rely on their historical past, some also have traditions, legends, imaginary heroes that give them a particular aspect. One example: New York.

A New York City

• **New York city is located in the state of New York**, nicknamed the Empire State, and thus giving its name to the famous Empire State Building. New York is divided into 5 boroughs (quartiers): Brooklyn, Queens, Manhattan, the Bronx, Staten Island.

• **Its history is based on the history of immigration.**Therefore it is of course a place of multiculturalism: the main landmarks being the museum of Ellis Island and the statue of Liberty.

• **The Ellis Island immigration museum** in New York Harbor is a national historic monument dedicated to honoring and remembering the 12 million immigrants who entered the USA through the Ellis Island Immigration station between the 1890s and the 1950s. Most of them came by boat from Europe, although others came from Asia, Africa and South America.

• **The Statue of Liberty** (*Liberty Enlightening the World – La Liberté éclairant le monde*) is set on Liberty Island in New York Harbor in New York, in the United States. The copper statue, a gift from the people of France to the people of the United States, was designed by French sculptor Frédéric Auguste Bartholdi and its metal framework was built by Gustave Eiffel. The statue was inaugurated in

Help
- *copper* cuivre

October, 1886. The poem entitled: *The New Colossus* by Emma Lazarus is engraved on its pedestal: "Give your tired, your poor, your huddled masses yearning to breathe free". The statue is the symbol of the freedom the immigrants were coming to find in the New World. It gave them great hopes for the beginning of a new life.

Help
- *framework* structure
- *hopes* espoirs

- **Manhattan is the most famous one** and is constantly invaded by horde s of tourists who visit its very famous museums such as the Metropolitan museum, the MOMA (Museum of Modern Art), the Frick Collection, The Guggenheim museum and many others. Manhattan is also famous for its musicals on Broadway and also for other iconic places such as Times square or Wall Street.

B City heroes

- **Manhattan firefighters are also known as the heroes of September 11th 2001.** Two planes were hijacked by terrorist and crashed into the twin towers. The firefighters arrived and started climbing the stairs inside the towers in order to rescue people. Finally they were trapped and killed when the towers collapsed. A memorial has now been built on the very place where the towers used to stand.
- **The Fantastic Four, Iron man, Superman, Spiderman, Captain America, Daredevil**: New York City is almost synonymous with superheroes and villains, and is always serving as a hometown or battleground for super-enhanced battles and spectacles. Because of its recognizable monuments and buildings, the city is the perfect setting for a superhero's story in a familiar location.
- **As in any town, architecture and the way the town was planned and built are interesting.** In Manhattan, what is striking is the grid formed by the streets. In fact most of American towns, because they were built out of nothing, follow the same pattern. The skyscrapers are also an important element of the famous New York Skyline.

4 Representing oneself and the relationship with others

In our societies, images of all kinds play a major role and new technologies give us the possibility of making our own portraits and sending them online to whoever we want. Therefore fashion also plays an important role since the way we are dressed conveys a hint of who we are. Unfortunately young people often use these modern means of communication in order to mock other persons.

COURS

A Self-portraits and selfies and social media

● **Self-portrait** is not a new artistic genre, but it seems to be more and more commonplace in our modern societies due to the use of selfies. Everybody takes selfies all the time, and our own image takes a central place in our lives. In the USA and in England, some of the greatest artists have used the self-portrait genre. Some of them are very famous: Norman Rockwell, William Hogarth, Turner, Andy Warhol. What did these artists aim at when they paint themselves? There are many different answers.

Help
- *commonplace* banal

Famous Self-portrait

- **William Hogarth** (1745). In the portrait, Hogarth himself is in a painting, in a frame and his dog is staying outside as a link to reality. It all seems rather ironic.
- **William Turner** (1799). He intended to mark an important moment in his career, his election as an Associate of the Royal Academy. Despite his relative youth, Turner had already made a name for himself as an original, accomplished painter.
- **Norman Rockwell** (1960). As a very modest man he seems to refer mainly to other very famous self portraits in the history of painting.
- **Andy Warhol** (1967 et 1986). There are two portraits and both of them hesitate between superficiality and profundity.

● **A selfie** is a digital self-portrait taken most of the time with a smartphone at arm-length. In the past twenty years or so it has known a huge development due to the widespread use of Facebook. Initially popular with young people, selfies gained wider popularity over the years since they are so easy to create and share. People supposedly control the way they present themselves, usually by giving a flattering image of themselves in a defined situation. Therefore it develops a sense of community because everyone can witness the activities of the others. However it was proved by some scientific studies that the risk of damaging real-life relationships might become a real danger all the more so as people post so-called humorous photos that may be mistaken for reality. Moreover it develops the idea that everyone has to conform to a certain model given on the social networks. It conveys an idea of sameness and uniformity that makes people lose their true identity.

Help
- *widespread* étendu
- *to share* partager
- *to witness* être témoin de
- *mistaken* mal interprété
- *social networks* réseaux sociaux

B Fashion

- **Before**, fashion was closely linked to historic and economic changes and the way you were dressed revealed your place within a certain social class. The clothes were adapted to the way people worked and moved from one place to the other. There was a radical change in the sixties. From then on fashion, ready-to-wear and cheaper items of clothing, became accessible to all the classes of society and became an asset to attract the attention of the others. Now if you want to be accepted by your peers, you will have to follow a certain dress code, a certain style. It may help you exist in the eyes of the others. Social groups can be the condition to be accepted. Teenagers enjoy belonging to a group.

> **Help**
> - *fashion* la mode
> - *ready-to-wear* prêt à porter
> - *asset* atout
> - *dress code* règlement vestimentaire

- **What image of myself do I give to others and how do they see me?** Moreover when you migrate to a new country another problem arises should you get rid of the customs from your country of origin, your clothes, your food, or should you be proud to keep them as a proof of your true identity. Should stereotypes be questioned? What do you have to do if you want to fit in? As people feel more and more the urge to look like the others, a feeling of conformity, uniformity invaded our screens first and then the social networks which implies that the people who do not fit in the mold are rejected.

C Bullying

- **Bullying is the use of force or threat, to abuse, dominate or intimidate one of your peers.** It becomes something often repeated and habitual. Bullying is a serious problem that still affects students all over the world. British and American schools are far ahead of their French counterparts in tackling the issue and have specific anti-bullying policies. Bullying is often triggered by differences – in looks, social status, sexual preferences, religion – but virtually anyone can be the target of bullies. Often, victims do not talk about it, and end up living with devastating consequences. Dealing with the issue in class will help pupils break down taboos. A bully might use physical, verbal or social methods to hurt his or her victim.

> **Help**
> - *a threat* une menace
> - *to abuse* injurier
> - *to tackle* aborder (un sujet)
> - *to trigger* déclencher
> - *the target* la cible

- **Cyberbullying** is when someone uses technology, for example the Internet or a mobile phone, to purposely intimidate or upset someone else. Anonymous people may invent things about you and give them out on the social networks.

In the UK, 1 in 3 young people have experienced this form of bullying. For example, if you're experiencing cyberbullying, you may be receiving threatening text messages, upsetting emails or upsetting comments about you on a social networking site. The problem is increasing and solutions must be found. Usually the campaigns advise the victims or the witnesses to talk to adults about it and look for online support and not to forward this type of negative and hurting messages. You must try to keep yourself from getting involved in any part of that.

Help
- *to upset* bouleverser

5 Sports and society

Sport plays different roles within the society.

A Sport has a variety of functions within the society

- **From a personal point of view** it enables you to remain in good health and you can also just enjoy practicing a certain type of sport. By practicing this sport you can develop a number of qualities and values. If you start being involved in competitions, it can go beyond and help you test your limits so that you can finally surpass yourself. Then the sportsman may become a role model and can choose to help support a cause.
- **A sense of gathering.** Sport can gather groups of people (a country) together for some sort of a very special event like the finals of a world championship. It may be the source of a strong sense of community or maybe nationalism. On such occasions people develop a feeling of belonging to the same nation.
- **Can sport become an equivalent to war?** On the contrary, it can oppose people and sport can become close to a sort of war. Violence between supporters of different countries can be developed and even riots can burst. Hooligans were often at the origin of such violent behaviours but the police forces are now organized to beat them back.
- **Sport and finance.** Sport has become a world related to money due not only to the huge salaries the athletes receive but also to the deals concluded with television networks to broadcast the matches and to the contracts with publicity announcers. This may account for the fact that a number of athletes resort to (or are forced to resort to) drugs in order to enhance their performances

Help
- *beyond* au delà
- *gathering* rassemblement
- *event* évènement
- *championship* championnat
- *belonging* appartenance
- *behaviours* comportements
- *to account for* expliquer
- *to enhance* améliorer

B The specificities of sport in Great Britain

• **Football.** England is the country where the first rules of football were established in 1863. But football had been played ever since the Middle Ages. Today England's top domestic league, the Premier League, is one of the most popular and richest sports leagues in the world, with six of the ten richest football clubs in the world such as: Arsenal, Chelsea or Manchester United. An enormous amount of money is involved in football. The clubs are immensely rich and they pay huge salaries to their players and sometimes fight with other clubs from other countries to attract famous players by promising to give them more and more money.

• **Cricket** is a game played on grass by two teams of eleven players each in which a ball (made of leather) is bowled at a little piece of wood on the wickets and a batsman tries to hit it with a bat. The batsman is running back and forth as many times as he can while the other players around the field are trying to catch the ball. A match can be played over three to five days. Due to the expansion of the British empire in the 19th century, this sport is now played worldwide in countries such as India, Australia and South Africa.

• **Rugby** is played with an oval football. Rugby football originated in about 1845 at Rugby School in Rugby, Warwickshire. Rugby football was played in many different ways at English public schools in the 19th century in England. Rugby is widely regarded as an "establishment" sport, played mostly by members of the upper and middle classes. For example, many pupils at public schools and grammar schools play rugby union. The Rugby World Cup, which was first held in New Zealand and Australia in 1987, occurs every four years. Rugby is very popular all over the world and more particularly in the countries that used to be part of the British Empire but also in New Zealand where the All Blacks certainly retain the greatest fame.

Help
- *the Middle Ages* le Moyen Âge
- *grass* herbe, pelouse
- *leather* cuir
- *batsman* le batteur, celui qui a une batte pour marquer des points
- *establishment* l'élite du pays, ceux qui ont le pouvoir
- *public schools* écoles privées très élitistes et sélectives avec des traditions anciennes

C The specific sports of the United States of America

• **Soccer** is the name given to football in America.

• **American football**, also named "gridiron", is a mixture between soccer and rugby. It is a rather violent game that requires special protections for the players. They have to wear a helmet with a visor and shoulder pads and

Help
- *helmet* casque
- *pads* protection

thigh pads. This football is by far the most popular sport in the USA. The Super Bowl is the annual championship game of the National Football League played between mid-January and early February. It is the most popular single-day sporting event in the United States. It brings a lot of money to TV Channels since it is broadcast all over the country and publicity announcers fight to be able to place commercials between the different parts of the games.

> **Help**
> - *to broadcast* diffuser (radio ou télévision)
> - *a commercial* un spot publicitaire

- **Baseball** is a game derived from cricket. Its rules were brought by the immigrants from the old world. The field has the shape of a diamond. There are two teams composed of nine players each. The pitcher is the one who throws the ball while the outfielder tries to hit the ball with his bat.The players have a special outfit: they wear a glove, pads, helmets and they play with a bat and a small ball. Just like in cricket the players have to score runs.

The Olympic games

- The Olympic games are a sports contest held at Olympia in Greece in the Antiquity and reinitiated by the French man Pierre de Coubertin who founded the International Olympic committee (IOC).
- In Modern times they are held every four years in a different country (in fact every two years with the winter games and the summer games). The Games have grown so much that nearly every nation is now represented. This moment is the occasion of numerous political challenges and controversies, including boycotts, doping, bribery, and a terrorist attack in 1972. The Olympics and its media exposure provide athletes with the chance to reach national and sometimes international fame. The Games also constitute an opportunity for the host city and country to showcase themselves to the world.

- **One may wonder what values are promoted by sport?** Other question can be raised about the role athletes should play beyond their athletic capacities: should they be role models, should they set an example? should they take a stand and support a cause because of their fame?

6 Creation and arts

In order to consolidate the knowledge of a foreign language it seems indispensable to get acquainted with all the different forms of art developed by the civilizations that speak this language. What is the role of art in our everyday life? Can art help people in their everyday life? Beyond the fact that art is necessarily pleasurable to our senses, in what way is art useful in life?

> **Help**
> - *knowledge* connaissances
> - *to get acquainted* se familiariser

All these questions must be answered of course, but we will focus on another one. How does a society come to grasp reality to transform it into art? And to do so, we will rely mainly on two great but very different artists that are radically opposed both in genre and times: William Turner and Banksy. Both of them are interested in reality and make it the basis of their art.

A William Turner (1775-1851)

Joseph Mallord William Turner was a rather eccentric genius. As a very young man he entered the Royal Academy of Arts. He travelled a lot and was fascinated by natural elements whether it was the sea or the snowy mountains (avalanches). He is said to be the precursor of impressionism.

Contrary to his contemporaries, he wanted to express feelings and create an emotion more than representing what he could see exactly. That's why he rapidly got rid of the traditional conventions of his predecessors and set up his own technique by innovating freely. He seems to have been subjugated by light and movement more than precise shapes. Natural phenomena such as sunlight, storm, rain, and fog are omni present in his works. He was fascinated by the violent power of the sea for example or snowstorms (*Snowstorm: Hannibal crossing the Alps*).

> **Help**
> - *shapes* formes
> - *storm* orage
> - *fog* brouillard

Turner also did not remain indifferent to the great changes that were brought by the industrial revolution and the passing of time. He famously depicted this transition in a number of his paintings such as the famous *Rain, Speed and Steam – The Great Western Railway*, where the objects are barely recognizable.

In the same way he witnessed and painted *The Burning of the Houses of Parliament* in 1834. He sketched this event from many different points of view and on a variety of supports. This may have been an inspiration for the famous *Fighting Temeraire* (the name of a very well-known ship from her heroic perfor-

COURS

mance at Trafalgar). In this highly symbolical painting, the sun setting symbolizes the end of an epoch in the history of the British Royal Navy. Turner definitely found inspiration in depicting the passing of an old order.

> **Did you know?**
> At the beginning of 2020, the Bank of England announced that a portrait of Turner, with a backdrop of *The Fighting Temeraire (one of Turner's most famous paintings)*, would appear on the £20 note. All in all this romantic painter is considered as very modern.

B Banksy

● **Banksy is an anonymous British street artist.** He does not want people to know about his real identity, as painting on public walls is illegal, he intends to protect himself. He has been politically committed and has been acting ever since 1990. His artwork can be rebellious and is known for delivering political messages. A lot of his art is done in a particular style which is easily recognize.

● **Banksy's technique is simple**, he uses stencils that he has prepared in advance and he then can use them and spray his drawings on the wall of his choice very quickly.

> **Help**
> - *to be committed* être engage
> - *current events* l'actualité

● **He appears as definitely provocative.** Nobody has ever seen him paint. Most of the time, the subjects of his painting are deliberately related to current events. He is constantly in touch with what happens around the world, whether it is his different paintings on the wall between Israel and Palestine (representing a whole where one can peer at the sea, or the *Armoured Dove*) or one of his very recent paintings representing the British Parliament with chimpanzees replacing members of Parliament and entitled *Question Time*. The painting appeared in an exhibition in Bristol and 300,000 people queued for hours to see it. It was sold for $12 million at an auction sale.

● **Not only does Banksy denounce both social and political situations** but he toys with the public, the media, the authorities and he makes fun of them. His works campaign against the establishment, against war, against capitalism, against racism, against children work, in favor of animal welfare. Just because he travels around the world anonymously and takes side in favor of a number of causes, he appears as a rebel.

> **Help**
> - *to toy* jouer
> - *the establishment* le pouvoir, les milieux dirigeants
> - *animal welfar* le bien-être animal

> ***Girl with Balloon***
> One of Banksy's most known artworks, *Girl with Balloon*, was shredded in its frame after a winning bid of more than £1M at an auction sale in October 2018. By selling his works at prices that defy the art sales and despite the fact he has become an urban legend, Banksy challenges common consensus about the value of art and raises controversy because the debate remains: is graffiti an art or vandalism? It can be said that art is not always political but it is definitely a representation of its time.

7 Saving the planet, imagining a new future

• **The world is undergoing a period of rapid technological change.** Instant communication and improved transportation means many developing countries are becoming rapidly industrialized, and goods and people are moving around the world more than ever before. So society must consider and prepare for the future. Inventing new ways of living together will help society adapt to technological evolution, and will enable future generations to live together in harmony with each other and with the environment.

• **Warning about potential dangers.** Some artists show us models of future society in order to warn us about potential dangers. Our consumerist model is often criticised for increasing the probability of future ecological disasters.

> **Help**
> - *to undergo* subir
> - *to enable somebody* permettre à quelqu'un
> - *to warn* prévenir, alerter
> - *to depict* décrire, représenter

Example. Andy Warhol (1928-1987) was an American artist. He was the leader of the pop art (for *popular art*) movement. He was fascinated by consumer culture and mass production. He painted repetitive canvases of dollar bills, Coca Cola bottles, Campbell's soup cans and icons like Marilyn Monroe to question the boom in consumerism and to ask what art is in modern times.

• **Depicting the society of our future.** Utopias depict an ideal future; dystopias portray disturbing, often totalitarian futures. Both representations make us think about what kind of society we want. **Example. *Nineteen Eighty-Four* by George Orwell**. This dystopian novel is set in a culturally impoverished totalitarian society in which the population is brainwashed by propaganda. The leader, Big Brother, monitors everyone's lives at all time.

COURS

COURS

KEY IDEAS

- Demographic changes create upheavals in the intergenerational relations.
- What will your goals be once you have finished school and start working?
- Where do you want to live in a town or in a village? There are also different neighbourhoods and sometimes ghettos.
- Everyone loves comparing their own images through the means of social networks, but must not be trapped by these technologies.
- What values are promoted by sport? What role should athletes play in the world?
- Some artists, whatever their styles and the time when they were living, rely on reality in their art. Throughout centuries they reinvent a new reality.
- Imagining the future and taking it into account enables individuals to live together and also to live in harmony with their environment.
- The present is built upon the past; human beings grow from their roots. Life is a chain that includes both continuity and change or breaks.

The British Isles

The British Isles are two large islands in north-western Europe **(see map p. 272)**. Several countries in the British Isles are considered separate countries in some contexts (like the football and rugby World Cups), but are grouped together into Great Britain or the United Kingdom (see below) in others.

In all of the countries in the British Isles, pupils wear school uniforms. And people drive on the left side of the road, so you must be very careful when you cross the street!

The United Kingdom (UK) is composed of Great Britain (GB) and Northern Ireland.

GREAT BRITAIN

Great Britain (GB) is a single island divided into three countries.

1. England

England is the largest country in the United Kingdom.

Population: 64 million

Capital and largest city: London (pop.: 8.6 million)

Language: English

Money: Pound Sterling (£)

Special Days: Trooping the Colour: a big, colourful military parade for the Monarch's official birthday on a Saturday in June. - St George's Day, 23 April, is the National Day, but it is not a public holiday.

Heads of State: The Monarch and the Prime Minister

History

– William the Conqueror, of Normandy, invaded England in 1066. The French aristocracy influenced the English language, bringing in many French words.

– In 1542, King Henry VIII of England became King of Ireland too.

– The Elizabethan Era (1558-1603), when Elizabeth I was Queen, was a golden age of English culture. Shakespeare wrote his plays then, and England began colonising the "New World", or North America.

– After the Industrial Revolution, the Victorian Era (1837-1901) was a long period of prosperity for England and the British Empire.

– In 1940, the Nazis bombed London and other British cities, but King George and Queen Elizabeth (the parents of Queen Elizabeth II) stayed in London. Britain never surrendered, and the Royal Air Force won the Battle of Britain.

– Britain joined the European Union in 1973.

Culture and Monuments

– England is famous for pop, rock and punk music: the Beatles, David Bowie, the Sex Pistols, the Clash, Queen, Oasis etc.

– Buckingham Palace is the Monarch's residence in London.

– Stonehenge is a prehistoric circle of standing stones. The monument's origin is a mystery.

– Football and rugby were invented in England, and the Wimbledon Championships, in London, is the oldest and most prestigious tennis tournament in the world.

2. Scotland

Population: 5.3 million

Capital: Edinburgh - **Largest city:** Glasgow

Languages: English and Scottish

Money: Pound Sterling (£)

Special Days: Hogmanay is the largest New Year's Eve party in Europe. - St Andrew's Day, 30 November, is the Scottish National Day. - Burns Night, 25 January, honours Scotland's most famous poet, Robert Burns.

Heads of State: The British Monarch and the Scottish First Minister

History

– 843: Kingdom of Scotland established.
– 1603: King James VI of Scotland becomes King of England and Ireland, too.
– 1707: Scotland and England come together as one country, Great Britain, with one Parliament, in London.
– 1997: Scotland gets its own Parliament again for the first time since 1707, but it is still part of Great Britain and the European Union.

Culture and Monuments: Edinburgh is famous for its Castle and for its theatre festival in August. Scotland is also famous for haunted castles, bagpipes (traditional musical instruments) and for men wearing kilts.

3. Wales

Population: 3 million

Capital and largest city: Cardiff

Languages: English and Welsh

Money: Pound Sterling (£)

Special Day: St David's Day, 1 March

Heads of State: The British Monarch and the Welsh First Minister

History

– Wales was unified as a single country in 1057.
– In 1282, King Edward I of England conquered Wales and annexed it to England.
– In 1997, Wales got its own Parliament.

Culture: Wales is famous for rugby and men's choral groups.

A Scottish musician playing the bagpipes in Edinburgh, Scotland.

4. Northern Ireland

Northern Ireland is on the island of Ireland, but it is part of the United Kingdom. Some people from Northern Island consider themselves to be Irish, others consider themselves British. Sportspeople from Northern Ireland can join the Irish delegation or the British one for the Olympics.

Population: 1.8 million

Capital: Belfast

Languages: English, Irish

Money: Pound Sterling (£)

Special Day: St Patrick's Day, 17 March

Heads of State: The British Monarch and the Irish First Minister

History

– When the rest of Ireland became independent, in 1922 (see Republic of Ireland, below), the people in the north voted to remain attached to the United Kingdom.

– The 1960s to the 1990s was a period called the Troubles. There was a lot of violence between Catholics, who wanted Northern Ireland to join the Republic, and Protestants, who wanted to remain in the United Kingdom. An agreement in 1998 ended the violence, and since then, Northern Ireland has become peaceful and prosperous.

Culture and Monuments: Northern Ireland is famous for its murals.

THE REPUBLIC OF IRELAND

Population: 4.6 million

Capital: Dublin

Languages: English, Irish

Money: Euro (€)

Special Day: St Patrick's Day, 17 March

Head of State: Taoiseach (the Irish word for Prime Minister)

History *(See also p. 130)*

– In 1542, King Henry VII of England became King of Ireland, too.

– In 1800, the United Kingdom of Great Britain and Ireland was created.

– The Irish War of Independence (1919-1921), led to the Irish Free State, a semi-autonomous dominion of the British Empire.

– In 1949, Ireland became a Republic, completely independent from Great Britain.

– Ireland joined the European Union in 1973.

Culture and Monuments

Ireland is famous for poetry and music – its national symbol is a harp! – and for magical creatures like leprechauns (lutins, farfadets).

People say that if you kiss the Blarney Stone, a stone in the wall of a castle in Blarney, you will get the "gift of gab" – you will become a very good and eloquent speaker.

Idyllic Irish landscape.

Other English Speaking Countries

NORTH AMERICA

The continent of North America **(see map p. 270)** is almost entirely English speaking. Except for two parts of Canada – French-speaking Quebec, and Nunavut, which has four official languages (see p. 191) – English is the main language in both the USA and Canada.

1. United States of America

Population: 322 million

Capital: Washington, DC (District of Columbia) – *ne pas confondre avec l'État de Washington.*

Largest city: New York City (includes Manhattan, Brooklyn and three other boroughs)

Language: English

Money: US dollar ($)

Head of State: President (elected every four years)

History

– 1620: English Puritans start coming to America to escape religious persecution in Britain.
– 1776-1783: 13 British colonies in America declare their independence, starting the Revolutionary War. With the help of the French Army, the USA wins.
– 1861-1865: Civil War.
– 2008: Barack Obama is the first black person to be elected President of the USA.

Culture and Monuments

– Manhattan, the centre of New York City, has hundreds of tall buildings, called skyscrapers.
– Hollywood, in Los Angeles, California, on the west coast, is famous for the movie industry.
– The Grand Canyon is one of the many beautiful national parks.
– The White House, the Lincoln Memorial ad the Washington Monument are popular places to visit in Washington, DC, the nation's capital.

2. Canada

Population: 35 million

Capital: Ottawa - **Largest City:** Toronto

Languages: English, French and Inuit languages in Nunavut

Money: Canadian dollar ($)

History

– Late 15th century: Discovery by French and British explorers.
– 1756-1763: Seven Years War between Britain and France fighting for control of Canada, Britain won.
– 1812: Unsuccessful American attempt to invade Canada.
– 1867: The Confederation Acts makes Canada an autonomous country that maintains ties to Britain.
– Present: Canada's 9,000 km border with the USA is the longest border between two countries in the world. 80% of the Canadian population lives near the border.

Culture and Monuments

Canada's flag, with the red maple leaf, is famous. Canada's official national sports are ice hockey and lacrosse.

OCEANIA

Here are the two major English-speaking countries in Oceania.

1. Australia

Population: 23 million

Capital: Canberra - **Largest City:** Sydney

Languages: English & Aboriginal languages

Money: Australian dollar ($)

Head of State: British Monarch and Prime Minister

History

– 1606: Discovery by Dutch explorers.

– 1770: Australia becomes British.

– 1788: After Britain uses the American colonies, it starts sending prisoners to populate and develop Australia.

– 1901: Australia becomes an autonomous country that maintains ties to Britain.

Culture and Monuments

Australia is famous for its unique animals, like kangaroos and koalas. Because Australia is in the southern hemisphere, winter is in July-August, and summer in January-February. The school year goes from February to mid-December.

2. New Zealand (NZ)

Population: 5 million

Capital: Wellington

Largest City: Auckland

Languages: English and Maori

Money: New Zealand dollar ($)

Head of State: British Monarch and Prime Minister

History

– 1642: Discovery of New Zealand by a Dutch explorer, Abel Tasman.

– 1840: New Zealand becomes British.

– 1907: Australia becomes an autonomous country that maintains ties to Britain.

Culture

The nickname for New Zealanders is "kiwis". Kiwi are not just fruit, but also a bird that is native to NZ. New Zealanders love sports, especially rugby. Skiing is also popular in NZ's mountains, called the Southern Alps.

Famous Australian sign warning drivers to watch out for kangaroos on the road.

London

1. A very ancient place that has become a financial hub

London is a very ancient place which was founded by the Romans. London was a major settlement for two millenia and became an important key point. It is situated along the banks of the river Thames not very far from its estuary.

Just like New York, London is a global city, that is to say a place which plays a crucial role in the global economic network. London is at the heart of finance and trade due to its high technology infrastructures. The City of London is widely referred to simply as the City, a metonymy for the United Kingdom's trading and as financial services industries. London's finance industry is located both in the city indeed and in Canary Wharf, which are the two major business districts in London.

2. Greater London

London has grown far beyond the city borders and has become also a sprawling metropolitan place. It now represents a wider area which is called Greater London. It implies that a huge number of people commute back and forth from their remote suburbs to the town centre in order to work everyday.

3. A touristic place

London contains world famous landmarks that make it one of the leading tourist destinations in the world: the Tower of London, Kew Gardens, the Palace of Westminster, Westminster Abbey, the historic place of Greenwich where Greenwich Mean Time (GMT[1]) is defined. Other landmarks include Buckingham Palace, the London Eye, Piccadilly Circus, St Paul's Cathedral, Tower Bridge, Trafalgar Square and also one of the most famous skyscrapers in modern London: the Shard. London has numerous museums, such as the British Museum, the National Gallery, the Tate Modern.

The London Underground is the oldest underground railway network in the world and is called the tube due to the shape of its tunnels. Famous sporting events take place in London such as the Wimbledon fortnight[2] for example.The Olympic games of 2012 were a crucial moment in the life of London.

4. The legends

Famous characters belong to the legend of London, a lot of them are part of the children's world: Mary Poppins, Harry Potter, Paddington, Peter Pan but also Oliver Twist, the famous protagonist of Charles Dickens' novel, or Sherlock Holmes, Arthur Conan Doyle's well-known detective who supposedly lived at 221B Baker street.

1. Greenwich is the place of the first meridian and permits to define the time according to the sun from there to the rest of the world (GMT: heure moyenne de Greenwich).
2. Fortnight (= forty nights that is to say 2 weeks): 2 semaines

5. The capital of the United Kingdom

London is the seat of the Government of the United Kingdom. Many government departments, as well as the prime minister's residence at 10 Downing Street, are based close to the Palace of Westminster, particularly along Whitehall. Buckingham Palace of course is the residence of the British sovereign at the moment Queen Elizabeth II.

6. A multicultural place

People from all over the world live in London. More than 270 nationalities are represented. A number of them have roots in Africa and India that used to be governed by The British empire. This gives London the largest non-white population of any European city and makes it a very cosmopolitan place. Over 250 different languages are spoken in the city.

Westminster palace and Big Ben

Cockney

Originally a pejorative term applied to all the inhabitants of the city, it was gradually restricted to Londoners, and particularly to the people born close to St Mary-le-Bow. It eventually came to be used to refer to all working-class but true Londoners generally. So Cockney English is the accent and dialect of English traditionally spoken by working-class Londoners. Some people predict it will soon disappear and be replaced by Multicultural London English.

Films

Four films

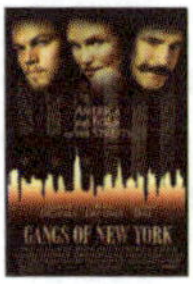

Gangs of New York
Martin Scorsese (2002)
The plot is set in 1863 during the Civil War, and tells the unknown but true story of the bloody and resentful fight between the gangs of Catholic Irish immigrants and Protestants American born inhabitants of one of the most destitute places of New York, the Five Point area at the south end of Manhattan.

The Immigrant
James Gray (2014)
Ewa Cybulski (Marion Cotillard) and her sister Magda sail to New York from their native Poland in search of a new start and the American dream. When they reach Ellis Island, Magda (Angela Sarafyan) is ill, and the two women are separated. Ewa is released onto the mean streets of Manhattan while her sister is quarantined. Alone, with nowhere to turn, Eva is desperate to reunite with Magda.

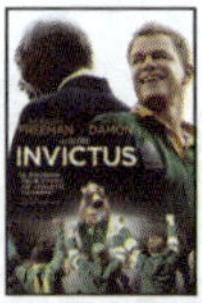

Invictus
Clint Eastwood (2009)
The story is based on the events in South Africa before and during the 1995 Rugby World Cup. The South-African team were not expected to perform well, because the team had only recently returned to high-level international competition after the end of Apartheid. *Invictus* is also the title of a poem, referred to in the film, by British poet W. E. Henley. When Nelson Mandela was in prison on Robben Island he read this poem to gather courage.

Chariots of fire
Hugh Hudson (1981)
This British film tells the true story of two athletes getting ready for the 1924 Olympics in Paris: Eric Liddell, a devout Scottish Christian who runs for the glory of God, and Harold Abrahams, an English Jew who runs to overcome prejudice. The title of the film is inspired by a poem by W. Blake and a passage from the Bible.

The Art of Living Together / L'art de vivre ensemble

1 *Relatives* / Les parents, les membres de la famille

the parents	les parents	*a father* un père *a mother* une mère
a brother	un frère	
a sister	une sœur	
a child (children)	un (des) enfant(s)	*a daughter* une fille (= *sa propre fille*) *a son* un fils
an aunt	une tante	
an uncle	un oncle	
a nephew	un neveu	
a niece	une nièce	
grandparents	les grands-parents	*a grandfather* un grand-père *a grandmother* une grand-mère
a grandchild (grandchildren)	un (des) petit(s)-enfant(s)	*a grandson* un petit-fils *a granddaughter* une petite-fille
great-grandparents	les arrière-grands-parents	*a great-grandfather* un arrière-grand-père *a great-grandmother* une arrière-grand-mère
a great-grandchild (children)	un (des) arrière-petit(s)-enfant(s)	*a great-grandson* un arrière-petit-fils *a great-granddaughter* une arrière-petite-fille
a godfather	un parrain	
a godmother	une marraine	
a stepfather	un beau-père	*les nouveaux conjoints de sa mère ou de son père*
a stepmother	une belle-mère	
a halfbrother,	un demi-frère	
a halfsister	une demi-sœur	
a father-in-law	un beau-père	*le père ou la mère de son conjoint*
a mother-in-law	une belle-mère	
a brother-in-law	un beau-frère	
a sister-in-law	une belle-sœur	
the in-laws	les beaux-parents, la belle-famille	

2 *Leisure Time* / Les loisirs

free time	les loisirs	
to attend a concert	assister à un concert	*a concert hall* une salle de concert
to cook	cuisiner	
a recipe	une recette	
to exercise, to work out	faire de l'exercice	syn : *to go to the gym*
to garden	jardiner	
to go to the cinema	aller au cinéma	US : *to go to the movies*
to go bowling	faire un bowling	
to go out with friends	sortir avec les amis	*to hang out with friends* traîner, passer du temps avec les amis
to go dancing (at a club)	aller en boîte (de nuit)	
to go shopping	faire du shopping	*a shopping mall* un centre commercial
to knit	tricoter	
to listen to music	écouter de la musique	
to paint	peindre	
to play video games	jouer aux jeux vidéo	
to play a sport	faire du sport	*a team sport* un sport d'équipe
a pitch	un terrain de sport	US : *a field*
to play darts	jouer aux fléchettes	
to play billiards	jouer au billard	*a snooker* un jeu de billard
to sew	coudre	
to surf the Internet	surfer sur internet	
to upload a video	télécharger une vidéo	
to watch TV	regarder la télé	*a television programme* une émission de télévision

3 *Entertainment* / Les divertissements

awesome	impressionnant	fam : génial, super
colourful	haut en couleurs, coloré	
dazzling	éblouissant	
entertaining	divertissant	
fabulous	sensationnel	
fanciful	fantasque, fantaisiste	*to fancy doing sth* avoir envie de faire qqch
impressive	impressionnant	

quaint	pittoresque, original	
vibrant	vivant, animé	
zealous	fervent	*zeal* la ferveur, l'enthousiasme
a costume	un déguisement	
an entertainment	un spectacle	syn : *a performance, a show*
the world of entertainment	le monde du spectacle	
an exhibition	une exposition	
fireworks	des feux d'artifice	
joy	la joie	*a joyful person* une personne joyeuse MAIS *a joyous occasion* une situation joyeuse
juggling	le jonglage	
merriment	la joie, la gaieté, l'hilarité	
the merrymaking	les réjouissances, les festivités	
a parade	un défilé	*a float* un char décoré
a party	une fête	
to celebrate	fêter, célébrer	*a celebration* une fête
to commemorate	commémorer	
a gathering	un rassemblement	
to glitter	étinceler, briller	

4 *School* / L'école

art	les arts plastiques	
biology	la biologie	
chemistry	la chimie	
drama	le cours de théâtre	
economics	l'économie	
a foreign language	une langue étrangère	
geography	la géographie	
history	l'histoire	
maths, mathematics	les mathématiques	US : *math*
physics	la physique	
a backpack, book bag	un sac à dos	
a binder	un classeur	*a ring-binder* un classeur à anneaux
a divider	un intercalaire	

a folder	un classeur, une chemise	*a file folder* un dossier
glue, a gluestick	la colle, un tube de colle	
looseleaf paper	une feuille simple	
a pad of paper	un bloc de feuilles	
a paper clip	un trombone	
memo pad	un bloc-notes	
a notebook	un carnet, un cahier	
a pencil pouch, a pencil case	une trousse	
a pencil sharpener	un taille-crayons	
a pushpin	une punaise	US : *a thumbtack*
a ruler	une règle	
scissors	des ciseaux	
sellotape, scotch tape, tape	du ruban adhésif	
laptop	un ordinateur portable	
keyboard	le clavier	
a lunch box	une boîte pour apporter son repas de midi	Syn : *packed lunch*
a head teacher	un professeur principal	
homework	les devoirs	
a lesson	une leçon	
an assignment	un devoir-maison noté	
a white board	un tableau blanc	
library	la bibliothèque	*the school library* le CDI
the gym	la salle de sport, la salle de gym	*gym* (fam) : abr. pour *gymnasium* gymnase
physical education (PE)	EPS (éducation physique et sportive)	
a degree, a diploma	un diplôme	
an examination, an exam	un examen	
a level exam	équivalent du baccalauréat	US : *SAT* (prononcer S-A-T, et non pas "sat") examen requis par la plupart des universités
a grade (US)	niveau (seconde, première, etc.)	aux États-Unis, le lycée dure 4 ans : *freshman year* la 3e → *a freshman* un élève de 3e *sophomore year* la 2nde → *a sophomore* un élève de 2nde *junior year* la 1re → *a junior* un élève de 1re *senior year* la terminale → *a senior* un élève de terminale

to answer	répondre	*to answer a question* répondre à une question
to cheat	tricher	
to examine	évaluer	*an examiner* un examinateur, un correcteur
to fail	échouer	
to get through	s'en sortir	
to grade	évaluer	
to graduate	être diplômé	*a graduate* un diplômé
to pass an exam	réussir un examen	
to sit an exam	passer un examen ←	US : *to take an exam*
to revise for an exam	réviser un examen	

5 *Environment* / L'environnement

carcinogenic	cancérigène	
acid rain	la pluie acide	
an awareness campaign	une campagne de sensibilisation	
biodiversity	la biodiversité	
carbon dioxide	le dioxyde de carbone	
carbon footprint	l'empreinte carbone	
carbon monoxide	le monoxyde de carbone	
climate	le climat	*climate change* le changement climatique
coal	le charbon	
conservation	la sauvegarde	*wildlife conservation* la protection de la faune et de la flore
environmental conservation	la protection de l'environnement	
a dead zone	une zone morte, une zone polluée	
deforestation	la déforestation	
desertification	la désertification	
a disposable product	un produit jetable	
drought	la sécheresse ←	from *dry* sec
a dump	une décharge	*to dump* jeter des déchets
an earthquake	un tremblement de terre	*earthquake-resistant* parasismique
endangered species	les espèces menacées, en voie de disparition	

energy	l'énergie	
wind energy, wind power	l'énergie éolienne	
solar energy, solar power	l'énergie solaire	*a solar panel* un panneau solaire
a power plant	une centrale électrique	
a nuclear power station	une centrale nucléaire	US : *a power plant*
exhaust fumes	les gaz d'échappement	
fertilizer	l'engrais	
a flood	une inondation	
fossil fuels	les énergies fossiles	
gas emissions	les émissions de gaz	
a genetically modified organism (GMO)	un organisme génétiquement modifié (OGM)	*pl. GMOs* des OGM
global warming	le réchauffement climatique	
greenhouse effect	l'effet de serre	*greenhouse gases* les gaz à effet de serre
groundwater	une nappe phréatique	
a landfill site	un site d'enfouissement des déchets	
a natural disaster	une catastrophe naturelle	
renewable energy	les énergies renouvelables	
oil	le pétrole	
(unleaded) petrol	essence (sans plomb)	US : *(unleaded) gas*; *lead* le plomb
an oil rig	un puits de pétrole	
a floating rig	une plate-forme pétrolière flottante	
an oil slick	une marée noire	*an oil spill* une nappe de pétrole
ozone layer	la couche d'ozone	*ozone-friendly* qui préserve la couche d'ozone
depletion of the ozone layer	la diminution de la couche d'ozone	
a pesticide	un pesticide	
pollution	la pollution	*soil pollution* la pollution des sols *water pollution* la pollution des eaux *air pollution* la pollution de l'air
the smog	le brouillard de pollution	mot-valise composé de *smoke* fumée + *fog* brouillard

a tidal wave	un tsunami	
sewage	les eaux usées	
a volcanic eruption	une éruption volcanique	
waste	les déchets	*to waste* gaspiller
the wind	le vent	
a wind turbine	une éolienne	
a wind farm	un champ d'éoliennes	
to ban, to forbid	interdire	*to forbid sb from doing sth* interdire à qqn de faire qqch
to breathe	respirer	*to breathe in* inspirer *to breathe out* expirer
to cut down on sth	réduire sa consommation de qqch	*to cut down trees* abattre des arbres
to dispose of	se débarrasser de	*to have at one's disposal* disposer de
to recycle	recycler	
recycling	le recyclage	
to sort	trier	
sorting	le tri sélectif	
to throw out, throw away	jeter	

6 *Towns,villages, neighbourhoods* / Villes, villages, quartiers

beggar	un mendiant
block	un pâté de maison
borough	un quartier
buildings	immeubles
bypass	une rocade, un périphérique
community	communauté, quartier, population
congestion charge	péage urbain
congestion	l'encombrement
town centre (UK) / downtown (USA)	centre-ville
growth	augmentation
homeless	un sans-abri
housing estate	un lotissement
inhabitant	un habitant
main/high street	la rue principale

museums	musées
outskirts	la périphérie
parks	jardins, parcs
passer-by / bystander	un passant
pavement (UK)	trottoir
property	la propriété
rush hour	l'heure de pointe
shack	cabane
shopping center (UK) / mall (USA)	centre commercial
sidewalk (USA)	trottoir
sightseeing	tourisme
skyscrapers	gratte-ciels
slums	bidonville
suburbs	banlieues
to improve	améliorer
to increase	augmenter
to decrease	diminuer
to own	posséder
to rent	louer
to update	améliorer
town council	la mairie
traffic	la circulation
traffic jams	embouteillages
traffic lights	feux rouges
underground/the tube (UK) – the metro/the subway (USA)	métro

to relieve congestion = to improve traffic flow améliorer la circulation

zebra crossing = pelican crossing (UK) / pedestrian crossing/crosswalk (USA) passage pour piétons

*Adjectives to describe a town or its aspects: lively (*animé, vivant*), shabby (*misérable, miteux*), run-down (*délabré*), filthy (*sale, immonde*), bustling (*animé*), crowded (*bondé*), packed (*bondé*), historic (*historique*), gridlocked (*engorgé, bloqué*).*

CHAPITRE 2

Identities and Exchanges

Mots-clés

- ***the global village*** le village planétaire
- ***worldwide*** mondial
- ***brotherhood*** la fraternité
- ***peer pressure*** l'influence du groupe
- ***fair trade*** le commerce équitable
- ***globalization*** la mondialisation
- ***a developing country*** un pays en voie de développement
- ***a developed country*** un pays développé
- ***a border*** une frontière
- ***a settlement*** une colonie
- ***to import*** importer
- ***to export*** exporter
- ***to relocate*** délocaliser
- ***to share values*** partager des valeurs
- ***to adjust*** s'adapter
- ***to settle*** s'installer
- ***to welcome*** accueillir

LES IDÉES ESSENTIELLES

- Les échanges se mondialisent de plus en plus ; la mondialisation présente des avantages et des inconvénients, à la fois pour les pays industrialisés et pour les pays en voie de développement.
- La notion de territoire est une notion qui évolue. Les événements historiques comme les conflits ou les guerres ont fait et font toujours évoluer les territoires des pays.
- L'architecture des espaces est le reflet de l'histoire du pays. La modernité de certains bâtiments se confronte à l'ancienneté d'autres.
- La notion d'identité évolue. Les périodes de guerre, de conflits et les vagues d'immigration ont fait évoluer les nations et cela continue.
- Certains citoyens préfèrent opter pour une vision plus globale de l'humanité.

➔ p. 139

The world is undergoing a period of rapid technological change. Instant communication and improved transportation means many developing countries are becoming rapidly industrialized, and goods and people are moving around the world more than ever before. So society must consider and prepare for the future. Inventing new forms of exchanges will help society adapt to technological evolution, and will enable future generations to build their identities in harmony with each other and with the environment.

Help
- *to undergo* subir
- *to enable somebody* permettre à quelqu'un

1 New Forms of Exchanges

A Exchanges are Developing at an International Level

- Although international trade has always existed (for example the Silk Road or the Amber Road), it is far more prevalent today because of industrialization and globalization.

The Silk Road
First developed in the second millennium BC (Before Christ), the Silk Road is one of the world's oldest trade routes. Over 6,000 kilometres long, it connected China, Central Asia and the West, and it enabled China to develop exchanges throughout Europe. It has been a UNESCO World Heritage Site since 2014.

The Amber Road
The Amber Road was the trade route used to export amber from coastal areas of the North Sea and Baltic Sea to the Mediterranean region, following the valleys of the Elbe and the Danube. It started in the sixteenth century.

- **International trade**. Business relations are more numerous than in the past. They are also faster, thanks to the development of telecommunication and transportation. In international trade, the importation and exportation of goods is increasing, although they may be limited by import quotas, or the tariffs that some nations impose on certain imported goods. Imports and exports can also be subjected to trade agreements between nations.

Help
- *a tariff* un droit de douane
- *trade agreements* des accords commerciaux
- *GNP (Gross National Product)* PNB (Produit National Brut)

- **World Trade Organization.** In most countries, international trade represents a significant part of the GNP. International trade is governed by the WTO, and it is restricted by tariff and non-tariff barriers.

The WTO (World Trade Organization) OMC (Organisation mondiale du commerce)
The WTO was founded in January 1995. It aims to supervise and liberalize international trade. It regulates trade between member countries by providing a framework for negotiating trade agreements, but does not define the outcomes. There are five principles that must be followed by member countries: non-discrimination, reciprocity, binding commitments, transparency and safety measures that restrict trade when necessary to protect the environment or people's health.

- **Fair trade.** Fair trade is also increasing. The idea is to create a trade system that is more balanced, and allows producers in developing countries to improve their working and living conditions. It generally applies to commodities that are exported from developing countries to developed ones. These generally include handicrafts, coffee, tea, bananas, cocoa, cotton, honey and more. In order to obtain the fair-trade label, producers must adhere to certain principles, such as decent working conditions, no child labour and sustainable production methods. Fair-trade companies are often small, and the system has fewer middlemen.

Help
- *fair trade* le commerce équitable
- *commodities* marchandises, denrées
- *handicrafts* objets artisanaux
- *sustainable* durable
- *middleman* intermédiaire

- **A better price.** In exchange for respecting these principles, fair-trade producers get a better price for their goods. That allows them to invest some of their earnings in improving housing, health care and education. The fair-trade label allows buyers to recognize their products and support the fair-trade concept.

B Advantages and Disadvantages of Globalisation

- **What is globalisation?** Globalisation is the system of international exchange as well as the integration of products, ideas and cultures. It generates interdependence between countries. Industrialization, advanced transportation and telecommunications, and multinational corporations all have a major impact on commercial exchanges. Developing countries attract jobs because lower wages mean commodities can be produced at a lower cost per unit (CPU). Consumers in developed countries also find it advantageous, since it means they have a wider variety of products to choose from, and they can get products at lower prices.

- **Factories and labour force.** To produce at lower cost, companies delocalize their factories to developing countries where they can hire a labour force at more competitive wages. This can be positive for local workers since it creates jobs. On the other hand, working conditions in those factories where keeping costs low is the main priority,

Help
- *a wage* un salaire
- *to hire* embaucher

are often not good. In addition, the system can lead to unemployment in industrialized countries. However, developing countries can be stimulated to educate their labour force in order to provide skilled workers, who can get better-paying jobs. In India for example, Bangalore, the capital of the southern state of Karnataka, is known as the "Silicon Valley of India" because it is a leader in exporting IT (information technology). It is a growing metropolitan city. It plays a major role in the Indian economy, as it is in the Top 5 cities in terms of contributing to the nation's GNP.

Help
- *skilled* qualifié

- **Education systems.** Countries develop their education systems in order to have a more highly-skilled labour force and to increase their commercial exchanges. This reduces the "brain drain", i.e. the need for students to leave the country to pursue their education in the West. Nevertheless, the number of Indian students studying in the USA and the UK is still high. Around 100,000 Indian students study in the USA every year, and there are 20,000 in the UK. If they decide to stay in the USA, they need a US Permanent Resident Card, which is an ID card attesting their permanent-resident status as legal immigrants.

Did you know?
The US Permanent Resident Card is also known as a "Green Card" because from 1946 to 1964, it was actually green. It reverted (revenir à) to that colour in 2010.

Help
- *ID card* identity card

C A More Global World

- **Role of individuals.** Living in harmony with the natural environment means we must make both individual and collective efforts to preserve the planet. These efforts include recycling (sorting paper, metal, plastic etc. so that it can be recycled), reusing things (like bringing a bag when you shop instead of getting new bags every time), car-pooling, and sharing.

  Examples. Many cities, like New York, London, Paris and more now have short-term bicycle or car-rental services (like Citi-Bike, ZipCar and more), that are much cheaper and easier than traditional rental agencies. And services like Bla-bla Car make it easy for people to share cars, so there are fewer cars on the road (which means less pollution). The Internet also makes it easier for people to buy second-hand items (on E-bay, Amazon and other sites), which reduces the need to manufacture new ones.

Help
- *to sort* trier
- *car-pooling* le covoiturage
- *to share* partager
- *second-hand* de deuxième main, d'occasion

- **Role of governments.** Governments can encourage sustainable-development policies and projects that also reinforce people's sense of belonging in their community.

Example. BedZED (Beddington Zero Energy Development) is an environmentally-friendly housing development or eco-village in London. It was designed to be carbon neutral in order to protect the environment and promote a more sustainable lifestyle. The 82 houses were built with recycled and local natural materials. They have solar panels and are well insulated to reduce energy consumption. Inhabitants are encouraged to recycle, to collect rainwater for plants, and to get around on foot, by bike or by bus. There are special parking spaces for electric cars.

Help
- *a housing development* un lotissement
- *an eco-village* un éco-quartier
- *to get around* se déplacer

Sustainable development (le développement durable)
Sustainable development is the idea of meeting our present needs in a way that will not compromise future generations' ability to meet their needs. In other words, producing what we need now without doing irreparable damage to the environment or society. Sustainable development includes economic development, social development and environmental protection.

- **Role of education.** Governments educate pupils to help them to become more environmentally conscious, or eco-aware.

Example. The Eden Project in Cornwall, England, is a botanical complex composed of two huge inflated plastic domes that house more than one million plants. One dome recreates a tropical environment, and the other a Mediterranean one. The goal of the domes, which are called biomes, is to educate the public about the interdependence of plants and people. More than 40,000 schoolchildren visit the complex every year.

- **Raising Awareness.** Living together in a more global world means trying to decrease inequality between nations. Many people in the developed nations have launched projects intended to help people in developing nations.

Example: The Oprah Winfrey Leadership Academy for Girls is a boarding school in South Africa. After visiting Nelson Mandela in 2000, Oprah Winfrey, an American talk-show host, promised to build a high school for academically gifted South African girls from disadvantaged backgrounds.

Help
- *awareness* la conscience
- *to launch* lancer
- *a boarding school* un pensionnat
- *a talk show host* un animateur d'émission de débat

- **Impact on language.** Globalization can also have a negative impact, such as contributing to the disappearance of some languages. Inversely, dialects such as "Hinglish" and "Spanglish" are emerging. They contribute to the evolution of the English language by incorporating vocabulary and grammar from other languages.

– Hinglish is a portmanteau word composed of "Hindi" and "English". The dialect, like its name, is a combination of the two. Hinglish is spoken by some Indians in India, where there are over 20 official languages, and by many Indian immigrants in the United Kingdom.

– Spanglish (portmanteau word of "Spanish" and "English") is used by Hispanics in the United States. It has been growing quickly because the Hispanic population is increasing rapidly.

Help
- *a portmanteau word* un mot-valise
- *Hispanic* hispanophone (ou d'origine sud-centre-Amérique)

● **Impact on consumers.** Going global favours consumer society. However an increasing number of people around the world are rejecting this model and trying to go back to more traditional ways of life and of production. Slow food and being a locavore (eating only locally produced food) are two ways to help preserve the planet and its natural resources. In order to get people to consume a little less, AdBusters, a Canada anti-consumerist group, launched an event called Buy Nothing Day.

Buy Nothing Day
This international day of protest against consumerism takes place on the last Saturday in November in Europe and on the last Friday in November in the United States. To raise people's awareness, various protest activities are held: credit card cut ups, protest marches, sit-ins and more.

● **Impact on social ties.** Because of globalization, actual social relationships can turn into virtual social links. Thanks to inventions by English-speaking scientists, there are more virtual daily interactions than in the past. Various social networks enable users to instant message with people all over the planet. Facebook is one of the best-known social networks.

Help
- *a tie, a link* un lien

Facebook
Mark Zuckerberg (1984 -) is the founder of Facebook, which he launched in 2004, when he was a student at Harvard. With over 1 billion (1,000,000,000) users, it is the largest social-networking site in the world.

2 The Notion of Citizenship in this Changing World

• **Citizenship** Being granted the citizenship of a state means being a member of a particular country and having rights because of it. A person may have multiple citizenships or may not have citizenship of any state. In that case, the person is said to be stateless.

• **Nationals and citizens** There is a difference between nationality and citizenship. As a citizen, a person has political rights as well as civil and social rights. Nationals are persons with the nationality of the country. It means that there were born in the country but it doesn't make them full citizens.

Help
- *stateless* apatride
- *to withdraw into oneself* se renfermer

• **Nationalism or a global world ?**There are two different trends. On the one hand, some citizens are withdrawing into themselves and it brings back a strong sense of nationalism. It is particularly true in the UK and other European countries. On the other hand, other citizens see the world as a global community.

A Global Citizenship

• **As the world is becoming more and more global**, some people feel they are global citizens rather than citizens of a particular state. The notion of identity is evolving. Identity is not related to borders and territories. It means being a citizen of a larger class: humanity.

• **Global citizens do not reject their nationalities or local identities.** Being a member of the world ranks first while local identities are given second place. Today the movement of Global Citizens is an active group whose aim is to gather 100 million people in the world to eradicate poverty by 2030.

B British Nationals

• **According to the British Nationality Law there are six classes of British Nationals**, two of them are still active today:

– British Citizens: they are from the United Kingdom, the Channel Islands, the Isle of Man, the Falkland Islands and the remaining British Overseas Territories.

– British Overseas Territories Citizens: they are from the British Overseas Territories and nearly all of them have been British Citizens since 2002.

- **The remaining four classes are called residual categories** because they are expected to lapse. These classes may choose to become British Citizens in order to avoid statelessness:

  – British Subjects: they were people from British India and the Republic of Ireland as it existed before 1949.

  – British Overseas Citizens: they are citizens from former colonies such as Malaysia or Kenya.

  – British Nationals Overseas: this class was created for people living in Hong Kong.

  – British Protected Persons: they come from former protectorates from the British Empire. They are not considered as British Nationals but are not aliens either.

- **Becoming a citizen** means passing the Life in the UK test, a general knowledge quiz on British culture, laws and history. The format of the test is being reviewed to consider the broader aim of citizenship policy. It is particularly important in the context of a post-Brexit Britain.

C National Supremacy and Brexit in the United Kingdom

- **Definition:** Brexit is a portemanteau word composed of British + Exit. It refers to the United Kingdom leaving the European Union.

- **History :**The Uk joined the EU in 1973. They are now leaving the EU following a public vote or referendum which was held on Thursday 23 June 2016, to decide whether the UK should leave or remain. Leave won by 52% to 48%. The referendum turnout was very high at 72%, with more than 30 million people voting. 17.4 million people opted for Brexit. Brexit was originally due to happen on 29 March 2019. Under Mrs May, the deadline was delayed twice after MPs rejected her Brexit deal – eventually pushing it to 31 October. Despite negotiating a revised deal, Prime Minister Boris Johnson missed the latest deadline and managed to make the EU agree to a further extension until 31 January. The latest extension came after MPs failed to pass the new Brexit deal into law.

- **Eurosceptics:** Brexit supporters are Eurosceptics. Some gathered and created a political party, the Brexit Party. This party is led by Nigel Farage and it has been very active since January 2019. The eurosceptic feeling has developed since the integration of the UK into the EU. The members think that the EU undermines national sovereignty and the nation state. They are also afraid of immigration.

KEY IDEAS

- Exchanges are becoming more and more internationalized. Globalization has advantages and disadvantages for industrialized countries as well as developing countries.
- The notion of territory is evolving. Historical events, such wars and as conflicts have made nations' territories evolve and they continue to do so.
- Architecture in public spaces shows the history of a country. Modern buildings contrast with older ones.
- Some citizens prefer opting for a more global vision of humanity.

Climate Change and Climate Refugees

The climate is an issue[1] that concerns people from around the globe. It is a subject for debate between all nations – large and small, rich and poor, developed and developing. Non-governmental organisations, like Greenpeace, also participate in the debate. Climate change was the subject of the COP 21 Conference in Paris in December, 2015. Former US Vice-President Al Gore (see biography page 196) is now the head of an NGO (non governmental organization) working to prevent climate change.

One important facet of climate change is global warming, the increase in the Earth's average surface temperature. Greenhouse gases[2] are the main cause of global warming, because they trap heat that would otherwise escape from the Earth atmosphere. Deforestation also contributes to global warming.

Melting ice caps and glaciers in the polar regions leads to changes in rainfall[3] (which can cause flooding[4] or droughts,[5] and contribute to forest fires). Global warming has also increased the likelihood[6] of extreme weather events (hurricanes, tornadoes and more). Other results include reduced biodiversity, the disappearance of many species of fish because of rising ocean temperatures; migration of tropical diseases, such as malaria; destruction of coral reefs[7], acidification of the oceans and more.

A climate refugee is a person who is obliged to migrate (to leave his or her home) because of one of the three major impacts of climate change: rising sea levels (some low-altitude islands have already disappeared, and others are threatened), extreme weather events, or drought and water scarcity[8]. There were 25 million climate refugees in the mid-1990s. Their numbers are expected to reach 200 million by 2050.

1. *an issue* une question, une problématique
2. *greenhouse gas* les gaz à effet de serre
3. *rainfall* les précipitations
4. *a flooding* une inondation
5. *the drought* la sécheresse
6. *likelihood* une probabilité, une chance
7. *coral reefs* des récifs de corail
8. *scarcity* la rareté, la pénurie

Zoom on the Surdabans

The Surdabans

The Sundarbans is a low-lying delta region with about 200 islands in the Bay of Bengal. Spanning 10,000 square kilometres in Bangladesh and India, the region is home to some 13 million impoverished people. Seas there are rising more than twice as fast as the global average.

Biographies

Theresa MAY (1956-)

She is a British politician who was Prime Minister and Leader of the Conservative party from 2016 to 2019. She became the second female Prime Minister and she was in charge of withdrawing the UK from the EU. She had to resign in July 2019 because she did not manage to lead Brexit negotiations with the EU. She was replaced by Boris Johnson.

Hugh EVANS (1983-)

He is an Australian humanitarian. He founded the Oak-Tree Foundation and Global Citizen, a global poverty project. He aims at increasing actions fighting against extreme poverty in the world.

Jesse ARREGUIN (1984-)

He is an American politician and has been the mayor of Berkeley, California since 2016. He is opposing Donald Trump's orders calling for the construction of a border wall. He feels concerned by climate change, drought, pollution and environmental disparities. He plans to achieve zero net energy consumption for new and existing buildings by 2050. Thanks to him Berkeley was the first city in the USA to allow homeowners to pay for solar power installation and equipment on their property taxes.

Nigel FARAGE (1964-)

He is a British politician and broadcaster. He has been leader of the Brexit Party since 2019. He is well-known for his eurosceptic feeling. He violently criticized the euro currency and the Maastricht Treaty.

Books and films

Two books

Under the Banner of Heaven,
Jon KRAKAUER (2004)
It is the story of a double homicide by Mormon Fundamentalists. The novel aims at driving the reader to draw a distinction between religion and fanaticism. Krakauer draws a clear distinction between law-abiding mainstream Mormons and fanatical Mormon fundamentalists. However, as he alternates between the history of Mormonism in the nineteenth century and contemporary cases Krakauer reveals a religion steeped in violence almost since its creation.

Gap year: A Detective's Story,
Sid COLTON (2015)
It tells the story of a retired detective who is bored with his new life. So as soon as he discovers that his friend's daughter has gone missing on her gap year, he decides to go and find her. The protagonist travels to Africa, encountering new challenges on his way and discovering that he misses both Scotland Yard and the British laws . For the first time in his life he is working outside his comfort zone. Solving this mystery is going to be tougher than he thought.

Two films

***The Last Tree,* Shola AMOO (2019)**
It is the story of a black Briton who is facing an identity crisis. It deals with uprooting and the feeling of belonging. Growing up with his foster mother in the rolling fields of rural Lincolnshire, Femi's young life seems as idyllic as the landscape. But when he returns to London to live with his birth mother, he begins to struggle with the culture and values of his new environment. As the years pass, he must decide which path to adulthood he wants to take and what it means to be a young black man in London during the early 2000s.

***Into the Wild,* Sean PENN (2007)**
It deals with a young and brilliant graduate, Christopher, who decides to abandon his past life since he is in total contradiction with the way of life his parents taught him . He then hiked throughout North America into the Alaskan wilderness trying to experiment a way of life that is closer to nature thus following what David Henry Thoreau advised. This true story happened in the 1990s.

Identities and Exchanges / Espaces et échanges

1 *Conflictual exchanges* / Les échanges conflictuels

fraught with danger	rempli de dangers	
to stir up violence	susciter / provoquer la violence	
to spark	provoquer	
to trigger off = to set off	déclencher	
to ignite	mettre le feu aux poudres	
an outbreak of violence	une vague de violence	*an upsurge of violence* un regain de violence
unrest	de l'agitation, des troubles	
a protest movement	un mouvement de protestation	*to set off protests* provoquer des manifestations
a riot / to riot	une émeute / manifester violemment	*a rioter* un émeutier
an uprising	un soulèvement /une révolte	
a demonstration	une manifestation	*to demonstrate* manifester
a demonstrator	un manifestant	
to hold a demonstration	organiser une manifestation	
to call a demonstration	appeler à manifester	
a gathering	un rassemblement	*to gather* rassembler
a mob / to mob	une foule / assièger, assaillir	*mob rule* la loi de la rue
to denounce	dénoncer	
to fear sth	craindre qqch	
to loot = to plunder	piller	
to ransack	saccager	syn: *to wreck, to vandalize*
to lead a country into war	plonger un pays dans la guerre	
armed struggle	un conflit armé	
to rise up against	se soulever contre	
to start a rebellion	déclencher une rébellion	
to set fire to…	mettre le feu à…	syn: *to set on fire…*

2 *Trade* / Les échanges commerciaux

to trade in sth	faire commerce de	
to do trade with	faire commerce avec	*to do business* faire des affaires

trade ties	les liens commerciaux	
to export	exporter	*exportation* l'exportation, le fait d'exporter *export (trade)* l'exportation (de produits) *an exporting country* un pays exportateur
to import	importer	*importation* l'importation, le fait d'importer *import (trade)* l'importation
to compete with	être en concurrence avec	*a competitor* un concurrent
free trade	le libre-échange	
protectionism	le protectionnisme	← syn : *managed trade*
customs	les douanes	
a tariff barrier	barrière douanière	← *a tariff barrier = a customs barrier*
to erect trade barriers	ériger des barrières douanières	
a trade dispute	un conflit commercial	
to impose trade sanctions against...	imposer des sanctions commerciales à l'encontre de...	
to embargo, to lift an embargo	décréter / lever un embargo	*a trade embargo* un embargo commercial
to blockade	faire le blocus	*a blockade* un blocus
fair trade	le commerce équitable	
to forge trading links	établir des liens commerciaux	

3 *Travelling* / Les voyages

a crossing	une traversée	
to set out	se mettre en route	*to hit the road* prendre la route
exoticism	le dépaysement	
travel gear	l'équipement de voyage	
to broaden your horizons	élargir son point de vue	*to change your horizons* changer d'horizon Peut se traduire par "les voyages forment la jeunesse".
to head (off) for...	se mettre en route pour...	
to stray off the beaten track	s'aventurer hors des sentiers battus	
to travel	voyager	← *a journey* un voyage *a trip* une excursion, un voyage
a route	un itinéraire	

CHAPITRE 3

Private Space, Public Space

Mots-clés

- ***a demonstration*** une manifestation
- ***an uprising*** un soulèvement, une révolte
- ***a spokesperson*** un porte-parole
- ***powerful*** puissant
- ***to impose one's will*** imposer sa volonté
- ***to give orders*** donner des ordres
- ***to intermingle*** s'entremêler
- ***private sphere*** espace privé
- ***public sphere*** espace public

LES IDÉES ESSENTIELLES

- Les rôles évoluent au sein de la famille et de la société.
- La notion de bureau change : du bureau d'entreprise au domicile.
- L'opinion publique prend de l'espace dans les institutions publiques.

→ p. 154

1 Evolution of the Family

Young people used to look up to their parents and other relatives (aunts and uncles, grandparents or even great-grandparents) as examples to follow. But the nuclear family (i.e a family consisting of two parents and their children) has evolved and a family may also be a single-parent family, an extended family or a stepfamily.

Help
- *the nuclear family* famille nucléaire
- *the single-parent family* famille mono-parentale
- *the extended family* famille élargie
- *the stepfamily, the blended family* la famille recomposée

A Role of the Woman at Home and at Work

- **Before:** the private sphere was long considered as women's proper place whereas men were supposed to belong to the public sphere. Thus gender roles separated men and women. Women were in charge of the family and the home while men were responsible for politics or the economic world. This vision of the two separate spheres dominated in Europe or the USA until the nineteenth century.
- **Today:** the role of women has changed significantly and for better. They have attained success in every field, whether it is sports, politics or academics. With the encouragement of co-education, women are now marching side by side with men. The role of women has changed tremendously . From housewives to CEOs, the transition can be seen at an accelerating rate.

Help
- *a housewife* femme au foyer
- *a CEO (Chief Executive Officer)* PDG

B The Home

- **A person's home can be an important facet of their identity and sense of belonging.** Sometimes, people choose to live near people who share a similar cultural identity. Other times, where you are from may define your identity. Your home can be in an urban, suburban or rural area. Urban areas are located in cities. Suburban areas are located around and on the outskirts of cities. They have lower population density and can sometimes be quite green. Many suburban areas are called commuter towns, because the people who live there commute to and from work in the nearby city every day. Rural areas are well-off cities. They are sparsely populated; their inhabitants live in small towns or on farms.

Help
- *the outskirts* la périphérie
- *a commuter town* une cité-dortoir *(also called bedroom suburbs in the USA)*
- *to commute* faire la navette entre son domicile et son travail
- *a commute* le trajet quotidien entre son domicile et son travail
- *sparsely populated* faiblement peuplé

- **From ghettos to gated communities.** Many areas become associated with specific ethnic communities. A ghetto is a neighbourhood that people may not be able to leave (because they can't afford to go or don't feel welcome elsewhere). A gated community, on the other hand, is an exclusive residence where non-residents may not enter.

Gated communities

These residential communities are surrounded by walls or fences, and have guard boxes at the entrances. Some of these communities are like country clubs, others seem more like inaccessible fortresses. The richer the community is, the more luxurious the facilities (équipements, aménagements) are. These may include tennis courts, swimming pools, golf courses or a marina. In places like South Africa, gated communities have been developed to protect residents from high levels of violent crime. However, they can lead to a suspicious mind-set (mentalité) and the assumption (supposition) that all non-residents are potential criminals.

- **Some areas**, like parts of Florida, promote gated communities, but others discourage it, in order to encourage an ethnical, cultural and social melting-pot.

  Example. Unfortunately, the City of Chicago has a long history of exclusion and of discrimination against minorities and immigrants. So in 2011, the city's Mayor, Rahm Emmanuel, created the Office of New Americans, to "make Chicago the most immigrant-friendly city in the world." The Mayor appointed Adolfo Hernandez, the son of Mexican immigrants, as the first Director of the Office. In 2013, the White House recognized Hernandez as a "champion of change."

- **Working at home:** With the development of virtual workplaces, the home is becoming a public space for many female and male workers. In the UK, almost 10% of workers are teleworkers. It means that they work from home at least one day a week. A new generation of workers is developing; the freE workers. It deals with workers who spend a long time out of the office, because they choose to work at home, but also because they don't use their office as their primary work-base. They work in any place connected to WiFi to turn this place into their office. In the UK, there were 46% FreE workers in 2005 and this figure is expected to reach 80% by the year 2020. The UK is indeed the most advanced country due to flexible practices, longer working hours and the rapid development of broadband technology.

Help
- *teleworker* télétravailleur
- *broadband* haut débit

COURS

2 Emblematic Institutions of Power

A Institutions of Power in the United Kingdom

• **The United Kingdom is a constitutional monarchy**. That means the kingdom is ruled by a monarch whose powers are controlled by constitutional laws. The monarch is essentially a ceremonial figurehead, the person who symbolizes the nation's history. The United Kingdom is actually governed by a bicameral Parliament, composed of **the House of Lords** and **the House of Commons**. Nevertheless, the British armed forces swear allegiance to the monarch and not to the Government.

• **The House of Commons** consists of 650 elected **Members of Parliament** (usually referred to as MPs), whose main role is **to write and propose new laws**. Each constituency has one MP, who is elected in a single day of voting. There are no primary elections, no first and second rounds: the candidate with the most votes is the winner, in what is known as a "first-past-the-post" voting system. Once elected, MPs serve for a maximum of five years, until the next election, although the government can (and often does) call elections shortly before the end of the five-year period.

Help
- *a figurehead* un chef de file
- *bicameral* à deux chambres
- *a constituency* une circonscription

• **Once in the House of Commons**, MPs are not addressed by their names, but as the "Honourable Member for + name of constituency". They are presided over by the Speaker who must drop his/her party affiliation once elected. Almost all MPs are members of one of three largest political parties.

Did you know?
Labour and the Conservatives are the two largest parties, and the Liberal Democrats (or "Lib-Dems") are the third.

• Historically, **The House of Lords** was made up of 26 Lords Spiritual (bishops in the Church of England) and hundreds of Lords Temporal. The latter were members of the British upper classes, who passed their hereditary peerage, or seat in the Lords, from father to son (or in some cases, daughter, if the peer had no son). Since the beginning of the 21st century, however, the vast majority of Lords are "life peers", appointed by the Monarch at the suggestion of the Prime Minister. They can retain their peerage for life, but cannot pass it on to their children. There are currently over 800 Lords, but their number varies depending on how many new Lords are appointed.

Help
- *a bishop* un évêque
- *peerage* les titres de noblesse
- *a peer* un dignitaire
- *to appoint* nommer (à un poste)

• The House of Lords cannot propose new laws, but **its role is to act as a counterweight for the House of Commons**. The Lords scrutinize any bills that have been voted by the Commons. In order to become law, all bills must be considered by both houses. Therefore, the Lords have the power to veto or delay any bill proposed by the House of Commons. Both Houses meet in the **Palace of Westminster**, in central London.

Help
- *a counterweight* un contrepoids
- *to scrutinize* examiner minutieusement
- *a bill* un projet de loi

• ***Number 10, Downing Street* is the office of the Prime Minister** (PM, not to be confused with MP) and of his or her Cabinet. Members of the PM's Cabinet are generally called Secretary of State for … (Education, Agriculture, etc.) It is also the Prime Minister's residence. The Prime Minister is not elected directly by the people, but by the House of Commons: he or she is the leader of the political party that holds the most seats in that House. Downing Street is a small street located near both Westminster Palace and Buckingham Palace.

Did you know?
The Palace of Westminster is famous for its clock tower, Big Ben.

• **Buckingham Palace has been the official London residence of Britain's sovereigns since 1837**. It is also the monarch's administrative headquarters. The Palace has 775 rooms, including reception rooms, offices, bedrooms and almost 80 bathrooms!

• **The British monarch passes the crown** to his or her heir upon death. Currently, Queen Elizabeth II's heir apparent is her eldest son, Prince Charles. When Charles becomes King, his heir apparent will probably be his eldest son, Prince William. In the past, males had precedence over females, so a woman could only become Queen if she had no brothers. Now, however, the monarch's oldest child – male or female – becomes the heir apparent.

Help
- *an heir* un héritier
- *an heir apparent (the person who is next in line to become the Monarch* l'héritier présomptif
- *to sack* limoger, virer

• **Nowadays, the monarch's role is purely ceremonial**. Parliament has almost all actual political power. The switch to a constitutional monarchy started in 1714, when King George I came to the throne. He came from a German family and wasn't interested in British politics. In fact, he didn't even speak English! So the Prime Minister began to administer Britain and its empire.

• **Theoretically**, Queen Elizabeth has the power to veto any act of Parliament, to refuse a nominated Prime Minister or to sack a Prime Minister. In practice, British monarchs never do anything like that. It would be extremely controversial if they did, because they would be challenging the will of the people as it was expressed in elections.

B The Government of the USA

- **The USA is a federal republic of 50 states**. The Government is made up of various institutions that share powers to prevent any individual or group from gaining too much control. Power is divided into three tiers of local, state and national government. At the national level, the Government is composed of three branches: the legislative, executive and judicial branches. These divisions were established to create a system of checks and balances.

> **Help**
> ■ *a tier* un niveau
> ■ *checks and balances* freins et contrepoids

- **Congress**, a bicameral body composed of the **Senate** and the **House of Representatives**, is the **legislative branch** of the US federal government. Its role is to propose new national laws and modify existing ones, and to control the national budget.

> **Did you know?**
> Congress is located in the **Capitol** building, in Washington DC, a territory that is not part of any of the 50 states.

- **Members of Congress are elected by the people of the state they represent**. There are 435 members in the House of Representatives. The number of Representatives is proportionate to the state's population. The number of Representatives is adjusted every 10 years, after a national census, in order to reflect changes in population. There are, however, just 100 Senators (elected members of the US Senate), two from each state, whatever the state's population. This ensures that smaller states will still have some influence.

- **Each of the 50 American states** has many of the powers that belong to national governments in Europe. The age that you can obtain a driver's license, the existence of the death penalty, the legality of cannabis, and many other decisions, are made by each state legislator. So there are many important legal differences between states.

> **Help**
> ■ *a driver's license* un permis de conduire

- **The executive branch enforces the laws of the country.** It is made up of **the President, the Vice-President and the Cabinet.** Members of the Cabinet include the Secretary of the Treasury, of Education, etc. **The White House, in Washington, DC, is the office and the official residence of the President of the United States** (often called "POTUS"). The President is Head of State and Commander in Chief of the military. He negotiates international treaties, and signs or vetoes bills passed by Congress so that they do or do not become law.

- **Because of America's superpower status**, the President of the United States is often described as the most powerful person on Earth. The President and Vice-President are elected for a four-year term, and cannot serve more than two terms. Presidential candidates run on a

> **Help**
> ■ *a term* un mandat
> ■ *to run* ici, se présenter, être candidat

"ticket" together with a candidate for Vice-President. Voters must choose a ticket; they can't select a presidential candidate from one ticket and a vice-presidential candidate from a different one.

● **The presidential-election system is complicated.** First, the two main parties, the Democrats and the Republicans, have separate elections in each state. These elections, called "primaries", are to choose each party's candidate. Then, on the first Tuesday in November of leap years, the whole country votes to elect the president. But the election is not "one person, one vote." People all over the country vote the same day, but then the votes are added up by state, in a system called an Electoral College. In the Electoral College, each state has as many votes as it has Representatives and Senators in Congress. Whichever candidate wins the popular election (one person, one vote) in each state gets all of that state's electoral-college votes. So it is possible for a candidate to lose the popular vote (i.e. get a smaller number of votes from individual people) and still become president, because he or she won in states with large numbers of electoral-college votes, like California, Texas, New York and Florida (See biography of Al Gore, p. 196).

Help

■ *a leap year* une année bisextile

COURS

● **The judicial branch** interprets the laws passed by Congress. It includes the **Supreme Court** and the **Lower Federal Courts**. The Supreme Court has nine judges, called Justices, who are appointed for life (unless they retire).

● **The Pentagon is the headquarters of the Department of Defense**. The name comes from the building's five-sided shape. It is located in Arlington County, Virginia. The Department of Defense is composed of three branches: Army, Navy and Air Force. All three branches are under the authority of the Secretary of Defense, who is part of the President's Cabinet.

3 The Media and Public Opinion

A The Fourth Estate: the Press

● **Like in the USA today**, with its three branches of government (see above), societies and governments have often been organised into three parts, which can also be called *estates*. When a group that is outside of the three official divisions acquires a lot of influence, it can be referred to as the "Fourth Estate". Nowadays, the term usually refers to the press or the media.

● **Watergate is the name of a political scandal in the USA in the 1970s.** It led to President Nixon becoming the first, and so far only, American president to resign from office. It is one of the best-known examples of the power of the "Fourth Estate". Watergate is the name of the hotel in Washington where the scandal started. The Republican Party was caught spying on their opponents, the Democrats. President Nixon, a Republican, was accused of trying to cover up the incident of lying about his knowledge of it. For two years, the press searched for information implicating Nixon. In 1974, he resigned before he could be impeached. The 1976 film *All the President's Men* stars Robert Redford and Dustin Hoffman as the investigative journalists who brought down a president.

Help
- *to resign* donner sa démission
- *an opponent* un opposant
- *to cover up* enterrer (un scandale), cacher
- *to impeach* entamer la procédure d'*impeachment*. C'est une procédure de mise en accusation, qui peut aboutir à la démission du président.

● **McCarthyism, witch hunts and media manipulation.** ***Joe McCarthy (1908-1957)*** was a Senator from the state of Wisconsin. During the early 1950s, Senator McCarthy exploited the media. With very little evidence, he got them to accuse tens of thousands of Americans of being spies for the Soviet Union. Anyone who had been a member of the Communist Party, or who had friends who were, was immediately suspected. Jews and homosexuals were also often targets of McCarthy-era "witch hunts".

● **More than 10.000 people lost their jobs**, just on suspicion of being Communist sympathizers. Blacklists were created, and it was very difficult to find work for people who were blacklisted. This created a **climate of fear** all over America, particularly amongst government officials, teachers and people who worked in Hollywood, three particular targets of McCarthyism. When McCarthy accused the military, too, the Army defended itself during a Senate investigation. In 1954, the Senate found that McCarthy's accusations were generally unfounded, and Senator McCarthy was condemned for "actions that dishonour the Senate"; the McCarthy era had ended.

Help
- *a witch hunt* une chasse aux sorcières
- *to exploit* instrumentaliser
- *evidence* un indice, une preuve
- *Jew (n.), Jewish (adj.)* juif
- *a blacklist* une liste noire
- *unfounded* sans fondement

● **The terms "McCarthyism" and "witch hunt"** still refer to mass, unfounded accusations that are intended to restrict political debate.

B Public Opinion and Citizenship

- **Public opinion** plays an important role in many societies today, because it favours democracy. The press can have an important role in influencing public opinion.
- **Reporters without Borders** (RWB) is a non-profit organization (founded in France in 1985) that defends freedom of information and of the press. The organisation, which has consultant status at the United Nations, believes that freedom of information is the foundation of any democracy. With a network of 150 correspondents around the world, RWB fights against censorship (including Internet censorship) and assists journalists who are being persecuted for providing information to the public. Every year, this includes approximately 500 journalists who are arrested; 1,000 who are assaulted and 500 media outlets that are censored.

> **Help**
> - *censorship* la censure
> - *to assault* agresser physiquement
> - *media outlet* media, organe de presse

- **Civil disobedience** is non-violent political action that involves breaking or refusing to obey certain laws (by forming a peaceful blockade or entering a public place illegally) for example. Civil disobedience actions performed to influence public opinion and lead to a change in the laws.
- **Some examples of civil disobedience:**

  – **The Salt March**. On March 12, 1930 in India, which was then a British colony, Mahatma Gandhi led a 400-kilometre march to the sea in protest of the British monopoly on salt. Indians were not allowed to sell salt, an essential mineral. So they had to buy it from the British, who taxed it heavily. Gandhi's idea was to walk to the coast and gather natural salt from rocks there. He began his march with 78 followers; it ended a month later with thousands of people. Many of the protestors were arrested, and Gandhi spent several months in jail, but when he came out, he had become a national symbol of resistance to colonisation.

  – **Anti-Vietnam War activists** performed civil disobedience in many American cities. In the late 1960s and 1970s, to protest against America's involvement into the Vietnam War, more than 30,000 young American men burned their draft cards or returned them to the government. Others deserted by moving to Canada or to Western Europe.

  – **Al Gore** (see his biography p. 196) urged people to perform civil disobedience to raise awareness of climate change and global warming among the American population. In 2008, students tried to stop the

> **Help**
> - *a jail* une prison
> - *a draft card* un ordre d'incorporation
> - *to urge somebody* pousser à, conseiller vivement

construction of coal plants. Then, in 2009, Greenpeace activists blocked the gates of the coal plant that provided power the Congress building.

- **See other examples** of civil-disobedience, against Jim Crow laws in the southern USA and apartheid in South Africa, below.

C The Haters

- **Definition:**The word was first used by Will Smith in 1997 to describe persons who cannot be happy for another person's success. So as they cannot be happy, they spend all their energy to point a flaw in that person. Many celebrities are suffering from haters' attacks on social networks. Their haters are not jealous of them. They want to knock them down.

Help

- *a hater* personne négative ou critique

- **Two examples :**One of the best examples of haters in American society are the Birthers or the Tea Party activists who relentlessly expressed their hostility towards President Obama. During his campaign in 2008 and throughout his presidency, Barack Obama faced numerous attacks. The most important one was about his birthplace. The Birthers argued that he was not a natural-born citizen of the United States as required by article 2 of the constitution. Obama was forced to show his birth certificate to prove he was legitimate. The Tea Party activists tried to knock his image down. They released photomontages showing Barack Obama in a hut or looking like a chimpanzee.

Tea Party Movement
A political movement within the Republican Party. It was launched in 2009 by several conservative activists to protest against the Obama administration. They chose their name referring to the Boston Tea Party of December 16, 1773, a step in the American Revolution.

Birtherism
A movement in the United States that doubts or denies that President Obama is a natural-born American citizen, thus implying he is ineligible to be President.

KEY IDEAS

- Roles are now less related to gender.
- Teleworking is developing and the home is becoming the new work-base.
- Private sphere and public sphere are intermingling.

Women's Suffrage

Around the world, women have had to fight for equal rights with men. These rights include the right to an education, to travel alone, to drive a car or ride a bicycle, to work outside the home and to receive equal pay for equal work, to be able to marry freely, without force, and to obtain a divorce, to choose to have children or not and many others… But one of the most basic rights women around the world have demanded is **suffrage, the right to vote and to be elected** to political office.

1. New Zealand comes first

- Women in English-speaking countries were among the first to obtain suffrage.
- Although some women in Finland, Sweden and Australia had been able to vote in specific circumstances – local elections only, or women with specific jobs only – **all women in New Zealand were able to vote in a Parliamentary election in 1893**. This made them the first women in the world to vote on an equal basis with men.
- New Zealand women had demanded suffrage in a petition to Parliament signed by 32,000 women – more than one quarter of the adult female population. The petition had travelled around the country collecting signatures, despite the fact that at the time, New Zealand was very rural, and transportation was difficult.

2. British Suffragettes

- Probably the most famous women's suffrage movement was **in Britain in the early 1900s**. When **Emmeline Pankhurst** first formed an organisation to demand women's suffrage, the public was against the idea. People were shocked by the "**Suffragettes**" bold[1], unladylike tactics: shouting at politicians during meetings, trying to force entry in the House of Commons, breaking windows on public buildings, etc. Many Suffragettes were arrested and put in prison, where they went on hunger strikes[2] to protest their situation. In response, almost 1,000 were force-fed (food was forced into them in a violent and painful way). When the press began to publish articles about the violence against the Suffragettes, public opinion began to turn in their favour.
- In February, 1918, British women over the age of 30 finally won the right to vote. Ten years later, **in 1928**, the age was lowered to 21, the same as for men, **and British women had achieved equal suffrage**. In 1999, *Time* magazine named Emmeline Pankhurst as one of the 100 Most Important People of the 20th Century.

3. In other countries

- French women didn't get the right to vote until the end of World War II, in 1944; and not all Swiss women got it until 1971(although women in most cantons got it sooner). Turkey, where women's suffrage has existed since 1930, was well ahead of France and Switzerland. But in Saudi Arabia, where women are not allowed to drive, they were not able to vote until December 2015.

1. *bold* audacieux, intrépide 2. *a hunger strike* une grève de la faim

Biographies

Joseph MCCARTHY (1908-1957)

He was an American politician who served as a Senator from Wisconsin. He was the most visible public face in a period of tensions fueled by the Cold War. He was convinced that numerous Communist and Soviet spies had infiltrated several spheres in the United States: Federal Government, universities or film industry… His controversial practices were called « McCarthyism ».

Jack NILLES (1932-)

He is an American physicist and engineer, considered as the father of telecommuting, which is another word for teleworking. When he joined the University of Southern California, he coined the word « teleworking » and led a series of studies of the present and future impacts of information technology. In 1973 he founded the management consulting firm JALA International.

Hillary CLINTON (1947-)

She is an American politician, diplomat, lawyer, writer and public speaker. As First Lady of the United States, her private sphere came under public scrutiny during the Lewinsky Scandal. But she managed to maintain her marriage. She was elected as the first female Senator from New York in 2000 and 2006. She made two presidential runs but lost the presidential election to Republican opponent Donald Trump in 2016.

Sheryl SANDBERG (1969-)

She graduated from Harvard and worked in the US Department of the Treasury during the Clinton administration. In 2000 she moved to the Silicon Valley and worked for Google for seven years. She decided to change for Facebook where she has been COO (Chief Operating Officer) since 2008. With her two children, she succeeded in having both a private and public life. For many American women, she represents a model as she has ranked one of the 50 most powerful women in business several times.

Books and films

Two books

***Brave New World*, Aldous HUXLEY (1931)**

This novel takes place in the future, in the year 2540 "After Ford". The World State is a dictatorship. All human beings are divided into five castes, and the State uses hypnosis to condition them to be obedient members of society. But most people are happy, because they have lots of food and material goods. A few characters in the novel fight for their individuality, and demand "the right to be unhappy".

The Audacity of Hope, Barack OBAMA (2006)

It outlines Obama's political and spiritual beliefs, as well as his opinions on different aspects of American culture. In July 2004, Barack Obama electrified the Democratic National Convention with an address that spoke to Americans. One phrase in particular echoed listeners' minds as a reminder that for all the struggle to be found in our history as a nation, Americans have always been guided by a true optimism in the future, or what Obama called « the audacity of hope ».

Two films

***Good Night and Good Luck*, George CLOONEY (2005)**

This historical drama directed by George Clooney, who is better-known as an actor than a director, portrays the true story of the conflict between the respected TV journalist Edward R. Murrow and US Senator Joe McCarthy. The plot focuses on Murrow's efforts to show the damage McCarthy's anti-Communist "witch hunt" of the 1950s was doing to ordinary people. The journalist worked hard to expose the Senator's lies, despite pressure to stop from the show's sponsors. The film is in black and white, as a tribute to film and TV of that era. The film's title is the phrase Murrow used at the end of his program every night.

***Citizen Kane*, Orson WELLES (1941)**

It deals with the life and legacy of Charles Foster Kane whose career in the publishing world originally idealistic evolves in a ruthless pursuit of political power. The film is one of the first to have so many flashbacks. In a mansion in Florida, the elderly Charles Foster Kane is on his deathbed. Holding a snow globe, he utters a word, "Rosebud", and dies; the globe slips from his hand and smashes on the floor.

Private Space, Public Space / Espace privé, espace public

1 *Urban life* / L'environnement urbain

to urbanize	urbaniser	*urbanization* l'urbanisation
a dormitory = a bedroom community	une ville-dortoir	
a slum, a shanty town	un bidonville	
a boom town	une ville-champignon	
the inner city, the ghetto	les quartiers défavorisés du centre-ville	
suburbs	la banlieue	souvent plutôt riche dans les pays anglophones
outskirts	la périphérie	
council flats	des HLM	US : *the projects*
a hovel	un taudis	
squalid	sordide	
to crumble	tomber en ruines	
decrepit	délabré	
to fall into decay	se délabrer	
a vacant land	un terrain vague	
a dump	une décharge	*a fly dump* une décharge sauvage
to erect, to put up a building	construire un bâtiment	
to refurbish, to rehabilitate	rénover	
gentrification	la gentrification, l'embourgeoisement	lorsqu'un quartier défavorisé est réhabilité et commence à attirer des gens moins défavorisés
slum upgrading	la réhabilitation des ghettos	
suburbanization	l'extension des banlieues	
urban migration	l'exode rural	

2 *Politics* / La politique

a politician	un homme/une femme politique	
a policy	une politique	*foreign policy* la politique étrangère *domestic policy* la politique intérieure
to go into politics	entrer en politique	

a public servant	un fonctionnaire	*syn :* state employee
an office holder	un élu	
a statesman	un homme d'État	
a diplomat	un diplomate	
a head of state	un chef d'État	
a mayor	un maire	
town hall, city hall	la mairie	
to rise to the top	accéder au sommet	*to be promoted to a post* être promu à un poste
to be thrust into prominence	être projeté sur le devant de la scène	
to be power-hungry	avoir soif de pouvoir	
an outsider	un outsider, celui qui est donné perdant	
to seize power	s'emparer du pouvoir	

3 *Government* / Le gouvernement

the head of government	le chef du gouvernement	
the Prime Minister	le premier ministre	
a ministry	un ministère	US : *a department*
a minister	un ministre	
a junior minister	un secrétaire d'État	
to set up a government	former un gouvernement	
to appoint a minister/ cabinet member	nommer un ministre	
to enter the government	entrer au gouvernement	*syn :* to join the government
to vest power in	investir d'un pouvoir	
to rule	diriger	
to take a course of action	choisir une ligne de conduite	

4 *Dictatorship* / La dictature

a dictator	un dictateur
a tyrant	un tyran
totalitarian	totalitaire

LEXIQUE

to oppress	opprimer	
to be downtrodden	être opprimé	
to be under the sway of	être sous le joug de	
the rule of terror	le règne de la terreur	
coercive methods	des méthodes coercitives	
heavy-handed methods	des méthodes répressives	
censorship	la censure	*to censor* censurer
to indoctrinate	endoctriner	
to lead the country astray	amener le pays dans une mauvaise direction	
propaganda	la propagande	
abuse of power	l'abus de pouvoir	
to overthrow (a government, dictatorship, etc.)	renverser (un gouvernement, une dictature, etc.)	

5 *Scandals* / Les scandales

a scandal	un scandale	*a string of scandals* une série de scandales
to pin a scandal on sb	attribuer un scandale à qqn	
to bring out into the open	révéler au grand jour	*to blow the lid off* exposer au grand jour
a slush fund	une caisse noire	
influence peddling	le traffic d'influence	
a whistle-blower	un dénonciateur	*a whistle-blower* est qqn qui dénonce qqch de l'intérieur (d'une société, d'un ministère, etc.)
a rip-off	une arnaque	
to rip off	arnaquer	
to fleece	plumer	
dishonest	malhonnête	*dishonesty* la malhonnêteté
greedy	cupide	*greed* la cupidité
shady	louche, véreux	
disreputable	malhonnête	
untrustworthy	indigne de confiance	
deceitful	trompeur	
double-dealing	fourbe	
sly	sournois	

LEXIQUE

6 *The Press* / La presse

Fleet Street (UK)	les milieux de la presse londonienne	
a lead story	un article à la une	
a daily paper	un quotidien	
a scandal sheet	un journal à scandale	
a tabloid	un journal à sensation	
a press agency	une agence de presse	syn : *a news agency*
to inform	informer	
to spread a message	diffuser un message	*to convey a message* transmettre un message
to sensitize public opinion	sensibiliser l'opinion publique	
breaking news	une info de dernière minute, un flash info	
to scoop	publier en exclusivité	*a scoop* une exclusivité
to expose	révéler	
from reliable sources	de source sûre	
dependable	fiable	syn : *reliable*
to speak out against	s'élever contre	
to censor	censurer	
to gag the press	baillonner la presse	
to hush up a scandal	étouffer un scandale	
to suppress a paper	interdire un journal	
to curtail press freedom	limiter la liberté de la presse	
to infringe on liberties	empiéter sur les libertés	
to stand up for	défendre	
to warn	avertir	
to defy	braver, défier	
to blackmail	faire chanter	
to denounce	dénoncer	
to put pressure on sb	faire pression	
to weaken	affaiblir	
to gossip	raconter des ragots	*a gossip* une commère *gossip* des ragots
to slander	calomnier	

to bad-mouth (slang)	médire
to pry into sb's privacy	fouiller dans la vie privée de qqn
disclosure	révélation, divulgation
libel	diffamation
a rumour	une rumeur
to oust	forcer la démission
to overstate the case	exagérer les choses
a tycoon	un magnat de la presse

to play up dramatiser

CHAPITRE 4

Art and Power

Mots-clés

- ***duty of remembrance*** devoir de mémoire
- ***a work of art*** œuvre d'art
- ***an icon*** icône
- ***censorship*** censure
- ***to convey a message*** passer un message

LES IDÉES ESSENTIELLES

- L'art est une forme de pouvoir car les artistes peuvent s'exprimer librement dans leurs oeuvres.
- L'œuvre d'art peut permettre aux peuples d'accomplir un devoir de mémoire.
- Elle est manipulée par certains pouvoirs qui en font un outil de propagande.
- L'art est également une forme de contre pouvoir permettant à des groupes d'exprimer des opinions et de faire réagir les populations.

➔ p. 171

COURS

1 Art as a Form of Power

Art is considered as a form of power as artists don't depend on governments or other forms of power to create. When they aren't affected by censorship, they can say what they want through their works.

A Architectural Buildings as a Duty of Remembrance

1. The Statue of Liberty

- **The Statue of Liberty is a monument located on Liberty Island**, Upper New York Bay, south of Ellis Island in NewYork City. It was designed by French sculptor, Auguste Barthold and inaugurated in 1886 by President Cleveland. It is 305 feet tall (93 m). Originally it was a gift to the USA from the people of France. It represents a Roman goddess holding a torch and a legal tablet, on which the date of the American Declaration of Independence, July 4, 1776 is inscribed. In 1883 Emma Lazarus wrote her verses, *the New Colossus* and her verses perfectly matched with the symbol of the statue. That's why her verses were inscribed on the Statue of Liberty.
- **The statue was first called** « Liberty Enlightening the World » but it was rapidly shortened to the « Statue of Liberty ».
- **It played a major role in history** as it served as an icon of freedom to all immigrants arriving in America. Indeed the statue had a visual impact on the people aboard vessels entering New York's harbour. Today the statue symbolizes the universal yearning for human rights.

Help
- *to inscribe* inscrire, graver
- *a vessel* un navire

2. The Canadian National Vimy Memorial

- **A place in France.** The Canadian National Vimy Memorial is a Canadian monument site in France. It was built to honour the memory of Canadian Expeditionary Force members killed during World War I. The monument is set in the 100-hectare battlefield park. There happened the Battle of Vimy Ridge between April 9 and 12, 1917. This battle is still a Canadian national symbol of achievement and sacrifice.
- **Why was it built?** To remember the sacrifice, France ceded to Canada perpetual use of a portion of land on Vimy Ridge.That's why Canada built a battlefield and memorial park. Wartime tunnels, trenches, craters and unexploded ammunition are still present on the grounds

Help
- *a battlefield* champ de bataille
- *a ridge* crête
- *a trench* tranchée

of the site. The park was designed by architect Walter Seymour Allward. It was unveiled in 1936 by French President Albert Lebrun and King Edward VIII. To commemorate the 90th anniversary of the battle, Queen Elizabeth II rededicated the monument in April 2007.

Help
- *to unveil* dévoiler
- *staggering* impressionnant

- **Role of the memorial.** The Memorial plays an important role in Canada, France and Britain as it carries an enduring image of World War I and the war in general. Indeed Canadian losses during the Great War were staggering: 60,000 soldiers died and of those, 16,000 have no known grave.
- **Today** the Memorial is there to affirm that the sacrifices of the Canadian soldiers have contributed to universal peace and it recognizes the basic right of people to right and justice.

3. National September 11 Memorial & Museum

- **Facts:** During the September 11, 2001 attacks two airplanes hijacked by Al-Qaeda terrorists flew into the North and South towers of the World Trade Center in New York City. These attacks caused massive damage and fires on the skyscrapers. As a result the two towers collapsed. This place was then known as « Ground Zero » or the « Pile » referring to the rubble left after the buildings collapsed.
- **A museum:** After the site was cleaned up, the authorities decided to build the new One World Trade Center as well as the National September 11 Memorial & Museum. In 2011 Michael Bloomberg decided to retire the word « Ground Zero » to emphasize the importance of the museum.
- **A new World Trade Center**, also called **Freedom Tower**. It was built by architect David Childs and it was inaugurated in 2012. It is 1,776 feet high (941 m) and its height is a deliberate reference to the year the American Declaration of Independence was signed. One WTC is today the highest building in the USA.
- **Duty of remembrance.** The National September 11 Memorial & Museum commemorates the September 11, 2001 attacks and honours the memories of the 2,977 civilians and rescue operators who were killed. Architect Michael Arad designed a forest of swamp white oak trees with two square pools in the centre to mark the point where the two towers used to stand. On the tenth anniversary of the attacks, the authorities held a ceremony at the Memorial to commemorate the victims. And on the following day, the Memorial opened to the public. The Museum opened in May 2014 in the presence of Michael Bloomberg and Barack Obama.

Help
- *the rubble* décombres
- *swamp* marécage, marais
- *oak tree* chêne

B Propaganda and Patriotism

1. Art and Propaganda

● **Ideological art.** As people are usually suspicious of propaganda, some governments, such as Hitler's government for instance used art to coerce people into following them. Artists used their works to convey a message or push a political ideology. In that case, art is subordinate to brainwashing.

> **Help**
> ■ *to coerce somebody into doing something* contraindre qqn à faire qqc

● **Propaganda is often associated with the totalitarian regimes** of Hitler, Stalin or Chairman Mao. But in reality, propaganda has been around for centuries. For instance the Parthenon in Athens was built to praise the virtues of the Athenians at the expense of their enemies.

● **Art in war times.** More recently, art was also used in war times to convey a message to the population. The 1914 poster by Alfred Leete entitled « Lord Kitchener Wants You » is a masterful piece of wartime propaganda. It depicts Lord Kitchener, the British Secretary of State for War. The character is wearing the cap of a British Field Marshall and he stares and points at the viewers calling them to enlist in the British Army. The slogan « Lord Kitchener Wants You » was highly influential. Such posters were a driving force which helped to bring one million men into the Army. The day after its release, more than 300,000 volunteers enlisted. In the 1930s, Hitler's advisers used art to call the German people to arms and spread lies about the Jews. One of the most famous artists was Hans Schweitzer, known as « Moljnir ». He enhanced the German Army's strength by detecting an S.A man (assault division) next to a soldier. He presented Hitler as the population's last hope to go out from the Great Depression.

2. Patriotic Works in American Art: Two examples

● **Definition:** War propaganda posters were usually used as a way to manipulate human emotions by displaying facts selectively. However, it was also a means to change the attitude of the target audience toward a subject.

● **Norman Rockwell** used art to convey a message. Indeed his magazine covers highlighted the human aspect of the American war effort during World War II. His illustrations promoted war bonds and encouraged people to finance military expeditions and other expenditure in times of war. They also called for women to work and men to enlist. To do so, Rockwell employed themes of patriotism, work, love and family. In 1943 he painted a series of four oil paintings entitled the Four Freedoms. The paintings were called Freedom of

> **Help**
> ■ *a bond* une obligation

Speech, Freedom of Worship, Freedom from Want and Freedom for Fear. They refer to President Roosevelt's 1941 Four Freedoms State of the Union Address in which he identified the essential human rights that should be universally protected. The subject was incorporated into the Atlantic Charter and became a key part of the Charter of the United Nations.

- **Shepard Fairey**: is an American artist who created a series of posters supporting Barack Obama's presidential campaign of 2008. The most famous portrait is the « Hope » portrait which is considered the most efficient propaganda poster. The « Hope » poster was perpetuated illegally by the street artist. So it enabled the Obama Administration to decline to have any affiliation with it. To promote the « Hope » poster, Fairey printed 300, 000 posters and one million stickers.

C Censorship

- **What is it?** Initially the concept of censorship was to protect the viewers from disturbing images and videos, which could psychologically be damaging for both children and adults. The problem is, the purpose of art is to evoke emotion out of the audience, to import meaning into their minds and to be a free form of expression. For artists, censoring art is the equivalent of censoring a person' s own mind and preventing them to freely express themselves. Moreover, destroying a work permanently removes it from future generations.

- **Between 1737 and 1968**, the Lord Chamberlain had the right to veto the plays that were deemed indecent or that posed a threat to public order. Theatres could be prosecuted for performing work that had been refused a license. Banned plays included foe example Ibsen's *Ghosts* and *Mrs Warren's Profession* by George Bernard Shaw. In the 1960s a new generation of playwrights grew in popularity because they made the decision to use private clubs to show their works. It was a way of getting round the censor. Edward Bond's 1965 play *Saved* was staged this way and paved the way for the Theatres Act. But the new law didn't mean total artistic freedom.

> **Help**
> - *a playwright* dramaturge

- **One example abroad:** in India traditional censorship prevails. Even if the country is well-known for its cultural diversity, such as architecture, literature, and yoga poses, some subjects related to religion and sex are not welcome in art. Its strict censorship is based on British colonial rule. The violation of any religious sentiments is punishable by law and this law is still used today to censor or ban theatre performances, art exhibitions and books.

2 Art as a Form to Express Political Ideas

A Engaged Artists During the Vietnam War

● **Facts.** In 1955 the Vietnam war started and the origins of the conflict can be traced in the country's colonial past under the French siege. Indeed it was a war between North Vietnam, which was supported by the communist allies, and South Vietnam supported by the United States and other anti-communist countries. The Vietnam war lasted almost nineteen years with direct involvement from the United States.

● **A new way of acting.** The anti-Vietnam protests started happening increasingly during the mid-1960s. The young people demanded the American intervention end. Thus, by 1967, the majority of the American citizens perceived the US involvement as a mistake. This trend reflected on art too and a great number of artists reacted. As new images of the war scorched American culture, even artists who normally kept politics out of their work got into swing.

● **A new way of thinking.**The war in Vietnam influenced the shift from ideals of aesthetic purity toward a realm of shared conscience and civic action. However, among visual artists, there was no consensus about how best to address the war through art. Some sought in their work to raise political consciousness about the Vietnam War and thus, it was hoped, to help end it. Many others produced work to express their emotions toward the conflict.

● **An example:** Ad Reinhardt took a break from pure abstraction to create a screenprint of an airmail postcard addressed to the "War Chief, Washington, D.C. USA" demanding "No War, No Imperialism, No Murder, No Bombing, No Escalation…"

● **Another form of expression.** Artists also chose to sing to express their opinions and numerous singers composed and sang anti-war songs because they considered protest songs provided a window into the mood of the 1960s. This window was one of anger, alienation, and defiance. "Blowin' in the Wind" by Bob Dylan became possibly the most famous protest song ever, it is still today an iconic part of the Vietnam era.

Help

- *to raise political consciousness* éveiller les consciences politiques
- *a protest song* chanson engagée

B Woodstock Festival against Imperialism

- **What is it?** Woodstock Festival was a music festival which held between August 15 and August 18, 1969 on a dairy farm in Bethel, New York. It is still considered as a defining event for the counterculture (a way of life and attitudes opposed to the prevailing norms and standards) generation. It attracted an audience of more than 400,000 and there were thirty-two performances despite sporadic rain. An « Aquarian Experience: Three Days of Peace and Music » represents the most powerful evidence of union between rock and politics.
- **Who?**The Woodstock audience was diverse and a reflection of the rapidly-changing times. Some were hippies who felt alienated by a society steeped in materialism.

Help
- *steeped* enraciné

- **Spirit of the time** In 1969, the country was deep into the Vietnam War, a conflict that many young people from the audience vehemently opposed. It was also the era of the civil rights movement. So it was a period of great unrest and protest. That's why Woodstock was an opportunity for people to escape into music and spread a message of unity and peace.

C Protest songs against Apartheid in South Africa

- **The Apartheid regime in South Africa started in 1948 and ended in 1984.** It dealt with a system of racial segregation and white supremacy, which placed all political powers in the hands of a white minority.
- **Opposition to Apartheid took different forms**, including boycotts, non-violent protests and armed resistance. Music played a key role in the movement against Apartheid as it was a means to raise awareness, build a unity within the movement and introduce an alternative vision of culture in a future democratic South Africa. But anti-Apartheid music faced censorship from the government and singers or music bands faced threats, harassments and arrests.
- **Miriam Mabeka,** nicknamed Mama Africa, was a South-African singer who advocated against Apartheid. She immigrated to the USA where she had a successful career. Her most popular album was Pata, Pata. But she is well-known for her song « Soweto Blues » about the Soweto Uprising.
- **Musicians from other countries** also participated in the resistance to apartheid. Some chose to release music criticizing the South African government while others participated in a cultural boycott of South Africa from 1980 onward. In 1980 English rock musician

Did you know?
Apartheid comes from apart meaning separate and heid meaning hood in English. So Apartheid means separateness.

Peter Gabriel released « Biko », an anti-apartheid protest song. It was inspired by the death of the South African activist Steve Biko who died in police custody in 1977.

3 Art as a Form of Counter-Power

By conveying messages against the current power or against a government, art is a form of counter-power.

A Street Art

- **What is it ?** Street art is a form of visual art created in public locations. It is usually displayed on buildings, walls and fences, trains and other publicly viewed surfaces. Shoreditch is a London district where street artists are numerous. It used to be a sulfurous and poor district until the mid 1990s. Today city-dwellers as well as tourists can admire different works of art.
- **Examples :**

– **Stik** is a British graffiti artist who is known for painting large stick figures. He conveyed messages dealing with peace and freedom. Thus he collaborated with Amnesty International.

> **Help**
> - *a stick* bâton
> - *to hack* pirater

– **Clet Abraham**, the French street artist, hacks road signs all over Europe to protest against the world's order and conventions. It shows that street art is also a way of marking a territory and asserting an identity.

– **Bansky** is an anonymous English-based street artist who expresses his political ideas on streets, walls and bridges of cities throughout the world. To him graffiti is a form of underclass revenge. He insists on mocking centralized power. His works have dealt with various political and social subjects, such as anti-war, anti-consumerism, anti-imperialism… He is highly criticized by people who see his works as vandalism.

B Underground Culture

- **Underground culture is a movement depicting various alternative cultures.** The expression uses the word "underground" because it refers to the resistance movements who were compelled to respect the secrecy of their members.

– The Underground Literary Alliance is a group of writers based in Philadelphia, USA. They aim at exposing the corruption they see in the press and books. Tom Hendricks, Patrick Simonelli or Frank Walsh are writers of the ULA.

– Underground Comix are comic books which are often satirical or socially relevant. They were popular in the USA in the 1960s and in Britain in the 1970s. The « X » comes from the X-rated contents of the publications. They use subjects relating to counterculture themes, such as drug use, politics, rock music and free love.

C Artists Using their Art to Help Causes

• **George Clooney and Sudan.** In the early 2000s, a brutal conflict in western Sudan between the government and rebels led to the deaths of hundreds of thousands of Darfuris, with millions displaced as refugees. In 2004, the United States declared Sudan's actions a genocide. After that spike in attention and concern, the world has largely forgotten about Darfur. Actor George Clooney felt concerned and decided to put Darfur on the world stage. He raised money, garnered celebrity support and even addressed the UN to try draw attention to widespread atrocities in the region. In 2010 he launched the Sentinel Project to track human rights abuses by satellite and in 2012 he was arrested outside the Sudanese embassy in Washington DC. George Clooney in handcuffs hit the headlines and his image raised people's awareness all over the world.

Help
- *to garner* recueillir
- *handcuffs* menottes

• **Bono in Africa:** Paul David Hewson known as Bono is an Irish singer, song-writer and musician of the rock band U2. He is well-known for his activism for social justice causes. He campaigns for Africa and founded several non-profit organizations such as DATA or the One Campaign. He took part in numerous benefit concerns. But he also used his fame to meet influential politicians to make things change. To him Democrats or Republicans are influential politicians and he never refuses to call them on. That's why he managed to urge former President GW Bush or President Bill Clinton to react.

KEY IDEAS

- Art is a way for artists to express emotions and opinions.
- Their works may be seen as a form of power as well as a form of counter-power.
- Different authoritarian regimes tried to manipulate artists to convey their messages.
- Artists raise people's awareness and it may take various forms.

Bollywood

- **Bollywood is the Indian film industry based in Mumbai.** It is a portemanteau word composed of two words: Bombay (the former name of Mumbai) and Hollywood. It is one of the largest film productions in the world. In fact they managed to produce 364 films in 2017, which corresponds to 3.6 billion tickets sold worldwide. Bollywood films tend to use three different languages: Hindi, the Urdu dialect and more and more Hinglish.
- **Bollywood films are well-known for mixing different genres**, such a comedy, action, romance and songs and music. Strong melodies and family-centered romantic musicals keep luring a growing number of cinema-goers. Actors are increasingly popular. The three Khans: Aamir, Shah Rhuk and Salman have starred in the top ten highest-grossing Bollywood films.
- **The 2000s saw the emergence of a new genre**: Mumbai noir. It deals with urban films reflecting the city's social problems. Corruption, prostitution, religion, caste system are the new themes Bollywood is dealing with. People can identify with the story and its characters. Kaminey (2009) and Talaah (2012) talk about drugs, corrupted policemen and prostitution. However many Indian people are still keen on classic Bollywood films as they depict people's desired version of reality.
- **Indian society is very hierarchical** and even though the caste system was officially abolished in the 1950 constitution, discrimination according to caste continues nationwide. And even though society has become more open and tolerant since the beginning of the 1990s, with economic progress and educational advancement, it is not so simple for barriers between people with different backgrounds who love each other to be overcome as in the movies. Only a part of India's 1.2 billion population lives in urban centers such as Delhi, Mumbai, Kolkata or Chennai. In 2018, 85% percent of marriages were still arranged. Although in cities many marriages are love-based, they are still arranged by a couple's family. It is still very rare for Hindus, who make up 80 percent of the population, to marry Muslims who comprise 16 percent of Indians. Bollywood films such as "Bombay" (1995), "Gadar" (Revolt, 2001), "Veer Zaara" (2004) or "Jodhaa Akhbar" (2008) have broached these taboos. The Muslim stars Shah Rukh Khan and Saif Ali Khan are idols because they have married Hindu women in real life.

Hinglish
Hinglish is a portemanteau word of Hindi and English. It is a mixture of both languages in words and phrases. It is now spoken by 350 million people in urban areas of India. It is the fastest-growing language in the country. It was considered in the past as the language of the uneducated. But now it is the hippest slang in the street and multinational firms are now choosing Hindi for their ads.

REPÈRES

Biographies

Emma LAZARUS (1849-1887)

She was an American poet who also played the role of a spokesperson for the Jews. Emma Lazarus's work began appearing regularly in *Lippincott's Magazine* and *Scribner's Monthly*. In 1874 she published her first prose, *Alide: An Episode of Goethe's Life*. In the 1880s, the violent outbreak of anti-semitism in Russia made her decide to defend the Jews. Her faith of America as a haven for all the downtrodden people of the world is inscribed on the Statue of Liberty.

Walter SEYMOUR ALLWARD (1876-1955)

He was a Canadian sculptor well-knowned for heroic monuments such as the Canadian National Vimy Memorial or the South African War Memorial in Toronto. But one of his major works is the Bell Memorial commemorating Alexander Graham Bell's invention of telephone in Brantford, Ontario.

Norman ROCKWELL (1894-1978)

He was an American illustrator and painter. He was talented at a young age. In 1916, he created the first of 321 covers for *The Saturday Evening Post*. Norman Rockwell's American images were loved by the public, but not by critics. He created World War II posters and received the Presidential Medal of Freedom in 1977.

Michael ARAD (1969-)

He is an American-Israeli architect born in London. He won the competition to design the memorial in 2004 and thus became the designer of the World Trade Center Memorial.

Books and films

Two books

***Patrol, an American Soldier in Vietnam,* Walter Dean MYERS (2005)**

It deals with a young American soldier who joined the army at the onset of American involvement in Vietnam. He waits for his enemy, rifle in hand and finger on the trigger. He is afraid to move. When gunshots crackle in the still air, the soldier fires blindly into the distant trees at an unseen enemy. When he lost his brother, he totally changed his mind about the war.

***Mrs Warren's Profession*, George Bernard SHAW (1893)**

It is a play about a former prostitute who intends to come to terms with her disapproving daughter. This play deals with Shaw's view about prostitution. He considered it as an act of economic necessity and not an act of moral failure. It was originally banned by the Lord Chamberlain but Shaw managed to perform it in 1902.

Two films

***Woodstock,* Michael WADLEIGH (1970)**

It is a documentary film about Woodstock Festival. It was a commercial success and it received the Academy Award for Best Film Editing. There is a lot of music in the film. There are photographs of the performers, but it's not simply a music movie. It's a documentary about the society that formed itself at Woodstock showing how the musicians sang to it, the hog farm commune fed it and the Port-O-San man provided it with toilet facilities.

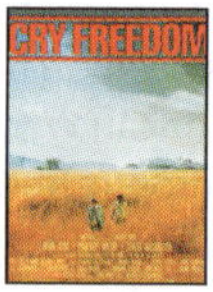

***Cry Freedom,* Richard ATTENBOROUGH (1987)**

It is a British-South African drama film. It tells the story of the real-life events which involved activist Steve Biko, an Afrikaaner, and his friend, a white journalist. Liberal journalist Donald Woods (Kevin Kline) seeks more information about the incident and ventures off to meet black activist Steve Biko (Denzel Washington). Biko has been officially banned by the South African government. Woods is opposed to Biko's banning, but remains critical of his political views.

Art and Power / Art et pouvoir

1 *Art* / art

a work of art	une oeuvre d'art	*an artwork*
the Old Masters	les grands peintres	
an antique	une antiquité	
to paint	peindre	*a painter* un peintre
to sketch	esquisser	*a sketch*
drawing	dessin	*pencil drawing* dessin au crayon
engraving	gravure	
a mural	une peinture murale	
a fresco	une fresque	*frescoes (plur.)*
a hue	une nuance	
a tint	une teinte	
to carve	sculpter	
to shape	façonner	
a fine arts museum	un musée des beaux arts	*an art institute*
to house a collection	abriter une collection	
to exhibit one's work	exposer ses oeuvres	
a curator	un conservateur de musée	
a donator	un donateur	*a patron* un mécène
an art critic	un critique d'art	*art criticism*
an art gallery	une galerie d'art	
a daub	une croûte	*a fake* un faux
an auction house	maison des ventes	*an auction room* salle des ventes
an auction sale	vente aux enchères	*to sell by auction*
an auctioneer	un commissaire-priseur	

2 *Cinema* / cinéma

a talkie	un film parlant	*a sound film*
a full-length film	un long-métrage	*a short* un court-métrage
a trailer	bande-annonce	
an epic	un film à grand spectacle	
a blockbuster	une superproduction	*a mammoth production*

a box office success	un film à succès	
a flop	un échec	*a dud* une nullité
a lousy film	un navet	
censorship	la censure	
a movie-goer	un cinéphile	*a cinema-goer*
to watch a film	voir un film	*to screen a film*
box office pull	l'attrait pour un film	
to produce a film	produire un film	*a production house*
the majors	les grands studios	
to release a film	sortir un film	
to feature in a film	jouer dans un film	*to play in a film*
a starring role	un rôle principal	*a star part*
a supporting actor	un second rôle	*an extra* figurant
a stand-in	doublure	*an understudy*
a stuntman	cascadeur	*a stunt* une cascade
to impersonate a character	incarner un personnage	
to play the villain	jouer le rôle du méchant	
a film director	metteur en scène	*a film maker* cinéaste
props	accessoires de cinéma	
to shoot on location	tourner en extérieur	*to shoot in the studio* tourner en studio
a take	une prise de vue	*a shot*
a pan shot	un plan panoramique	*a medium close shot* un plan américain
a long shot	un plan d'ensemble	
a high-angle shot	une plongée	*a low-angle shot* une contre-plongée
a close shot	plan rapproché	*a distance shot* un plan éloigné
a freeze shot	un arrêt sur image	
to assemble a film	faire le montage	*A film editor* un monteur
the soundtrack	bande sonore	
an opening night	une première	
a film festival	un festival de cinéma	*a film award* une récompense cinématographique
a prize winner	un film primé	

CHAPITRE 5

Citizenship and Virtual Worlds

Mots-clés

- ***networking*** mise en réseau
- ***offline / online*** hors-ligne / en ligne
- ***a hoax*** canular
- ***a metaverse*** un univers virtuel
- ***a nerd un crack*** / as en informatique
- ***a vw = a virtual world*** un monde virtuel
- ***vr = virtual reality*** réalité virtuelle

LES IDÉES ESSENTIELLES

- La mondialisation transforme la notion de citoyenneté et de territoire.
- Dans les mondes virtuels, il est facile de changer d'identité.
- Les mondes virtuels peuvent aider les individus à combattre l'anxiété.

➔ p. 181

Citizenship is one of the key battlegrounds of the twenty-first century. In fact, the concept of citizenship in the nineteenth and twentieth centuries was linked to the building of the nation. But it is now problematic in a more globalized world. Young people are developing their personal identities through family, friends and cultural and religious inheritance. However, in a world that increasingly operates online, their physical territories or roots are transformed into virtual territories.

1 Means of Communication

• **Mobile phones and the Internet** have transformed communication and information sharing in the past twenty years. We can now communicate (by voice, video or text) and share or search for images and information almost instantly. Mobile phones, laptop computers and tablets have increased access to Internet services like Skype (for video calls) and social networks such as Facebook, Twitter and WhatsApp by allowing people to have internet-connected devices available at all times.

Help

- *a laptop computer* un ordinateur portable
- *to be aware of* être conscient de

• **Future means of communication.** Massachusetts Institute of Technology (MIT), a prestigious research institution that has made many important contributions to technical progress, is currently working on 3D video calls, which could enable people to see 3D images of the people they are talking to. Google Glass is a project being developed by Internet giant Google. It is a prototype of a personal computer that you can wear like a pair of glasses. Because of the high price (more than $1,500) and concerns about privacy issues (Google Glass could film people without their being aware of it), the original Google Glass was not very successful: launched in May, 2014, Google stopped selling it after less than a year. Nevertheless, Google is still committed to the project, and intends to launch a new version in the future.

2 The Power of Digital transformation

• **Digital plays a major role in our everyday life.** Most of our time is spent on accessing multiple electronic devices and the Internet. People's lives are split into two components: the real life and the virtual world. Little by little, the virtual world is substituting elements from our real life.

- **New citizens.** Citizens are now digital citizens of a global digital country where communities are populated by virtual personalities and see identities and nationalities gradually disappear.
- **Unreal celebrities.** Instagram's virtual celebrities like Shudu are fascinating the world. They are gorgeous, popular and sought-after by brands. But they aren't real. They are digitally created.

> **Shudu**
> Shudu is a digitally-created model on Instagram with more than 190,000 followers. When she appeared in 2018, she immediately attracted followers because of her flawless beauty. Even if she is the computer-generated creation of British photographer Cameron-James Wilson, she has become an influencer and fashion brands use her as a powerful and lucrative tool.

- **Understanding the difference:** As virtual creations are becoming more and more real, distinction between what is real and what is fake will become harder to discern.

3 A Computer-Based Online Community

- **In a virtual world**, users interact with each other in a simulated world. They use and control two-dimensional or three-dimensional avatars.
- **Virtual worlds are built for entertainment** as well as social or educational training. They depict a world which is very similar to reality. In every virtual world, there are real-world rules and users act and communicate in real time. This is different from a video game because it doesn't aim at defeating all the level bosses and winning the game. In a virtual world, users who usually wear virtual reality head-mounted displays intend to participate in the world, gaining experience and status.

> **Help**
> ■ *reality head-mounted displays* casque de réalité virtuelle

> **Virtual worlds**
> • **Entertainment-based virtual worlds:** multiplayer 3-D games influenced by fantasy or science fiction (ex: World of Warcraft, Everquest, the Sims online…)
> • **Education-based virtual worlds:** users explore new landscapes, play adventurous sports or take part in political debates (ex: Wide Open World, Out of This World…)

- **Using school-education virtual worlds is questionable.** The virtual classroom is an online space designed for learning. It helps live teaching, either one-to-one or for a group. One advantage of the virtual classroom is it fulfills the needs of teachers and pupils. They can explore a wide range of learning materials and videos.

4 Evolution of the Behaviour

A From Fiction to Internet

• **The development of virtual** worlds has started with the text-based, offline role playing games, created on the basis of the different works of fiction, such as Tolkien's books and ideas of world building for instance. The first text-based interactive computer game appeared in 1970. It was the Colossal Cave Adventure with real-time interactive computer games called MUDs (Multi-User Dungeon) appearing by the end of the 1970s.

• **Virtual worlds are fascinating people** because they manage to create states of the human existence which do not exist, that is to say are not real but do appear to be real from the point of view of the player. They are created with important features such as environmental attributes, interactivity and participation of multiple individuals. Players adopt a specific role and compete to achieve certain defined goals. In the society, the roles and the goals are less defined.

C Ethical behaviour

• **Negative point:** Unlike other forms of media, virtual reality can create a world in which the user's environment is only determined by the creators of the virtual world. The creators are able to make players feel fake social links induced by advanced avatar technology. Unlike our environment, virtual environments can be modified quickly and easily with the goal of influencing the players' behaviours.

• **Positive point:** Today, virtual worlds enable realistic, interactive experiences that do not exist in the real world: We can experience a plane taking off without being there, self-reflect and answer critical questions in an interview setting, or even inhabit the body of a flying superhero. Diving into virtual worlds can influence attitudes and behaviours but will not be stopped in the future. Indeed virtual worlds may have positive effects – for example, combating anxiety. Virtual worlds can reduce fears and possibly depression, promoting aid and environmental behaviours. But we may wonder if it is at all possible to make significant long-term changes to ourselves, training a desired behaviour through the use of data goggles. We can imagine that in the future, every situation will be displayed in all details in virtual reality and trained with data glasses.

KEY IDEAS

- The user's environment is built by the creator of the virtual world. It may influence the user's behaviour.
- The virtual world will keep developing in the future to treat anxiety or depression for instance.
- The notion of citizenship and identity is evolving because of virtual worlds.

Cyber Monday vs Buy Nothing Day

● **Black Friday** is the day after the American holiday of Thanksgiving, which is celebrated on the fourth Thursday of November. Because it is a holiday in the United States, it has long been a popular day for consumers to start shopping for Christmas.

● Over the last 20 years big retailers have started to offer discounts and bargains on this day, and it has become more and more popular. American people spend billions of dollars between Black Friday and **Cyber Monday** (the Monday after Thanksgiving, when people often buy more online). The idea of Black Friday has also spread around the world. But some people feel that events like Black Friday encourage people to buy things that they don't really need and can't afford. Many people seem to completely lose control of both their spending and their tempers. Besides Black Friday is bad for small shopkeepers, who cannot afford to offer the kinds of price cuts that the big companies can.

● Cyber Monday was created by retailers in 2005. It was a marketing strategy to make people shop online. And it worked well since it quickly became the biggest online shopping day of the year. They chose the Monday after Thanksgiving because retailers had observed that millions of working Americans, after their Thanksgiving week-end were returning to high-speed connections at work. Being at work enabled them to buy online what they liked. At the time Internet connections at home were slow. Today even if Internet connections aren't slow anymore, online spendings keep hitting records.

● Instead of taking the opportunity to buy as much as possible on Black Friday, there is another trend asking people to do exactly the opposite, that is to say people are encouraged to buy absolutely nothing. Since 1997, **Buy Nothing Day** has been held on the same day as Black Friday. The rules are simple. People just don't buy anything at all for 24 hours. Many people are surprised how difficult this actually is. The aim is to make people think more about their spending and to make better decisions about what they buy and where they buy it from.

● To go further and sensitize potential customers, some people carry out protests at shopping centres. Moreover other alternatives develop. One example is the Buy Nothing Coat Exchange. This idea is spreading little by little. People donate winter coats throughout November and anyone who needs one can come and take one on Buy Nothing Day.

Biographies

Palmer LUCKEY (1992-)

Born in California, he is famous for the invention of the Oculus Rift, a high-quality virtual reality head-mounted display which has revolutionized the virtual reality industry. The Oculus Rift was released in 2016 and it proved successful immediately. He founded Oculus VR in 2012 and sold it later to Facebook.

Philip ROSEDALE (1968-)

Born in California, he is the founder of Linden Lab which develops and hosts the virtual wold « Second Life ». The virtual world was launched in 2013 and its users are called residents. Users create virtual representations of themselves which are called avatars. In the virtual world, users are able to interact with places, objects and other avatars. They can explore the world (known as the grid), meet other residents, socialize, participate in both individual and group activities, build, shop, and sell or buy virtual property and services with one another.

James CAMERON (1954-)

Born in Ontario, Canada, he is a film-maker and environmentalist who proved highly successful producing science fiction and epic films. One of his films, « Avatar » was released in 2009. To explore Pandora, a moon whose atmosphere is poisonous to humans, scientists use Na'vi-human hybrids called « avatars ». They are operated by genetically matched humans who control them thanks to virtual reality.

William GIBSON (1948-)

Born in South Carolina, he is a science fiction writer and he has written more than 20 short stories and 10 novels. He is well-known for The Bridge trilogy which deals with the race to control the beginnings of cyberspace technology.

Books and films

Two books

***Ready Player One*, Ernest CLINE (2011)**

The story is a dystopia set in 2044. Wade Watts, the main character, is looking for an Easter egg in a worldwide virtual game. He is an orphaned teenager living in the slums, or "Stacks", of Columbus, Ohio, with his Aunt Alice and her abusive boyfriend Rick. In the OASIS, his avatar Parzival is best friends with Aech, a virtual mechanic. They review Halliday's life from the Archives, an online library of Halliday's life that came online upon the start of the games, with help from its Curator.

***The Eye of Minds*, James DASHNER (2013)**

The story is set in a futuristic world where Michael, a young gamer must help stop a rogue hacker named Kaine intent on causing mass destruction. Three friends discover that being killed in the virtual world may kill them in reality. They decide to stop the creator of the virtual world.

Two films

***The Lawnmower Man*, Brett LEONARD (1992)**

The story is about a world in which Jobe, a mentally challenged man, is reintroduced to the world through VR environments that gradually improve his intelligence and his power over all computer connected devices around the world. But despite Jobe's capacity to take into master all technologies, the notion of VR as a therapy tool is already beginning to take hold.

***Inception*, Christopher NOLAN (2010)**

The story deals with Dom and Arthur, two extractors. They perform corporate espionage using experimental military technology to infiltrate the subconscious of their targets and extract valuable information through a shared dream world.

Citizenship and Virtual Worlds / Citoyenneté et mondes virtuels

Robotics and Internet / Robotique et Internet

a network	un réseau	
software	un logiciel	
web censorship	la censure sur le web	
technological progress	les progrès technologiques	
a mobile phone	un téléphone portable	US : *a cell phone*
a surveillance camera	une caméra de surveillance	syn : *CCTV (closed-circuit television)*
a threat	une menace	*to threaten* menacer
privacy	la vie privée	
to launch a cyberattack	lancer une cyberattaque	
to monitor	surveiller	
to spy on	espionner	fam. : *to snoop around*
a robot-run industry	une industrie robotisée	
a robotic device	un engin robotisé	
to automate a factory	automatiser une usine	*an automaton* un automate
to be hazard-free, to be risk-free	être sans danger	
to give people more leisure time	donner aux gens plus de loisir	
to relieve humanity	soulager l'homme	*to lighten mankind's burden* soulager le fardeau de l'homme
to set people free	affranchir les gens	
two-dimensional	en 2D	
three-dimensional	en 3D	
achievement	succès	
add-on	module complémentaire	
bootleg	copie piratée d'un jeu	
casual gamer or casu	joueur occasionnel	
easter egg	œuf de Pâques, partie de programme caché	
gamer	joueur régulier	
geek	as de l'informatique	

hacking	piratage informatique
hardcore gamer	joueur accro
joypad, joystick	manette de jeu
newbie, noob	débutant dans un jeu
pro gamer	joueur professionnel
update	mise à jour

CHAPITRE 6

Fictions and Reality

Mots-clés

- *an achievement* une prouesse, un exploit
- *bravery* le courage
- *a feat* un exploit
- *a philanthropist* un philanthrope
- *famous* connu, célèbre
- *for a good cause* pour la bonne cause
- *to achieve* accomplir, atteindre (un but)
- *to break the law* enfreindre la loi
- *to devote oneself to* se consacrer à
- *to claim lives* coûter la vie
- *to cause a (huge) controversy* créer la polémique
- *to be controversial* être controversé
- *for someone's sake* pour le bien de quelqu'un / l'amour de quelqu'un

LES IDÉES ESSENTIELLES

- Un héros dans la mythologie est un personnage de descendance divine avec des capacités exceptionnelles.
- Dans la société, un héros est une femme ou un homme ayant accompli un acte exceptionnel qui force l'admiration des autres individus.
- Les mythes permettent de construire un sentiment de cohésion et une identité collective.

→ p. 193

1 Role Models

A Men and Women who Changed the World

• **Winston Churchill (1874-1965).** After a long and controversial political career, Winston Churchill became Prime Minister of Great Britain in May, 1940, shortly after Nazi Germany had invaded France. His speeches were a great inspiration to the nation. In May 1940, he gave a speech that included the lines: "We shall fight in France. (…) We shall defend our island, whatever the cost may be. We shall fight on the beaches, we shall fight on the landing grounds, we shall fight in the fields and in the streets, we shall fight in the hills; we shall never surrender!" When he received the Nobel Prize for literature in 1953, the Nobel Committee specified that it was for his books and his oratory (speeches). When he died, he received a hero's funeral.

> **Help**
> ▪ *to surrender* se rendre, capituler

• **Eleanor Roosevelt (1884-1962)**, the wife of US President Franklin D. Roosevelt, was also a hero in her own right. She often publically disagreed with her husband's policies. She supported working women and defended civil rights for African Americans and for Asian Americans, who were persecuted during World War II.

• **Roosevelt invited prominent African-Americans to the White House.** And when Marian Anderson, a black singer, was not allowed to sing in a private theatre in Washington, DC, Eleanor Roosevelt, as First Lady, arranged for her to sing at the Lincoln Memorial, a monument in the nation's capital.

• **Even after her husband's death**, Roosevelt remained politically active. She urged the United States to join the newly created United Nations, and was one of the principal writers of the Universal Declaration of Human Rights.

• **Harriet Tubman (1822-1913)** was born a slave. She escaped to Pennsylvania, a free state in the North, but then she risked her own freedom by returning to the South many times to lead other slaves to freedom. Slave owners were furious and offered huge rewards for her capture. In June 1863, during the Civil War, Tubman became the first woman to lead an American military attack. Her nicknames "Moses" (because she led her people to freedom) and "General Tubman" were very famous. After the Civil War, Tubman worked for voting rights for African Americans and for women.

> **Help**
> ▪ *a reward* une récompense

- **In 2016**, the US Treasury decided to put her face on the $20 bill, starting in the year 2020. Tubman will be both the first woman and the first person of colour on US paper money.

B Men and Women who Use their Fame to Change the World

- **Bono (1960-).** Paul David Hewson, who is better known by his stage name, Bono, is extremely active in humanitarian work, particularly in favour of Africa. In 1984, Bono sang on the Band Aid song "Do They Know it's Christmas? / Feed the World". The song raised £8 million (€12 million) to feed victims of famine in Ethiopia.

Since 1999, Bono has been campaigning for debt-relief for developing nations. He was one of the spokespersons for the 2000 Drop the Debt campaign. He uses his fame to access to influential people like presidents, Prime Ministers, and wealthy philantropists like Bill Gates.

- **Bono is also very involved with the fight against Aids.** In 2002, he co-founded the organisation DATA (Debt, Aids, Trade, Africa) to help eradicate Aids and poverty in Africa. In 2006, he helped convince US President George Bush to donate $5 million in foreign aid to Africa. That same year, he launched Project RED, a clothing line that donates profits to those causes.

Help
- *to raise (money)* recueillir (des fonds)
- *to campaign* faire campagne *(a campaign* une campagne*)*
- *the debt-relief* l'allègement d'une dette
- *a spokesperson* un porte-parole
- *the fame* la gloire, la renommée
- *Aids* Sida
- *to launch* lancer
- *an award* un prix, une décoration

Bono has received many awards and honours for his work. In his acceptance speech for the 2007 Liberty Medal, he said, "When you are trapped by poverty, you are not free."

- **Lady Diana, Princess of Wales** (1961 – 1997) married Prince Charles, the son of Queen Elizabeth II, in 1981. When the pretty young princess got deeply involved in charity work, she became the most popular member of the Royal Family. Two of her nicknames were, the "People's Princess" and the "Queen of Hearts".

Lady Diana worked hard to protect children in need and to raise awareness about Aids, leprosy and other serious illnesses. In 1987, when many people were afraid to touch or even be in a room with a person with Aids, Diana was photographed shaking the hand of a woman with the disease. The Princess was also passionate about the need to ban landmines. The anti-landmine campaign she represented won the Nobel Peace Prize in 1997.

Help
- *to raise awareness* alerter, sensibiliser l'opinion publique
- *an illness (a disease)* une maladie
- *to ban* interdire
- *a landmine* une mine antipersonnel

● **The thousands of famous photographs of her** – looking equally comfortable with Royals, ordinary people and people in very dramatic situations – made her an international icon. Her unexpected, tragic death in a car accident in Paris at age 36 made her a legend in her own time.

B Everyday Heroes

● **Everyday heroes aren't famous**, and they don't have any superpowers. But they do have many good qualities, like common sense, decency, concern for others and determination. They may be anonymous to the public, but they are heroes to the individuals they work to protect and serve every day.

● **New York Firefighters**. New York City Firefighters' motto is *New York's Bravest*. They protect the more than 8 million inhabitants of New York City. Their work is not always in the newspapers, but at the time of the terrorist attacks on the World Trade Center, on September 11, 2001, everyone saw how brave they really are. After the towers were attacked, more than 400 firefighters went into the damaged buildings to try to save people. 343 NYC firefighters lost their lives that day.

Help
- *concern* l'intérêt (pour), la préoccupation (de)
- *a motto* une devise

● **Activists.** Activists can be heroes because they promote or prevent social, political or environmental change. Working as individuals or in organisations, they act as watchdogs. Some, like Amnesty International, which attracts international attention to people who are in prison for their ideas or beliefs, focus on governmental actions, while others work to convince individual citizens to change their behaviour.

Help
- *to promote* encourager, promouvoir
- *to prevent* gêner, entraver
- *a watchdog* litt. chien de garde, fig. donneur d'alerte, garde-fou

Greenpeace
Greenpeace is an international organization with members in 40 countries. Greenpeace activists alert governments and citizens to climate change, deforestation or over-fishing (pêche abusive). Nevertheless their methods are controversial, because their direct actions are sometimes destructive or dangerous. They have destroyed GMO crops (cultures génétiquement modifiées) in Australia in 2012 and in the USA in 2013. In 2014, they may have done some damage to the Nazca Lines, a United Nations World Heritage Site in Peru, while displaying a message that said, "Time for Change".
Their Detox Fashion Campaign challenged (demandait des explications) clothing brands to stop discharging toxic chemicals during the production process. The campaign helped raise consumer awareness about pollution in clothing production, and led consumer brands from Adidas to Zara to reduce or eliminate toxic pollution.

- **Charities.** Volunteers for charity organizations are also "hidden heroes" because they generally act in the shadows. Different charities work in different areas (health, housing, education and more). Most charities depend both on donors, who provide financial support (to buy medicine, food, building materials etc. and to pay to transport them to where they are needed), and volunteers, who work for free.

Help
- *a charity* une organisation caritative
- *housing* le logement
- *a donor* un/e donateur/trice

Shelter (*a shelter* un abri)
Shelter, the British housing and homelessness charity, helps millions of people who are homeless or in inadequate housing. Shelter's volunteers work 365 days a year, offering advice and helping homeless people find a place to sleep. They also try to alert the public and politicians to the root causes (les racines, les causes profondes) of the housing crisis and homelessness.

2 Fictional Heroes

A fictional hero is an imaginary character in a work of fiction; a book, comic book, play, film, TV show, series etc. A fictional superhero is a person with superpowers, like Superman.

A Superheroes in Literature

- **Comic books.** Superhero comics first appeared in the USA in the 1930s. Their adventures were particularly popular during World War II and the Great Depression. The most famous superheroes were Superman, Batman, Captain America and Wonder Woman.
- **People instinctively appreciate superheroes**, because thanks to them, justice and right always triumph over evil. Superheroes, like Superman, always beat villains, like Lex Luthor. In addition, superheroes are stable and predictable. They don't age, and they never die (or not permanently).
- **In the 1960s, Marvel Comics** introduced new superheroes, like Spiderman, the Fantastic Four and Thor.

Help
- *the comics* les bandes dessinées
- *evil* le mal (*the forces of evil*)
- *a villain* le méchant, dans une histoire

Marvel Comics created The Fantastic Four in the 1960s. They were very popular characters, because, instead of being ideal heroes, like Superman, they were more troubled, reflecting readers' state of mind. At that time, Americans worried about espionage and nuclear war.

- **Antiheroes**, like Wolverine and Ghost Rider, began appearing in comics in the late 1980s. Their stories were darker and more complex. There's not always a clear distinction between the good guys and the bad guys.

Help
- *good guys/bad guys* les bons et les méchants

- **Novels**. In novels, the hero or main character uses his or her powers and strengths to protect someone, or many people, from a villain. Heroes and villains often mirror each other in their powers, abilities or origins. The difference is that heroes use their powers to help others, while villains use them to become rich and powerful, or to hurt other people.

Help
- *a novel* un roman (faux-ami : nouvelle = *short story*)

Harry Potter, J. K. Rowling's fictional hero, is an archetypal classic hero. He is loyal, courageous, intelligent, selfless (altruiste) and athletic. But he is also emotionally fragile because he is an orphan (orphelin). That is why he needs the guidance of his headmaster, Albus Dumbledore, and other role models. His own fate (destin) is tied to the fate of his arch-enemy, the evil Lord Voldemort, who murdered Harry's parents when he was a baby.
Like many fictional superheroes, Harry Potter can fly, although he needs a broomstick (manche à balai). And he has a weapon, his wand (baguette magique), to cast spells (jeter des sorts) on evil wizards (sorciers malfaisants).

B Superheroes in Films and Series

- **Superheroes in films or series** are often based on comic books, but the film versions often feature even more action, fantasy and science fiction.

- **Gradually, more and more characters in film series are being created directly for the screen.** The *Robocop* series and the *Incredibles* have been very successful, even though they are not based on comics. In the 1990s, big-budget feature films like *Star Wars* and *Superman*, with super-heroes or science-fiction themes proved to be commercial successes. Advances in special-effects technology helped make them more visually dramatic and realistic. A sense of insecurity in the future has created a demand for films whose noble heroes and happy endings are reassuring for movie-goers.

Help
- *to feature* présenter, mettre en avant
- *the screen* l'écran (une façon de dire le cinéma)
- *a feature film* un long métrage
- *suave* affable

- **James Bond** is a suave gentleman as well as an expert in multiple fields who manages to save the world from various villainous schemes. He uses tricky gadgets including very expensive cars. He has many secret identities. James Bond does not have any traditional superpowers. Although he cannot fly, he is an excellent strategist, like Sherlock Holmes, and possesses an analytical ability which enables him to deduce what people are trying to hide. His system of mnemonics enables him to store huge amounts of information and several languages, such as English, French, Italian and German. Due to his military training, he can handle any type of weapon and is able to eliminate villains.

3 Myths and Culture

- **Definition.** According to the dictionary, a myth is a traditional story explaining a natural or social phenomenon and involving supernatural gods, demigods or human beings and events. They are closely linked to religion and spirituality and they may be mixed with legends and history.
- **The United States is full of great myths**, such as the myth of happiness, the myth of progress and the myth of liberty. Historically those myths originated from the different waves of immigration. And they helped the cultural integration of immigrants. The myth of the melting pot is the idea that the different cultures brought by immigrants could melt together and thus build a nation merging different cultures, nationalities and ethnicities. However, as the model failed, it is better to describe the society as a mosaic or a salad bowl in which the different cultures mix but manage to remain distinct.
- **In Australia, myths are parts of the Australian culture and folklore.** As the Aborigines were the first inhabitants of the country, their myths are the history as well as the civilization of the country. There are 900 Aboriginal groups across Australia. Each group is distinguished by different languages, dialects and myths. The most important myth is the Dreamtime. It is the Aboriginal understanding of the world. To Aboriginal groups, the Dreamtime is the beginning of knowledge, from which came the laws of existence.

KEY IDEAS

- Myths are a reference for all of us. They help build a collective identity and a sense of cohesion in a group or a society. Myths allude to the human condition. They may be entirely imaginary or be based on real people or events.
- In mythology, a hero is a legendary character often of divine descent endowed with exceptional strength or special abilities. He or she can also be the central figure in a literary work. In real life, a hero is a man or a woman who is admired for his or her achievements and qualities, and who shows a lot of courage of selflessness.
- We have chosen to feature three kinds of heroes: people who change the world – either directly or by using their fame in other fields to bring progress, "everyday" heroes, and fictional heroes.

Myth of the Self-Made Man

A self-made man is a person who was born poor but who achieves great success through hard work and ingenuity.

1. Origins

- **The myth of the self-made man is deeply rooted in the American Dream.** It was in direct contrast with the more rigid class structure in Europe. Social mobility was severely limited there, particularly in Britain, where the social class a person was born into, determined the education and employment opportunities they would have.

- America, by contrast, was seen as **a land where hard work was the route to success.** A series of books by the 19th century author Horatio Alger told "rags to riches"[1] stories about poor boys who "pulled themselves up by their own bootstraps[2]". Alger's characters incarnated the myth that anyone could become rich in America if they worked hard. Although the myth was always an exaggeration, it was true that America has historically been a "land of opportunity" that attracts immigration because it is easier there for a poor person to become rich.

2. Some Self-Made Men

- **Walt Disney** (1901-1966) grew up on a farm in Missouri. In 1918, he worked for the Red Cross in France. Instead of normal camouflage, he covered his ambulance with images of Mickey Mouse and other cartoon characters! In 1923, in California, he founded Disney Studios, which became famous for animated cartoons like *Snow White* and *Bambi*, and theme parks, like Disneyland. Almost 100 years later, his company is still flourishing.

- **John D. Rockefeller** (1839-1937) got his first job as an accountant's assistant, at age 16. By age 20, he had started his first company. In 1870 he founded the Standard Oil Company, and became the richest person in the world. He became interested in philanthropy, donating a lot of money to schools, museums and more. His name is synonymous with wealth.[3]

- **Jesse Owens** (1913-1980) was the youngest of 10 children. His parents were poor farmers in Alabama, but they decided to move their family to the North, where there were more opportunities for black people. In high school, Jesse set a record for athletics. In 1936, he won four gold medals at the Berlin Olympics. His performance was a fantastic victory for racial equality, and a big disappointment for Hitler, who wanted the Olympics to be a showcase[4] for Aryan (white German) superiority.

- **Bill and Hillary Clinton** (1946 - ; 1947-). Bill Clinton had a difficult childhood – his father died when he was a baby, and his stepfather was violent. But he was a very good student, and after law school,[5] he

---

1. *rag* haillon → de la misère à la richesse – 2. *to pull one self up by one's own straps* Litt : se hisser en tirant sur ses propres languettes de chaussure → s'aider soi-même – 3. *wealth* la richesse – 4. *a showcase* une vitrine – 5. *law school* la faculté de droit – 6. *Secretary of State* ministre des Affaires étrangères

became Governor of Arkansas and then President of the USA. His wife, Hillary Rodham Clinton, also went to law school. She had been First Lady of the USA, a Senator from the state of New York, and Secretary of State[6] of the USA. In 2016, she hoped to become the first female president of the USA.

3. Myth and Reality

- Most successful people acknowledge that no one is entirely "self-made". From Bill Gates to athletes and artists, successful people always have someone in their lives who helped them get to where they are.

- Movies and TV shows promote the idea that anyone can make it to the top if they work hard enough. Politicians also help keep the myth alive. In his 2012 campaign, for example, President Obama tweeted "You can make it here in America if you try." Yet even in America, hard work alone is not enough. It is still more difficult for a person from a poor family than from a middle-class one to become rich.

- Part of the current problem is that rent prices have increased much faster than wages in the past 30 years. The minimum wage in America is very low. So the "working poor" may work long hours and still not be able to escape poverty.

- Nevertheless, even though income inequality has increased, and it is becoming harder to become a self-made person, people around the world still have faith in America as a "land of opportunity", which attracts more immigrants than any other country in the world.

Real-Life Superheroes

- **Real-life superheroes (RLSH)** are people (mostly in America, where superhero comic books were invented) who are so enthusiastic about fictional superheroes that they try to be superheroes in real life. They wear costumes and go out by day or by night to help people.

– **Mr Xtreme** has been a volunteer crime-fighter for more than 10 years. He wears body armor and strange goggles (lunettes de protection) with big eyes painted on them. Alone or with other RLSH friends, he patrols dangerous neighborhoods at night to help reduce gang violence.

– **Nyx** dresses in black and red and goes out at night to help the homeless. Nyx says she learned to help others from her mother, and encourages more women to become RLSH.

Nyx and Lazaros.

– **Thanatos, the Dark Avenger** wears a death mask and a dark cape (*Thanatos* means "death" in Greek). He distributes plastic tents and food to homeless people, trying to protect them from true death.

REPÈRES

Biographies

William SHAKESPEARE (1564-1616)

The most famous writer in the English language, William Shakespeare, was born in Stratford upon Avon. As a young man, he went to London, where he became a successful actor, poet and playwright (dramaturge). He is most famous for his tragedies, like *Hamlet*, *Macbeth* and *Romeo and Juliet*, in which the heroes start out rich and/or powerful, but their fatal flaws (défauts) lead to death and destruction. He also wrote historical plays about the Kings of England (*Henry IV* and *V*, *Richard II* and *III*), and comedies, like *All's Well that Ends Well* and *Midsummers Night Dream*. The comedies have happy endings in which everyone gets married and lives happily ever after.

Joanne (J. K.) ROWLING (1965-)

Joanne K. Rowling is the author of the famous Harry Potter series. The books have sold more than 400 million copies, and the films and theme parks are very successful too. When Rowling started writing the books, she was divorced, had lost her job, and had very little money. Now she is the richest author in the world, and the twelfth richest person in the UK. Her books are signed J. K. Rowlings, because the publisher thought that boys wouldn't want to read a book written by a woman.

Charlie CHAPLIN (1889-1977)

This British actor and filmmaker's first feature film (long-métrage) was *The Kid*, in 1921. His 1940 film, *The Dictator*, satirized Hitler, attacked fascism, and ended with a long speech about the evils of capitalism. During the McCarthy era (see p. 188), Chaplin was blacklisted as a Communist, so he was unable to work in Hollywood. After he refused to testify in front of McCarthy's investigative committee, his situation became even more difficult, so he returned to England. In 1975, he was awarded a knighthood (titre de chevalerie) by Queen Elizabeth II.

Ray KROC (1902-1984)

Although this American businessman did not create the first McDonald's restaurant (it was opened by two brothers, Richard and Maurice McDonald), he is the one who turned it into the global hamburger empire we know today. He imposed standardization, guaranteeing that the hamburgers, French fries, etc. served in every McDonald's restaurant would taste exactly the same. During World War II, Kroc trained to become an ambulance driver with Walt Disney. So the fathers of Mickey Mouse and the Big Mac were friends before their creations became international icons of America!

Books and films

One book

***Sherlock Holmes*, Conan DOYLE**

Sherlock Holmes is a fictional hero created by Sir Arthur Conan Doyle. Holmes appeared in four novels and 56 short stories. He works as a detective and is helped by his friend, physician (doctor) John Watson. Holmes is an eccentric hero. He likes baffling (déconcerter) the police and has tremendous confidence in his own intellectual abilities. He enjoys preparing traps to capture culprits (coupables). He has an acute sense of observation of small clues (indices). In a way, Conan Doyle helped forensic science (la science medico-légale) by showing that crime scenes were full of clues but were often contaminated.

Three films

***The Mentalist*, American TV series**

This American series ran from 2008 to 2015 in the USA. Patrick Jane (the actor Simon Baker), the hero of the series, is a consultant for the California Bureau of Investigation. He developed his incredible powers of observation and deduction when he was a fake psychic (medium). Patrick Jane's real goal is to help the police capture Red John, the villain who murdered his wife and daughter. Jane feels guilty (coupable) about not having been able to protect them.

***Hamlet*, SHAKESPEARE**

This tragedy is the most famous play in the English language. The story is set in a castle in Denmark. Hamlet is the son of the king. But when his father dies, Hamlet's uncle, Claudius, marries his mother and becomes King. The ghost of Hamlet's father tells him that he was murdered by Claudius. Hamlet becomes obsessed with avenging his father. His obsession makes him go insane (fou) and by the end, all the important characters (Hamlet, his fiancée, his mother, Claudius, and others) are dead.

***The Queen*, directed by Stephen FREARS**

The Queen is a 2006 historical film about the British Royal Family after Diana's death. It starred Helen Mirren in the role of Queen Elizabeth II. Millions of people around the world were shocked and saddened by Diana's death, but the Queen did not seem very affected by it. After the Prime Minister called Diana "the People's Princess," the Queen decided to go on television and describe Diana as an exceptional human being.

Fictions and Reality / Fictions et réalité

1 *Heroism* / L'héroïsme

a hero / a heroine	un héros / une héroïne	
an icon	une idole, une icône	
a role model	un modèle	
a superman	un surhomme	*superhuman* surhumain
reputation	la réputation, la renommée	
merit	le mérite	
feat	un exploit, une prouesse	
achievement	un exploit, une réussite	
a personality trait	un trait de caractère	*a character* un personnage
a conqueror	un conquérant	
a vocation, a mission	une vocation, une mission	
ability	la capacité	
exceptional	exceptionnel	
well-known	connu	
famous	célèbre	
successfully	avec succès	
to praise	louer, faire l'éloge	syn : *to rave over*
to admire	admirer	
to contribute to	contribuer à quelque chose	syn : *to have a part in*
to pretend to be	se faire passer pour	
to support	soutenir	

2 *War* / La guerre

a full-scale operation	une opération d'envergure	*a full scale offensive* une offensive de grande envergure
a resistance fighter, a partisan	un résistant	*a resistance movement* un mouvement de résistance
a rout	la déroute	*to rout* mettre en déroute
a warring country	un pays en guerre	
to fight a battle	livrer une bataille	*hand-to-hand battle* une bataille au corps à corps
to counterattack	contre-attaquer	*a counterattack* une contre-attaque

a shoot-out	une fusillade	
a sniper	un sniper	
a suicide bomber	un kamikaze	
to ambush	tendre une embuscade	*to lie in ambush* se tenir en embuscade
to launch a strike	déclencher une attaque	
to raise an army	lever une armée	
the allies	les alliés	*to ally oneself to* s'allier à *to stand by one's allies* se tenir aux côtés de ses alliés
to declare war on	déclarer la guerre à	*war breaks out* la guerre éclate
to take up arms	prendre les armes	
to make war on	faire la guerre à	syn : *to wage war*
to be at war with	être en guerre contre	
to be engulfed by war	sombrer dans la guerre	
to beat back attackers	repousser les attaquants	*to repel an invasion* repousser une invasion
to defeat an army	vaincre une armée	*to suffer a defeat* subir une défaite
to vanquish	vaincre	*to win the war* gagner la guerre
to rescue	sauver quelqu'un	
to confront	affronter, confronter	*the problems which confront us* les problèmes auxquels nous sommes confrontés
to overcome (an obstacle)	surmonter (un obstacle)	
to win a battle	emporter, gagner une bataille	
to surrender	se rendre	
to capitulate	capituler	
to prevail over	l'emporter sur	

3 *Ethics, morals* / La morale

evil	le mal (au sens moral)	*my arm hurts* j'ai mal au bras
good	le bien	
wisdom	la sagesse	*wisdom teeth* les dents de sagesse
virtue	la vertu	
courage, bravery	le courage	
a moral stance	une position morale	
a tenet	un principe, une doctrine	
a lapse of judgement	un écart de jugement	

an error of judgement	une erreur de jugement	
a misdemeanour	un écart de conduite	
a misdemeanour	un délit mineur, une mauvaise conduite	
professional misconduct	une faute professionnelle	
misrule	une mauvaise administration	
a misdeed	un méfait	
unethical conduct	une conduite immorale	
a code of conduct	un code de conduite	
to get involved with	s'impliquer dans	
to condemn	condamner (moralement), désapprouver	*to convict* condamner (juridiquement) *he got a 10-year sentence* il a été condamné à une peine de 10 ans
to stand up for (a principle)	défendre (un principe)	
to stick to one's principles	rester fidèle à ses principes	
to admonish	réprimander	
to speak out on behalf of	parler au nom de	
to crusade against injustice	faire croisade contre l'injustice	*to preach justice* prêcher la justice
to attack corruption head on	s'attaquer de front à la corruption	
to be above the law	être au-dessus des lois	
to circumvent the law	contourner la loi	
to clean up	purifier, mettre de l'ordre	syn : *to cleanse*

CHAPITRE 7

Scientific Innovation and Responsibility

Mots-clés

- ***a breakthrough*** une avancée
- ***a concern*** une préoccupation
- ***technological improvement*** le progrès technique
- ***an issue*** une question, un problème
- ***a threat*** une menace
- ***mankind*** l'humanité
- ***a milestone*** un événement marquant
- ***to allow*** permettre, rendre possible
- ***to launch a cyber-attack*** lancer une cyber-attaque
- ***to progress / to go forward*** progresser, aller de l'avant
- ***to achieve something*** réussir, accomplir
- ***to improve*** améliorer
- ***to raise questions*** soulever des questions

LES IDÉES ESSENTIELLES

- La notion de progrès est une notion majeure dans notre société. Les découvertes scientifiques font partie intégrante de notre quotidien et ont pour objectif de l'améliorer.
- Le robot est aujourd'hui indispensable à l'homme, tant dans la vie quotidienne et dans l'entreprise que dans la recherche scientifique.
- Les avancées scientifiques ne peuvent se faire sans une réflexion éthique.
- Les progrès techniques et scientifiques doivent s'accompagner d'une réflexion environnementale afin de protéger nos ressources.

→ p. 210

Progress and technological innovations improve the condition of life of millions of people around the globe. But progress implies change – from an old order with its traditions and customs to a new one with new conventions and beliefs – and the conviction that the change is for the greater good. Scientific innovations can also include preservation, and learning to distinguish change that is truly an improvement from change for its own sake. Although technological and scientific breakthroughs now take place constantly, there are also rising concerns about the ethical, social and environmental consequences of these changes.

1 Technological Breakthroughs

A From the Industrial Revolution to Robots

- **The Industrial Revolution** was a period of transition that began in Britain in the late 18th century. Water-and steam-powered machines gradually replaced manual or artisanal methods of production, and production was concentrated in factories, instead of being done in homes or small workshops. Textile production was one of the first sectors to be industrialised. Workers' output was multiplied by mechanised spinning and weaving. Thanks to the Industrial Revolution, the standard of living of the British population improved dramatically. Nevertheless, at the time, some of the progress was controversial. The Luddites were textile producers who protested against the new technology in the 1810s. They were concerned that the new machines were taking away their jobs, and replacing them with low-skilled factory jobs. Even today, the word "Luddite" is used to describe someone who resists technological change or progress.

- **Cybernetics** is the study of mechanical, physical, biological and other systems. More and more, it is being used to explore the basic principles of AI (artificial intelligence) and robotics. Cyborgs may be one way to "improve" humans, since cyborgs combine human elements with technological ones. Cyborgs might someday be able to communicate just with their thoughts, or have other enhancements over normal human bodies.

Cyborgs

A cyborg is a "cybernetic organism", part human, part machine. Some functions have been restored or some abilities (capacités) enhanced thanks to the integration of artificial components or technology.

In fiction, cyborgs are portrayed with mental and physical abilities far beyond those of humans. They are represented as either clearly mechanical, like Darth Vader (Dark Vador in French) in *Stars Wars* or almost indistinguishable from humans, like The Terminator.

• **Robots and artificial intelligence** can be said to be taking over the world. They are invading and enhancing every aspect of people's lives. Robots can help improve productivity in factories and elsewhere. They may also improve our quality of life thanks to human-robot interaction and collaboration.

• **However, the fact that robots can reduce the number of jobs for human beings is a legitimate concern**, even if there are still many jobs they can't do. Humans are more skilled at tasks requiring creativity and problem-solving, while robots are better at repetitive tasks requiring limited sets of rules and knowledge. Robots can also be helpful in situations that are too dangerous for human beings.

• **Consequently**, the increasing presence of robots will lead to a decline in low-skilled jobs, rather than to mass unemployment. Nevertheless, it is estimated that over than 50 million jobs in the United States are likely to be replaced by robots in the near future.

• **Robot behaviour**. On their own, robots do not have the capability to carry out malicious acts. Yet fearing robots is still legitimate, since robots are programmed and used by human beings. People with evil intentions can manipulate and misuse robots to turn practical devices like drones into weapons.

Help
- *to take over* envahir, dominer
- *to enhance* améliorer
- *a concern* une préoccupation
- *to be likely* être sûrement (probabilité forte)
- *evil* malfaisant
- *to misuse* détourner, faire un mauvais emploi

B Space Exploration

Space exploration has always fascinated mankind. Space exploration is now conducted both by robots and by manned spaceflights.

• **Competition between the USA and the Soviet Union**. The "Space Race" was a competition between the two late 20th-century superpowers, the USA and the USSR. It began in 1955, when the Americans announced their intention to launch an artificial satellite "by 1957". The Soviets replied that they would launch one "in the near future." The Soviets won the first round, by launching Sputnik 1 in October, 1957. It was the first artificial satellite, or man-made object sent into orbit around the Earth. The Soviets also sent the first human being into space, the cosmonaut Yuri Gagarin, in 1961.

• **The Americans responded by investing massively in NASA, the National Space Agency**. They had a huge victory in July 1969, when the Apollo 11 spacecraft landed on the Moon. The American astronaut Neil Armstrong became the first human being to walk on the Moon. What he said as he stepped onto the surface of the moon is now famous: "One small step for a man, one giant leap for mankind."

Help
- *mankind* l'humanité
- *a manned flight* un vol habité
- *to launch* lancer
- *a leap* un bon

- **From Competition to Cooperation.** The Space Race ended in 1972, when the USA and the USSR agreed to work together on the Apollo-Soyuz project: an American spacecraft (Apollo) and a Soviet one (Soyuz) had a rendezvous in space. This eventually led to the International Space Station (ISS), a collaboration between the American, Russian, Japanese, European and Chinese space agencies.

Help
- *eventually* finalement

The International Space Station (ISS)
The International Space Station orbits the Earth continuously, completing more than 15 orbits a day, at an altitude of approximately 250 miles (400 km). It is a space research environment laboratory in which astronauts carry out experiments in biology, physics, astronomy, meteorology and other fields. There are six crew members aboard the space station. The specific people change every few months, but the Station has been continuously occupied since 2000 (six crew members since 2009).

- **Space exploration in the 21st century**. Messenger, a space vehicle, orbited the planet Mercury, making observations and sending data back to Earth, from 2011 to 2015. Opportunity and Curiosity, two robotic vehicles called rovers, have been sending pictures and data about Martian geology for many years. The data is helping scientists determine if it is possible for humans to live on Mars.

Mapping our solar system is a major preoccupation, and new planets are still being discovered. In March 2014 a new dwarf planet named 2012VP113 was discovered in the outer reaches of our solar system.

Help
- *a dwarf planet* une planète naine
- *the outer reaches of the solar system* les confins du système solaire

- **Space Tourism.** In 2001, American businessman Dennis Tito spent $20 million to become the first "space tourist" – the first individual to pay for his own trip into space. Tito travelled to the ISS on a Russian spacecraft. He spent eight days in space. Space tourism is still rare and expensive, but many different companies are investing in it, so it may become more common in the future.

2 Medical Breakthroughs

Most medical breakthroughs (like vaccinations, antibiotics, medical imagery, chemotherapy, joint replacement and more) are positive for patients. They enable people to live longer, healthier lives. But not everyone has access to medical modern medical products and procedures. And many of those products and procedures can also raise ethical questions.

Vocabulary

- *a breakthrough* une avancée
- *to raise questions* soulever des questions

A Medical Breakthroughs and their Consequences

- **Antibiotics and vaccines** have contributed to improved health and increased longevity. The principle of vaccination, developed by Louis Pasteur in the 1880s, contributed to eradicating or nearly eradicating many deadly diseases. The discovery of penicillin by Sir Alexander Fleming, in 1928, helped fight lethal infections. These and other discoveries were significant breakthroughs at the time. However, nowadays, many people are concerned that babies receive too many vaccines, and medical researchers worry that the overuse of antibiotics has led to antibiotic-resistant bacteria. So we are learning that many discoveries can have both positive and negative effects.

- **Fighting modern plagues.** Aids is a global pandemic caused by HIV which was first identified in 1982. In 15 years, it killed more than 14 million people worldwide. Treatment has improved dramatically since then. There is still no cure, but there are currently more than 35 million people in the world living with HIV. Since 2001, developing nations have been allowed to produce generic medications to combat public-health crises, like HIV/Aids. This has been very important to increasing life expectancy and decreasing the spread of the disease.

- **In Vitro Fertilization (IVF)** is the process by which a woman's egg is fertilised by a man's sperm outside the body. In 1977, two British scientists performed the first successful IVF: Louise Brown was born in 1978. It was seen as a major breakthrough. Nowadays IVF has become much more common. However, this and other medical proce-

Help

- *a plague* un fléau
- *Aids (acquired immunodeficiency syndrome)* Sida
- *HIV (human immunodeficiency virus)* VIH
- *life expectancy* l'espérance de vie
- *the spread* la propagation
- *IVF* FIV (fécondation *in vitro*)

dures involving reproduction raise ethical issues. There are concerns about preimplantation screenings, which allow couples to choose their baby's gender, or other genetic traits. There are also questions about how egg donations, surrogate motherhood and more can affect women's bodies.

Help
- *gender* le sexe (masculin/féminin)
- *egg donation* don d'ovocytes
- *surrogate motherhood* gestation pour autrui

B Ethical Issues

- **Inequality.** Since 2000, the number of people living in extreme poverty has been halved. More people have access to clean drinking water, and medication against Aids, malaria, tuberculosis and other diseases is now much more widely available in developing countries. But despite these improvements, progress remains uneven.

Help
- *halved* divisé en deux
- *uneven* inégal

Most medical researchers are from developed countries, whereas those countries account for only one third of the world's population. In addition, pharmaceutical companies prefer to develop products and processes that affect people in developed countries, who can pay more for them. Organisations like United Nations University have a role to play in increasing medical research focused on people in developing countries.

United Nations University
United Nations University was created in 1973. Its goal is to develop research and share knowledge with those who need it most. UNU headquarters are located in Tokyo, Japan, but there are campuses around the world. Science, technology, global health and sustainable development are some of the topics that UNU focuses on.

- **Cloning** is the process of producing genetically identical individuals. Animals can now be cloned both in laboratories and on farms. Selling cloned meat has been allowed in the United States since 2006. Animal cloning aims to create exact genetic duplicates of animals considered to have superior features, such as disease resistance or higher-quality meat. As far as human cloning is concerned, there are two types: **therapeutic cloning**, which exists, involves cloning human cells for medical use; **reproductive cloning**, which is not allowed, would involve duplicating a person to create a second individual with the exact same genes.

- **Human therapeutic cloning** enables patients who cannot obtain transplants to be treated. It generates tissues or even whole organs. **Human reproductive cloning** could help parents who cannot procreate to have a child, or to replace a child who died. But it also raises many ethical issues. Humans could be cloned for their tissues or organs. "Replacement" clones could face emotional difficulties.

- **Sex selection** allows couples to choose the sex of their offspring. It can be performed as part of IVF: the embryo's gender can be selected before implantation. Sex-selective abortions are also performed by couples who prefer to choose their child's gender, although it is illegal in many countries.

- **Gender selection** is very common in India, where people prefer male children for social reasons. The natural ratio of births is 95 girls to every 100 boys. But in India, the ratio is closer to 80 girls for 100 boys. Consequently, kidnapping and trafficking of women and girls risen sharply.

- **Surrogate motherhood** is legal in some countries, and in some American states, and banned in others. Surrogacy is a complicated ethical issue, because on the one hand, it enables some people to have children, but on the other, in certain contexts, it reduces other women to the status of "baby-making machines."

- **A "saviour sibling" is a child who is conceived to provide** an organ or cell transplant to a brother or sister suffering from a fatal disease. This technique is a major breakthrough, but the welfare of the child must be the scientists' priority. Moreover parents must be careful since there may be psychological effects on a child who was born not for his or her own sake but to save somebody else's life.

Help
- *sex selection* choix du sexe
- *offspring* progéniture
- *trafficking* la traîte
- *a surrogate mother* une mère porteuse
- *a saviour sibling* un bébé-médicament

3 Impact of Scientific Innovations on the Globe

A Pollution and Agreements

- **The United Nations Environment Programme.** The United Nations (UN)Environment Programme was established in 1972, after the first United Nations Conference on the Human Environment. But little progress was made in integrating environmental considerations into international and national economic development. The environment has continued to deteriorate, and issues such as depletion of the ozone layer, global warming and pollution have continued to grow.

- **The World Commission on Environment.** The United Nations established the World Commission on Environment and Development in 1983. The Commission's goals were to protect the environment, support sustainable socio-economic development and contribute to creating a global partnership between developed and developing nations.

Help
- *depletion of the ozone layer* diminution de la couche d'ozone
- *sustainable development* le développement durable

- **The Earth Summit.** The international political response to climate change began with the UN-sponsored Earth Summit in Rio de Janeiro, Brazil, in 1992, with the adoption of the "Rio Conventions" on Biodiversity, Climate Change and Desertification, which were signed by 196 nations. The 2012 summit acknowledged that human activity contributes to global warming, and made industrialized countries responsible for fighting against this phenomenon.
- **A Conference of the Parties** (to the 1992 UN Convention), known as **COP**, is held yearly in order to review and revise the Convention's goals and to take the decisions necessary to achieve those goals.
- **The Kyoto Protocol** was adopted at COP3, in 1997, but it didn't enter into effect until 2005. In 2014, post-Kyoto negotiations aimed to require all major polluting countries to pay for $C0_2$ emissions. But China, India and the USA objected.
- Nevertheless, **at COP21, in Paris in late 2015**, 195 member states (the same as Rio, minus Canada), signed an agreement promising to reduce their carbon output "as soon as possible" and to do their best to keep global warming to "well below 2 degrees C". Conference head Laurent Fabius described the plan as a "historic turning point". In March 2016, the Obama administration gave $500 million to the "Green Climate Fund" as part of "the (...) commitment made at the Paris climate talks."

B Using Up Our Resources

We consume more resources than nature can regenerate, and we create more waste than nature can recycle.

- **Food** is one of the most essential resources people need to survive. So we devote more and more land to food production, even though it may damage the biosphere. Agriculture can contribute to soil and water depletion, deforestation, pollution(through fertilizers pesticides etc.), and loss of biodiversity in crops, livestock or wild species.
- **Industrial pollution** is the leading cause of pollution worldwide. In the USA, the EPA, the Environmental Protection Agency, estimates that 50% of the pollution is caused by industry. Mechanizing the means of production since the Industrial Revolution has led to a rise in the use of fossil fuels like coal, which vastly increase pollution. In 1952 in London, a 5-day air-pollution event called the Big Smog killed more than 4,000 people, and made thousands more unwell. It led to the Clean Air Act, which restricted air-pollution in cities.

Vocabulary

- *waste* les déchets
- *depletion* épuisement
- *fertilizer* l'engrais
- *crops* les cultures
- *livestock* le bétail
- *fossil fuels* combustibles fossiles
- *coal* le charbon

- **Pollution can also come from industries** dumping waste chemicals into natural waterways. Industrial pollution can affect the air, water and soil. It can kill animals and plants, damage buildings, and adversely affect human health, causing birth defects, disease and even death. Pollution can travel huge distances. Industrial pollutants have even been found in ice samples from Antarctica, which has no industry.

Vocabulary
- *to dump* déverser
- *waterways* cours d'eau
- *birth defect* maladie congénitale

- **Transportation**. Modern people's taste for travelling ever farther and faster involves means of transportation such as cars and planes that contribute to increasing the rate of CO_2 emissions in the atmosphere. 30 to 40% of the carbon dioxide released by humans into the atmosphere dissolves into oceans, lakes and rivers. This endangers many species of fauna and flora because it raises the water's acidity. Acidic water kills some algae, damages coral, and can dissolve the shells of oysters or clams, threatening food chains. From 1995 to 2014, the Pacific Ocean's acidity level increased by 6 percent. This increase can have a tremendous impact on people, too. Today more than a billion people rely on food from the ocean as their primary source of protein.

C Alternatives

- **Organic food** is produced thanks to practices that protect the environment and preserve biodiversity. Chemical fertilizers, pesticides and food additives are not used, to avoid pollution and other harmful side effects. Intensive, non-organic farming uses chemicals to speed up growth, kill bugs and stop diseases. These chemicals then contaminate the food we eat, as well as the soil and water. Organic farming, on the other hand, is based on more natural methods. It is a less-polluting process, but it is also less productive, and crop yields are smaller.
- **The slow-food movement** is a reaction to fast-food (like McDonald's) and to the industrialization of food in general. It encourages people to eat organic or less processed food. It is also related to the "locavore" movement: people only eat food produced locally, in order to encourage small farming and to reduce their carbon footprint (because there is less transportation of food). Sustainability and eco-awareness are locavores' priorities.

Help
- *organic* biologique (bio)
- *side effects* effets secondaires
- *a bug* un insecte
- *yield* un rendement
- *processed food* nourriture industrielle
- *the carbon footprint* l'empreinte carbone
- *sustainability (of resources)* la durabilité
- *eco-awareness* la conscience écologique

● **Anti-consumerism** is an ideology supported by activists like Adbusters, who believe that multinational companies manipulate consumers to create false needs and to buy and consume more than they really want or need.

KEY IDEAS

- Scientific innovations play an important part in our society. Recent scientific discoveries are part of our daily lives., and their goal is to improve it.
- Robots have become indispensable to humanity, in both daily life and industry, as well as for scientific research.
- Scientific breakthroughs also involve ethical considerations.
- Technical and scientific progress must be accompanied by concern for the environment in order to protect our natural resources.

REPÈRES

Some fields with major progress

- **Medicine**

According to a UN World Population study, in the past century, average global life expectancy[1] has increased from about 40 years to about 70. There are regional differences, but the increase is global. Some key factors:
– lower infant mortality, thanks to antiseptics and other factors (high infant mortality brings average life axpectancy down significantly)
– vaccinations against diseases like smallpox[2] and polio.
– antibiotics, which have been used against infection since the 1930s.
– testing for blood type, which makes blood transfusions safer.
– treatments like radiation and chemotherapy for cancer, tri-therapies for HIV/Aids, etc.
– other factors, like improved access to clean drinking water.

- **Communication**

One hundred years ago, most communication was face-to-face, or through the Post Office. Telephones were invented in 1876, but in 1900, less than 1% of the population had one. By 2014, however, there were more mobile phones (7.2 billion) than people (7 billion) on our planet! "No other technology has impacted humanity like the mobile phone. It's the fastest growing manmade phenomenon ever - from zero to 7.2 billion in three decades," Kevin Kimberlin, technology expert.

- **Transportation**

From walking and horse carts to space tourism, via trains and planes and automobiles, transportation has also evolved dramatically. In the 1850s, when many Irish people emigrated to the USA, they never expected to see their relatives in Ireland again. Nowadays, many emigrants live on one continent, but visit their parents on another one regularly. Faster transportation means people can live farther from where they work, and it makes international tourism possible. But it also contributes to pollution and climate change, because of CO_2 emissions.

- **Agriculture**

The introduction of mechanical tractors, the hybridization of disease and pest-resistant crops[3], and the use of chemical fertilizers have vastly increased agricultural production. But chemical fertilizers, herbicides and pesticides also contribute to pollution. And more recent developments, like cloning sheep and cows, and the use of GMOs (genetically modified organisms) are very controversial. On the one hand, they can increase production. On the other, they can be expensive for poor farmers, who must buy new seeds every year. And no one knows what the long-term effects of "Frankenstein species" (plants with fish genes, for example) being introduced into nature will be.

1. *life-expectancy* l'espérance de vie 2. *smallpox* variole
3. *disease and pest-resistant crops* les cultures résistantes aux maladies et aux parasites

Biographies

Grace HOPPER (1906-1992)

In the 1940s, Grace Hopper (an Admiral in the US Navy) co-developed the Mark 1, a computer at Harvard that did calculations for the Navy. In the 1950s, she wrote one of the first computer-programming languages, Flow-matic. "In 1952," Hopper later explained, "I had an operating computer, but nobody would touch it. They thought computers could only do arithmetic." The USS *Hopper*, a Navy ship, and the Hopper supercomputer at the National Scientific Computing Center, are both named in her honour.

Steven ("Steve") JOBS (1955-2011)

In 1976, Jobs co-founded Apple with his high-school friend Steve Wozniak. They wanted to sell the Apple 1, a personal computer Wozniak had designed. A year later, the Apple II became the first best-selling personal computer. When Jobs was forced to leave Apple in 1985, he invested in Pixar, which produced *Toy Story*, the first 100% computer-animated film. In 1997, he returned to Apple, where he helped design the iPod (mp6 player), iPhone (cell phone), iPad (tablet) and more. Jobs, a billionaire businessman, was an adopted child who never finished university. He became a Zen Buddhist in India at age 19. He died of pancreatic cancer.

Barack OBAMA (1961-)

In 2008, Barack Obama's campaign slogan was, "Yes We Can". Born when African-Americans couldn't vote in many states, Obama's election as the first African-American president of the USA was a dramatic symbol of social progress. As president, he is best-known for "Obamacare", (officially, the Affordable Care Act), a nation health programme. In 2012, the year Obama was re-elected, he declared his support for same-sex marriage, which the Supreme Court legalized across America in 2015. Obama's reaction was, "When All Americans are treated as equal, we are all more free."

Elon MUSK (1971-)

Born in South Africa, Elon Musk now lives in the USA. As an entrepreneur, he became a multimillionaire in his 20s, by founding and selling start-ups – companies like PayPal, the online payment service. But Musk's passion is transportation. He is using his wealth to develop Tesla, which makes electric cars, SpaceX, the first private company to send a vehicle to the International Space Station, and Hyperloop, a system in which people travel through low-pressure tubes at more than 1,000 km. an hour. It sounds like science fiction, but with Elon Musk, anything is possible!

Books and films

Two books

***Never Let Me Go*, Kazuo ISHIGURO (2005)**
In this dystopian science-fiction novel by a Japanese-born British author, the three main characters meet as children at a boarding school that is very isolated from the outside world. The characters gradually come to realize that they are clones. Their role in life is to donate their organs and die young, so that un-cloned people (called "possibles") can live longer, healthier lives. The book was made into a film in 2010.

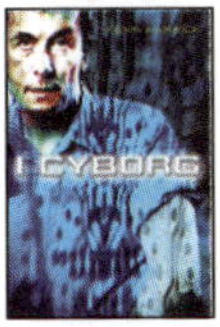

***I, Cyborg*, Kevin WARWICK (2004)**
This book is the non-fictional account of how Professor Kevin Warwick – also know as "Captain Cyborg", the world's leading expert in Cybernetics – also became the world's first cyborg. Warwick describes the ground-breaking experiments he performed on his own body. He implanted a chip into his left arm that connected his nervous system directly to a computer, allowing him to control machinery with his thoughts.

Two films

***2001: A Space Odyssey*, Stanley KUBRICK (1968)**
This sci-fi masterpiece is generally considered to be one of the most influential films ever made. The story, about two astronauts' voyage to Jupiter with an autonomous computer called Hal, allows the filmmaker to address a variety of themes, including evolution, technology, artificial intelligence and extra-terrestrial life. Scientists appreciate the film's accurate depiction of space travel. The soundtrack, which includes classical music and children's songs, is also very well-known.

***The Matrix*, L. & A. WACHOWSKI (1999)**
This trilogy (with *Matrix Reloaded* and *Matrix Revolutions*, 2003) depicts a dystopian society in which intelligent machines have taken over the world. Humans are prisoners of the machines, slavishly producing energy for them. But they are unaware of their situation, because the reality they think they perceive is actually a simulation created by the Matrix. The hero, Neo, helps rebels hack into the Matrix in order to free humans from the dream world in which they are imprisoned.

Scientific Innovations and Responsibility / Innovations scientiques et responsabilité

1 *Discovery, Learning, Research* / La découverte, la recherche

proof (généralement indénombrable)	une preuve	
evidence (indénombrable)	des preuves	*a piece of evidence* une preuve
a stroke of genius	un trait de génie	
a patent	un brevet	
to perform an experiment	faire une experience	
to proceed by trial and error	tâtonner	
to progress, to make headway	progresser	
to improve, to upgrade	améliorer	
to build a theory	élaborer une théorie	
to test/to put to the test	mettre à l'essai	
to subsidize	subventionner	*a subsidy/a grant* une subvention/une bourse
to fund	financer	*public funding* financement public *private funding* financement privé
to cut	réduire	*cutbacks* des réductions
a tight budget	un budget serré	
a research facility, a research lab	un laboratoire de recherche	
a field of research	un domaine de recherche	
research expenditure	dépenses consacrées à la recherche	
to earmark money for research	budgeter de l'argent pour la recherche	
the benefits of science	les bienfaits de la science	
to pioneer a technique	innover une technique	*to do pioneer work in* faire œuvre de pionnier en
to tinker (with)	bricoler	

2 *Robotics and Internet* / Robotique et Internet

a network	un réseau	
software	un logiciel	
web censorship	la censure sur le web	
technological progress	les progrès technologiques	
a mobile phone	un téléphone portable ←	US : *a cell phone*
a surveillance camera	une caméra de surveillance ←	syn : *CCTV (closed-circuit television)*
a threat	une menace	*to threaten* menacer
privacy	la vie privée	
to launch a cyberattack	lancer une cyberattaque	
to monitor	surveiller	
to spy on	espionner ←	fam. : *to snoop around*
a robot-run industry	une industrie robotisée	
a robotic device	un engin robotisé	
to automate a factory	automatiser une usine	*an automaton* un automate
to be hazard-free, to be risk-free	être sans danger	
to give people more leisure time	donner aux gens plus de loisir	
to relieve humanity	soulager l'homme	*to lighten mankind's burden* soulager le fardeau de l'homme
to set people free	affranchir les gens	

3 *Space Conquest* / La conquête de l'espace

an astronaut	un astronaute	
a spaceman/spacewoman	un(e) spationaute	
a cosmonaut	un cosmonaute	
a space station	une station spatiale	
a space lab	un laboratoire spatial ←	*Skylab: the name of NASA's first space station*
a spaceship, a spacecraft (pl. spacecraft)	un vaisseau spatial	*a manned spacecraft* un engin spatial habité
a roving robot, rover	un robot autonome	
to go/put (a satellite) into orbit	(se) mettre (un satellite) en orbite	
a flight into space	un vol spatial	

weightlessness	l'apesanteur	
a space probe	une sonde spatiale	
a star chart	une carte du ciel	
to discover a star	découvrir une étoile	*one million light years away* distant d'un million d'années-lumière
to peer through a telescope	regarder à travers un télescope	
to peer deep into space	fouiller l'espace	

4 *Medecine and Medical Ethics* / Médecine et éthique médicale

to develop a vaccine	mettre au point un vaccin
to vaccinate	vacciner
the drug / pharmaceutical industry	l'industrie pharmaceutique
a drug / pharmaceutical company	un laboratoire pharmaceutique
a clinical trial	un essai clinique, un essai thérapeutique
long-term testing	des expériences à long-terme
animal testing	l'expérimentation animale
to devise a treatment	mettre au point un traitement
to eradicate a disease	faire disparaître une maladie
to conquer a disease	vaincre une maladie
an ethics commission	une commission d'éthique
a code of ethics	un code de déontologie
a controversial topic	un sujet de controverse
a matter of conscience	un problème de conscience
to violate a code of conduct	bafouer un code de conduite
to legislate	légiférer
to ban experiments on	interdire les expériences sur
to misuse a technique	mal utiliser une technique
to tamper with	manipuler (de façon malveillante)
to uphold the principles of	défendre les principes de
to underplay the danger	minimiser le danger
to quiet fears	apaiser les craintes
to launch an awareness campaign	lancer une campagne de sensibilisation

CHAPITRE 8

Diversity and Inclusion

Mots-clés

- ***upper class, middle class, lower class*** classe supérieure, classe moyenne, classe ouvrière
- ***gender*** genre (masculin ou féminin)
- ***caste system*** système des castes (en Inde)

LES IDÉES ESSENTIELLES

- La notion de classe, race et genre entraîne des discriminations et des inégalités.
- Discriminations et inégalités ont pour conséquence des dommages irrémédiables et peuvent même causer la mort des personnes qui en souffrent.
- Les minorités sont les premières à souffrir de discrimination et elles ont des difficultés à s'intégrer dans la société.

➔ p. 225

1 Conflict between Modernity and Tradition

A Culture and Traditions are Becoming Interdependent

- **Evolution of eating habits.** As society evolves, some traditions begin to disappear. Eating habits are a good example of this evolution, with the increasing popularity of fast food, for example. The western fast-food industry was non-existent in India just a few decades ago, for example. Since then, the two-largest fast-food companies, McDonald's and Kentucky Fried Chicken (KFC), have been heavily introduced into Indian society and continue to move into as many regions as possible. The Big Mac is now found in many southern as well as northern countries.

- **Cultural evolution.** Developing countries lose some of their cultural heritage when western style clothing becomes more easily and cheaply accessible. For example, blue jeans are starting to replace traditional clothing in India. In order to produce goods at the lowest possible cost, multi-national companies often exploit child labourers, prisoners, and other vulnerable populations in factories with terrible working conditions. These factories, called sweatshops, exist in many places including Xintang, China. Safety measures are not respected, and working hours are very long.

> **Help**
> - *a sweatshop* un atelier où la main-d'oeuvre est exploitée

> **Xintang, China**
> Xintang, the blue-jeans capital of the world, produces over 260 million pairs of jeans a year – 60% of China's total production. Blue-jean production uses many chemicals and heavy metals such as lead (plomb) and mercury (mercure), causing pollution, which leads to health and fertility problems for the local population.

- **Social evolution.** Social roles are evolving, too. For example, women's place is changing. Globalization can exacerbate gender inequality by exploiting women in low-wage sweatshops. But in other ways, it can free them from traditional roles in rural areas by allowing them to become wage-earners whose income grants them more influence.

- **In rural India**, 90% of the labour force (including agricultural labour) is composed of women, but they almost never own the land. In urban India, women account for only 30% of the workforce. Sexual harassment and even rape are relatively common in Indian cities. This prevents some women from working outside the home, because they feel unsafe. While those problems didn't

> **Help**
> - *gender inequality* inégalité entre hommes et femmes
> - *low-wage* à bas salaire
> - *a wage-earner* quelqu'un qui a un salaire
> - *a rape* un viol

use to be acknowledged, in recent years, more victims have been discussing the problem in the media. This has led to a change in attitude: Indian society is starting to recognise that this problem needs to be addressed.

B Skyscrapers and Slums

● **The Jewel in the Crown.** Medieval India (from about 600 to 1200) was a land divided into regional kingdoms with great cultural diversity. By the 16th century, Mughal Emperors from Persia ruled northern India. In fact, the "Peacock Throne", which was the symbol of the Mughal Empire, was taken from India as a war trophy in 1739 by the Persian king Nadal Shah. By the late 18th century, the British had conquered most of the sub-continent. British India added greatly to Britain's wealth and prosperity, and confirmed its status as a world power.

● **Throughout the 19th century**, "the sun never set on the British Empire" – because it spanned the globe, it was always daylight somewhere in the British Empire. When Queen Victoria became Empress of India in 1876, India was known as the "Jewel in the Crown". British rule lasted until 1947, when Indian nationalists, led by Mahatma Gandhi and Jawaharlal Nehru, demanded independence. Upon independence, British India was divided into India and Pakistan. Thousands of people died or became refugees during the period of Partition.

Help
- *to span the globe* s'étendre sur toute la terre
- *to demand* réclamer

● **A land of contrasts**. With over 1.2 billion people, 21st-century India is the second most populous country in the world. 22% of the population (more than 270 million people) live in extreme poverty. But India has a large wealthy population too. Mumbai (formerly known as Bombay) is a symbol of that economic disparity. With a population of more than a million people living in extreme poverty, Dharavi, a section of Mumbai, is the largest slum in Asia.

Yet the most expensive home in the world – a 27-storey building called Antilia, built by an Indian billionaire named Muskesh Ambani – is just minutes away from Dharavi, in a wealthy part of Mumbai.

● **The formation of slums** is linked to urbanization. Rural poverty encourages migration to urban areas. But when poor people come to the city in search of work, they generally cannot find decent, affordable places to live. They wind up living in the slums that have sprouted up on the outskirts of expanding cities in developing countries around the world. Slum buildings are generally built with low-quality materials, and rarely have electricity or running water. They are overcrowded, with whole families living in a single room.

Help
- *a slum* un bidonville
- *a storey* un étage
- *to wind up* ici, finir par
- *to sprout up* pousser comme un champignon
- *the outskirts* la périphérie

• At the same time, Indian cities are having a building boom for super-tall skyscrapers In fact, India has many of Asia's largest industrial companies, like Tata Motors (car manufacturers). The 126-storey India Tower in Mumbai is 718 metres tall, more than twice as tall as the Eiffel Tower!

Help

■ *a skyscraper* un gratte-ciel

COURS

2 Various Forms of Discrimination

A Classes and Inequalities

• **In Western societies**, people are often broadly classified into three major divisions of social class: upper class, middle class, and lower class. Class, race, and gender are forms of classification that bring inequality.

• **In Britain during the Industrial Revolution.** During the Industrial Revolution there were 3 main social classes: the upper class, the middle class and the lower class which was also called the working class. The upper class was composed of the rich and with the advancement of new technology, this class became richer. Goods were manufactured and sold for a cheaper price in their factories. The working class was employed by the factory owners. The middle class saw benefits from the Industrial Revolution and seized the opportunity to get richer. They succeeded in living better by creating many factories and businesses. The middle class managed to reach a high standard of living. Due to their small factories or businesses, they gradually made their way to the upper class. This is the reason why, the middle class could buy newly affordable items such as furniture and clothing allowing themselves a more comfortable life. On the opposite, the working class, that is to say around 80% of society, had little power and it resulted in the continuation of unfair working hours, bad wages, and unsanitary and hazardous working conditions. The workers could not even fight for their rights in the political system as only the rich were eligible to vote.

• **In India the Caste System.** Between 1860 and 1920, the British segregated Indians by caste, granting administrative jobs and responsibilities only to Christians and people belonging to certain castes. The population was very angry and started rebelling. Social unrest during the 1920s led to a change in this policy. The British decided to implement a policy of positive discrimination enabling people form the lower castes to take government jobs. In 1948, discrimination on the basis of caste was banned by law. However the system continues to be practiced in India with devastating social effects. At the top of the pyramid: The Brahmins (priests and teachers). Below them: The Kshatriyas (warriors and rulers) Then: The Vaishyas (merchants, traders and farmers). Below them: The Shudras (labourers). Out of the pyramid, the Outcastes or the Dalits (street sweepers or latrine cleaners)

B Gender Discrimination

- **Gender discrimination kills** 240,000 girls under the age of five every year in India. Their genocide means killing them before being born but also acting to prevent girls from living.
- **Gender discrimination concerns their limited access to education, employment or political representation.** But it also concerns lacks as regards care, vaccination, and nutrition of girls. Thus it endangers their survival. The reasons for the deaths are mostly due to unwanted female child bearing in a society that has a preference for sons. Families prefer delivering boys and the availability of sex-selective operations, although illegal in India, means there's a gender gap of as many as 63 million girls.
- **For every 107 males born in India**, there are 100 females whereas the natural sex ratio at birth is 105 males for every 100 females according to the World Health Organization.

C Racial Discrimination in the United States

- **Discrimination against Native Americans.** When the Europeans arrived on North America's shores, they were convinced that the original inhabitants of America were savages and that they needed to be civilized through Christianity. The Europeans' behaviour led to a genocide and stolen land. They tried to wipe out Native American traditions. Simultaneously they forced assimilation through institutions like residential schools and the establishment of "Indian reservations". This treatment caused irreversible damage. Today Native Americans have the highest suicide rate of any minority in the United States.
- **Discrimination against Japanese-Americans.** When Japan ordered the bombing of Pearl Harbor in Hawaii in December 1941, racism against Japanese-Americans soared. Japanese-Americans were targets of harassment, discrimination, and government surveillance. Most of them lost homes, jobs, and businesses. It got worse in February 1942 when President Franklin D. Roosevelt ordered the internment of Japanese-Americans. They were considered as enemies of the state. More than 60,000 Japanese-Americans were sent to the camps whereas they were born and raised in the United States and had never set foot in Japan. Half of those sent to the camps were children. Some of those imprisoned died in the camps due to a lack of proper medical care. Others were killed for not obeying orders.

The overcrowded accommodations were bleak and surrounded by barbed wire. President Roosevelt himself called them « concentration camps. »

D Fighting against Inequality

1. In the USA

- **Slavery existed in the USA from before independence to the end of the American Civil War.** The cotton industry made the economy of the southern states dependent on slavery. When the Civil War ended on June 22, 1865, the government tried to enforce the Emancipation Proclamation, which emancipated the slaves. Some southern states still refused to free slaves, however. So in December, 1865, the 13th Amendment to the Constitution formally and definitively abolished slavery in the USA.

- **In 1868, Congress ratified the 14th Amendment**, which granted full citizenship to former slaves, who did not have the rights of citizens before. For a few years, African Americans in the South were not only free from slavery but played an active role in politics. Between 1868 and 1876, southern states elected 16 black representatives to the US Congress and more than 600 black state legislators.

Help
- *slavery* l'esclavage
- *to grant* accorder
- *citizenship* la citoyenneté
- *former* ex, ancien

- **In the 1880s, after northern soldiers had returned home, white segregationists began to impose a set of racist rules known as Jim Crow laws.** From the 1880s to the 1950s, these laws imposed segregation between Blacks and Whites in all public places, from schools, hospitals and buses to restaurants, movie theatres and even water fountains. The laws concerned people's private lives as well, because Blacks and Whites were not allowed to marry.

Did you know?
Jim Crow was a fictional character invented by racists to make fun of Black people. The laws enforcing racial segregation in the South bore his name.

- **White supremacist organisations like the Ku Klux Klan** lynched people who didn't respect Jim Crow. In all, more than 3,000 Black people and over 1,000 Whites were lynched in the South between the 1890s and the 1950s, most of them in the 1890s.

- **By the 1950s, the Civil Rights movement**, which was fighting against Jim Crow and for equal rights for Black people, was getting stronger. Inspired by Gandhi's non-violent protests, the civil-rights leader Martin Luther King became the spokesperson for non-violent civil disobedience. One

Help
- *a spokesperson* un porte-parole

tactic they used was called a *sit-in*. Black activists would enter a restaurant that didn't serve Blacks, for example, sit down at a table, and refuse to leave.

- **The most famous act of civil disobedience in the history of the civil-rights movement was on December 1, 1955 in Montgomery, Alabama.** Rosa Parks, a 42-year-old black woman, refused to give up her seat in a bus to a white passenger, even when the bus driver told her too. The bus driver called the police, and Rosa Parks was arrested. To protest her arrest, civil-rights leaders asked black people not to take the bus. So they boycotted the buses, even if they had to walk a long way to school or to work. In November, 1956, the Supreme Court decided that segregation on public transportation was unconstitutional. Finally, in December, 1956, the city of Montgomery ended segregation on public buses, and black people started riding them again. The Montgomery Bus Boycott is one of the largest, longest and most successful protest movements in American history.

Help
- *to ride a bus* aller en bus

- **The civil-rights movement** led to the passage of The Civil Rights Act of 1964 and the Voting Rights Act of 1965.

The Civil Rights Act and the Voting Rights Act
The Civil Rights Act of 1964 outlawed discrimination based on race, colour, sex, religion or national origin.
The Voting Rights Act of 1965 prohibited racial discrimination in voting.

2. In Canada

- **Canada is now the most multicultural country in the world**, with immigrants from every country, ethnic group and religion in the world. The French and British first established colonies in Canada in the 17th century. But the Aboriginal, or indigenous peoples of Canada arrived from Asia over 12,000 years ago. Aboriginal peoples are divided into many different cultural groups, called *bands* (formerly *tribes*), with more than 50 different languages.
- **The Canadian Constitution recognizes three categories of Aboriginal peoples**:
  – **The Inuit** (formerly known as Eskimos) traditionally lived in Canada's Arctic region. About half of the Inuit, 30,000 people, now live in Nunavut, a semi-autonomous territory in northeast Canada. Nunavut was established in 1999; before then, the land was part of the Northwest Territory. The four official languages of Nunavut are English, French, Inuktitut and Inuinnaqtun, two Inuit languages. The name *Nunavut* means "Our Land" in Inuktitut.

Did you know?
Since 1996, June 21 is recognised as **National Aboriginal Day,** a day celebrating the cultures and contributions of all of the Aboriginal peoples of Canada.

– **The First Nations**, also called Indians, are composed of 630 different bands (or tribes). They originally lived in the provinces of British Columbia and Ontario. Today, many of the 850,000 First Nations people in Canada live outside their ancestral homes. Their situation in Canada is difficult: they have a much higher unemployment and poverty rate, and less education, than most Canadians.

– **The Métis** are a group that recognizes mixed ancestry and two cultures: Native and European (French or British). There are 450,000 Métis in Canada, mostly in Alberta. They generally speak French.

3. In South Africa

• **Racial segregation** started in colonial times under the Dutch empire and continued under the British, who took over the region in 1795. **Apartheid**, a legal system of racial segregation, was established in 1948. It sorted people into four racial groups: Black, White, Coloured (mixed-race) and Indian. From 1960 to 1983, 3.5 million non-white South Africans were forced to leave their areas that had become "White Only."

Did you know?
Apartheid means separateness, or apart-ness, in Afrikaans, one of the official languages of South Africa.

• In 1970, South African Blacks were deprived of their citizenship and forced to become citizens of Bantustans, self-governing tribal lands far from where many of them lived and worked. They were required to have special passes to live and work in South Africa. The Bantustans had very poor education, medical care and other public services.

Help
▪ *to deprive of* priver de, déposséder de

• **Civil disobedience and resistance in South Africa:**

– In the 1950s, the ANC (the African National Congress, the main anti-Apartheid organisation) used only non-violent means to protest Apartheid. But on March 21, 1960, 69 anti-Apartheid protestors were killed by the police in the township of Sharpeville. After the Sharpeville Massacre, **Nelson Mandela** (see biography page 196) and other ANC leaders announced that it could no longer limit itself to non-violence. If the government did not increase black people's rights, the ANC would attack the government. The first attacks took place in December, 1961. In 1962, Mandela was arrested and sentenced to life in prison.

– In 1974, the government passed a law requiring all schools to teach Afrikaans, a language similar to Dutch that was spoken by White South Africans. Black South Africans preferred to learn English, since Afrikaans was seen as the language of the oppressor. On June 16, 1976, schoolchildren in Soweto (from SOuthWEst TOwnship, the part of Johannesburg were Blacks were allowed to live), organised a **massive protest against Afrikaans in school**.

Over 10,000 students participated. The protest was meant to be peaceful, but police barricades caused a panic, and the police started shooting the unarmed demonstrators. On the first day, 23 people were killed – almost all teenagers shot by the police. On the second day more than 150 more people were killed. The shooting of schoolchildren shocked public opinion around the world. June 16 is now a public holiday in South Africa. It is called Youth Day, in honour of the young demonstrators, and in memory of those who died. **Steve Biko**, an anti-apartheid leader in the 1960s and 1970s, was one of the leaders of the Soweto Uprising. He also helped popularise the slogan "Black is beautiful". In 1977, he was arrested and beaten to death by the police. He is remembered as a hero and a martyr of the anti-apartheid movement.

– Shocked by all the racist violence, **the international community placed sanctions on the country**. There were restrictions against trade, and South Africa was not allowed to participate in the Olympics. The South African government eventually realised that is was not possible to maintain apartheid.

– **In 1990, President de Klerk released Nelson Mandela** and several other political prisoners, and started negotiations to end apartheid. De Klerk and Mandela shared the Nobel Peace Prize in 1993. The nation's first truly democratic elections – in which everyone could vote – were held in 1994. Nelson Mandela's party, the African National Congress, won the election, and **Nelson Mandela became the first Black President of South Africa.**

KEY IDEAS

- Class, race and gender bring about discrimination and inequalities.
- Irreversible damage and death are the consequences of discrimination.
- Minority groups are most likely to suffer from discrimination and difficulties to integrate into the society.

Suffragette Movement in Britain

Facts and Timeline

- 3 August 1932 Mary Smith was the first woman to present a suffrage petition to the Parliament
- January 1867 Manchester National Society for Women's Suffrage (MNSWS) is founded.
- 15 April 1868 The MNSWS holds the first ever public meeting about women's suffrage in Manchester
- December 1894 The Local Government Act allows married and single women to vote in elections for county and borough councils.
- 1897 The National Union of Women's Suffrage Societies (NUWSS) is founded and led by Milicent Fawcett. They launch peaceful campaign methods such as petitions.
- October 1903 The Women's Social and Political Union (WSPU) is created in Manchester at the home of Emmeline Pankhurst.
- 1905 The WSPU chooses the motto « Deeds not Words ». It is the start of militant action by the suffragettes.
- February 1907 Over 3000 women marched from Hyde Park to Exeter Hall in the rain and mud. It later became known as the « Mud March ».
- 8 March 1907 Dora Thewlis and 75 other suffragettes are arrested after the attempt to storm the Houses of Parliament.
- June 1908 The Women's Sunday' demonstration is organised by the WSPU at Hyde Park in London. It is attended by 250,000 people from around Britain. It is ignored by Asquith. Thus suffragettes turn to smashing windows in Downing Street, using stones with written pleas tied to them, and tie themselves to railings.
- July 1908 The Women's Anti-Suffrage League (WASL) is founded by Mrs Humphrey Ward.
- August 1909 The WASL merges with the Men's National League for Opposing Women's Suffrage.
- November 1910 The Conciliation Bill, which would grant suffrage for one million women who owned property fails to become law. In retaliation, 300 suffragettes from the WSPU march on parliament, where they are arrested. This day later becomes known as « Black Friday ».
- 1912 The Labour Party becomes the first political party to include female suffrage in their manifesto.
- July 1914 The outbreak of World War One brings a suspension to women's suffrage campaigns. Women support the war effort, and during this period nearly 5 million women remain or enter into employment.
- February 1918 The Representation of the People Bill is passed and women over the age of 30 and men over the age of 21 are allowed to vote.
- July 1928 Everyone over the age of 21 is entitled to vote.

Biographies

Al GORE (1948-)

During Al Gore's long career in politics (in Congress, and as vice-president) he supported both information technology and the environment. In 2000, Gore ran for President, but although he won the popular vote, he lost the election (see "The Executive Branch", p. 187). Gore then left politics and focused on informing people about the dangers of climate change. In 2006, he wrote a book on the subject, *An Inconvenient Truth*, that was made into a film. In 2007, he won the Nobel Prize for Peace.

Martin LUTHER KING (1929-1968)

Reverend Martin Luther King, Jr. was born in Atlanta, Georgia during the Jim Crow era (see p. 190). After the Montgomery Bus Boycott, he led many marches and protests, including the 1963 March on Washington, where he delivered his famous *"I have a dream" speech. "I have a dream that my four little children will one day live in a nation where they will not be judged by the color of their skin but by the content of their character."* In 1964, he won the Nobel Prize for Peace. On April 3, 1968, he was assassinated by a white supremacist. Now he is honoured in America with a national holiday in January, Martin Luther King Day.

Nelson MANDELA (1918-2013)

In 1963, Nelson Mandela (see p. 193) was sentenced to life in prison for sabotage against the Apartheid system. By 1980, there was an international campaign to "Free Mandela." When the government offered to release him on certain conditions, he replied "Only free men can negotiate. A prisoner cannot enter into contracts." After 27 years in prison, he was released. He went on to negotiate South Africa's transition to democracy, to win the Nobel Peace Prize, and to become his country's first black president. He died as an international hero in 2013.

AUNG SAN Suu Kyi (1945-)

Aung Sun Suu Kyi (pronunciation : *Ong Saan Sou Tchi*) was elected president of the Asian nation of Burma in 1990. But her country's military dictatorship placed her under house arrest for 15 years. "The Lady", as she is called, was offered a chance to leave the country if she promised never to return, but she refused to abandon her people. As a political prisoner, she received the Nobel Peace Prize in 1991 for "her non-violent struggle for democracy and human rights." She was released in 2010, and in 2015, her party, the National League for Democracy, won a majority in Parliament.

Books and films

Two books

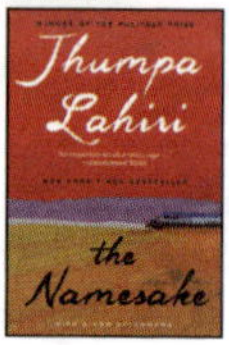

***The Namesake*, Jhumpa LAHIRI (2003)**
It is the story of an immigrant family from Calcutta to Cambridge. It focuses on the son as he rejects his name and heritage in favour of assimilation.

Summerset Abbey, T.J. BROWN (2014)
It deals with three young women who seek to fulfill their destinies and desires despite the unspoken rules of society and the distant rumblings of war.

Two films

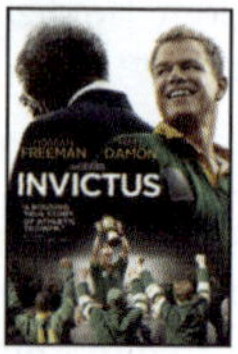

***Invictus*, Clint EASTWOOD (2009)**
Based on a true story, *Invictus* is a historical drama about Nelson Mandela and the 1995 Rugby World Cup, in South Africa. Traditionally, Black South Africans do not support their nation's rugby team, because for many years, it was all-White. But in 1995, as President of the host country, Nelson Mandela believed that support for the rugby team could inspire a greater sense of national unity. The team visited the tiny prison cell where Mandela spent most of his 27 years in jail. He explained that he was inspired by a poem called "Invictus", *unconquered*. Mandela's courage inspired the rugby players, who made an effort to connect with Black fans. South Africa reaches the final…

***Howards End*, James IVORY (1992)**
This romantic drama film is the story of class relations in Britain in turn of the twentieth century. In Edwardian Britain, Helen Schlegel falls in love with Paul Wilcox, while she is staying at the country home of the Wilcox family, Howards End. The Schlegels are an intellectual family of Anglo-German bourgeoisie, while the Wilcoxes are conservative and wealthy, led by strict Henry.

Diversity and Inclusion / Diversité et inclusion

1 *Jobs and Production* / Emploi et production

the labour market	le marché de l'emploi	
the working population	la population active	
job creation	la création d'emplois	
labour	la main-d'œuvre	*labour surplus* l'excédent de main-d'œuvre *labour shortage* la pénurie de main-d'œuvre
employment	l'emploi	*underemployment* le sous-emploi *full employment* le plein emploi
unemployment	le chômage	
an employment scheme	un plan pour l'emploi	
to create jobs, to generate jobs	créer des emplois	
to create job opportunities	créer des débouchés	
job growth, job surge	la croissance de l'emploi	
workload	la charge de travail	
flexitime	horaires flexibles	US : *flextime*
flexible working hours	horaires variables	
to change jobs, to switch jobs	changer d'emploi	
livelihood	les moyens d'existence	
to make a living, to earn one's living	gagner sa vie	
a position	un poste	
a seasonal job	un travail saisonnier	
a seasonal worker	un saisonnier	
a menial job	un travail subalterne	
an odd job	un petit boulot	
full-time work	un travail à temps plein	
to work full time	travailler à temps plein	
part-time work	un travail à temps partiel	
to work part time	travailler à temps partiel	
a steady job	un emploi stable, un CDI	
jobs galore	des emplois à gogo	
to apply for a job	postuler à un emploi	
an applicant	un postulant	

LEXIQUE

LEXIQUE

an application	une candidature	
a vacancy, a vacant position	un poste vacant	*to fill in a vacancy* occuper un poste vacant
to work overtime	faire des heures supplémentaires	
mass production	production en série	
an assembly line	chaîne de montage	
a production line	une chaîne de production	
a factory	une usine	
a foreman	un contremaître	
an executive	un cadre	*the CEO (chief executive officer)* le PDG
a top executive	un cadre supérieur	
profitability	la rentabilité	
profitable	rentable	
efficiency	l'efficacité	
efficient	efficace	
to enhance productivity	améliorer la productivité	
a yield	un rendement	
a struggling industry	une industrie en difficulté	
an ailing industry	une industrie en déclin	
to dismantle	démanteler	
a painful transition	une transition douloureuse	
to turn things around	redresser la situation	
to revive a company	faire redémarrer une entreprise	
to adjust to changing times	évoluer avec son temps	
to keep pace with technological progress	suivre le progrès technologique	
a craftsman	un artisan	
to work on the line	travailler à la chaîne	
stultifying	abrutissant	
menial	subalterne	
thankless	ingrat	
dull	monotone	

2 *The oppressed* / Les opprimés

discrimination	la discrimination	
positive discrimination	la discrimination positive	US : *affirmative action*
feminism	le féminisme, la lutte pour l'égalité hommes-femmes	
sexism, racism	le sexisme, le racisme	
emancipation	l'émancipation	*to emancipate* affranchir (des esclaves)
a patriarchal society	une société patriarcale	
a visible minority	une minorité visible	
a person of colour	une personne de couleur	
demeaning work	un travail avilissant	
the glass ceiling	le plafond de verre	
meritocracy	la méritocratie	
empowerment	le droit de cité	
self-realization	l'accomplissement de soi	
self-fulfillment	l'épanouissement personnel	
equal pay for equal work	un salaire égal pour un travail égal	*salary disparities* les inégalités de salaire
underprivileged	défavorisé	*an underprivileged neighborhood* un quartier défavorisé *council flats (UK), (housing) projects (US)* une cité HLM
to free somebody from	libérer quelqu'un de	syn : *to liberate somebody from*
to awaken somebody to	sensibiliser quelqu'un à	
to battle bias	lutter contre les préjugés	
to earn the respect of	gagner le respect de	
to be judged on merit	être jugé sur le mérite	
to progress, to make progress	progresser, avancer	*to work one's way up* partir du bas de l'échelle
to strike out on one's own	se lancer seul	

CHAPITRE 9

Territories and Memory

Mots-clés

- ***to go westward*** aller vers l'ouest
- ***to expand*** s'étendre
- ***to be given a parcel of land*** recevoir un lopin de terre

LES IDÉES ESSENTIELLES

- Les frontières ont régulièrement évolué.
- Immigration et colonisation ont forgé les frontières.
- Les motivations étaient variées: religion, persécution politique, rêve américain ou encore raisons économiques.

p. 240

1 Evolution of Territories

The borders of the English-speaking countries have evolved over time.

A From Independence to Expansion

- **American Independence.** The signing of the Declaration of Independence in Philadelphia, Pennsylvania, on July 4, 1776 was a turning point in the American Revolution. The document stated that the 13 British colonies then at war with Great Britain considered themselves an independent nation composed of 13 states. Although Britain didn't recognize America's independence until 1782, Americans celebrate The Fourth of July (also known as "Independence Day") as their national holiday, the anniversary of the founding of their nation.

- **Westward, Ho!** The 1783 Treaty of Paris, which ended the War of Independence, established the new nation's borders, but the country continued to expand both south and west. In the early 19th century, President Thomas Jefferson asked Captains Lewis and Clark to explore the continent's interior. Although ships had explored both coasts, no one had ever gone across the continent by land.

Did you know?
"Westward Ho!" was a phrase which acted as an incentive to make pioneers go west.

- **The Lewis & Clark Expedition** – which included a black man and a Native American woman who acted as a guide and interpreter – took three years to travel over 12,000 kilometres, to the Pacific Coast and back. By proving that it was possible to cross the continent by land, the expedition led to westward expansion and an ideology known as "Manifest Destiny." The term, coined in 1854, expressed the idea that the USA was meant to stretch across the North American continent from the East Coast to the West. During this period of expansion, pioneers and settlers pursued a widespread policy of settlement on lands west of the Mississippi, which created conflict with the Native Americans.

Help
- *a pioneer* un pionnier
- *a settler* un colon
- *widespread* ici, tous azimuts

Native Americans
The term "Native American" is now preferred to "Indian". It acknowledges the Natives as an indigenous people and eliminates confusion with the people of India. The term "Indians" derived from Columbus's false impression that he had arrived in India (which is also why certain Caribbean islands are referred to as the West Indies").

- **Slavery.** For more than 200 years, from before independence to the end of the Civil War, in 1865, the economy of the southern states in the USA (as well as most South American countries) depended on slave labour. Most slaves were brought from West Africa as part of the "triangle trade": European merchants traded manufactured goods for slaves, who were sold as property in the New World. The merchants brought agricultural products like sugar, molasses and tobacco back to Europe, completing the triangle.

> **Help**
> - *molasses* la mélasse

B Australia as a Penal Colony

- **Why Australia?** After the American colonies achieved independence, Britain wanted to find a new colony, and so they began to settle in New South Wales (present-day Australia). Cheap labour was needed to develop agriculture and infrastructure there, so Britain began to send convicts "Down Under" (i.e. to the Southern Hemisphere), decreasing the prison population. Convicts were sentenced to seven or fourteen years of labour. At the end of their sentence, they were given a parcel of land to farm. Very few of them returned to Britain, because the journey was long, difficult and expensive.

> **Help**
> - *a convict* un prisonnier, un détenu

- **First settlements.** In May, 1787, the First Fleet of 11 ships set sail with more than 1,400 voyagers. Of those, almost 800 were convicts (men, women and children). The rest were officers, sailors, marines and their families. On January 26, 1788, the Fleet arrived at Botany Bay, in what would become the city of Sydney. This date later became Australia's National Day, called Australia Day.
- **Free settlers.** In 1793, the first free (i.e. not convicts) British immigrant settlers went to Australia. They were given parcels of land to farm, agricultural tools and convicts for free labour.
- **Irish and Scottish settlers**. From June 14, 1825, Irish and Scottish convicts were sent to the colony of Van Diemen's Land, which became Tasmania in 1856. Western Australia was established on January 21, 1827. Convicts who were sent there received sentences of six to fifteen years.

> **Tasmania**
> Tasmania is an island state that is part of the Commonwealth of Australia. It is located 240 kilometres south of the Australian continent. The capital city is Hobart. Tasmania became a state in 1901. It is a constitutional monarchy. The island was named for Abel Tasman, a Dutch explorer. He discovered the island in 1642.

COURS

C Ireland: from a Dominion to a Republic

• **British Rule.** In 1542, the Crown of Ireland Act established Henry VIII and his successors as the rulers of Ireland. But the Irish resisted, and their rebellion lasted for several centuries. The Irish Rebellion of 1798, an uprising against British rule, was influenced by the American and French Revolutions. Although it was unsuccessful in terms of obtaining independence, it did lead to a reduction in discrimination against the Catholic majority.

Help
- *British rule* l'autorité britannique
- *a ruler* un souverain, un dirigeant
- *an uprising* un soulèvement, une insurrection

• **From Famine to Rebellion.** Between 1845 and 1849 more than one million people died from the Great Famine, and another million emigrated to the USA. Potatoes were a staple food for many poor Irish people. When the potato crop failed, it led to mass starvation, even though Ireland was still exporting food (butter, salmon, bacon, etc.) to England. Those items were too expensive for the poor. On April 24, 1916, seven members of the Irish Republican Brotherhood (IRB), a precursor of the Irish Republican Army (IRA), mounted an insurrection called the Easter Rising. They seized some key government buildings. But the British Army quickly suppressed the rising.

Help
- *a staple food* l'alimentation principale
- *starvation* inanition (mourir de faim)
- *to seize* s'emparer de

• **Independence and Partition.** The Irish War of Independence began in January, 1919 and ended in December, 1921, when a peace treaty established Irish independence for the first time in almost 400 years. One month later, Northern Ireland, which had a majority Protestant population, voted to leave the Free State, which had a majority Catholic one, and be reattached to Britain. In 1969, "The Troubles", a period of violence between Catholics and Protestants, began. The violence ended in 1997, and the country has been at peace since.

D Immigration waves in the United States

• **The United States experienced major waves of immigration from the colonial era to 1920.** Many immigrants came to America because they sought greater economic opportunity, while some, such as the Pilgrims in the early 1600s, arrived in search of religious freedom. From the 17th to 19th centuries, hundreds of thousands of African slaves came to America against their will. Individual states regulated immigration before 1892, that is to say when Ellis Island opened. Ellis Island was the country's first federal immigration station. The United States decided to set up quotas of immigrants regarding their origins.

But in 1965 they ended the quota system that favoured European immigrants, and today, the majority of the country's immigrants are originated from Asia and Latin America.

- **Immigration's waves:**
  – First Immigration Wave 1609-1775: Europeans who fled religious persecutions and hoped for better economic futures; Black Africans to be used as slaves.
  – Second Immigration Wave 1820-1870: Germans who ran away from wars; Irish immigrants who left their country because of the potato famine; Chinese immigrants who came to work on the railroad companies.
  – Third Immigration Wave 1881-1920: Europeans (mostly Northern and Western Europeans and at the end of the period Southern Europeans) who immigrated to live their American Dream.

2 Memory: Continuity and Breaks

In our society, individuals, families and communities build their present and future through a combination of continuity and breaks from the past. In some ways, they honor and preserve the heritage of the past, and in others, they incorporate change and new ideas.

> **Help**
> ▪ *a break* (ici) une rupture

A Immigrants' Cultural Heritage

- **Parents' Cultural Heritage.** In the English-speaking world and elsewhere, immigrants aim at building a new life based on their parents' cultural heritage. This cultural heritage can create cohesiveness within immigrant families and communities, but it can also lead to conflict within the broader community or their families. Children who are the first or second generation in a new country may feel divided between their parents' expectations and those of the country where they live. This can lead to cultural conflicts or a "generation gap".

> **Help**
> ▪ *cohesiveness* cohésion
> ▪ *to feel torn* se sentir tiraillé (de *to tear, tore, torn* déchirer)

Immigrants may feel torn between maintaining their culture of origin and integrating into the culture of the place where they now live. Many cities have museums of immigration or other places that honour the immigrant experience.

> **Did you know?**
> Forty per cent of the current American population has at least one ancestor who entered the country through Ellis Island.

The Ellis Island Immigration Museum

The Ellis Island Immigration Museum in New York Harbor is a national historic monument dedicated to honouring and remembering the 12 million immigrants who entered the USA through the Ellis Island Immigration Station between the 1890s and the 1950s. Most of them came by boat from Europe, although others came from Asia, Africa and South America.

- **Cultural heritage in the host country.** With the growth of multiculturalism, everyone, both immigrants and locals, is becoming more aware of the importance of preserving immigrants' cultural heritage. One way to do this is to share immigrant culture in festivals, parades and other events that are open to everyone.

  Example. The **Notting Hill Carnival**, in London, was started in 1964 by the West Indian immigrant community (people from Jamaica, the Bahamas, etc.). It incorporates music, costumes and other traditions from the British West Indies. It started small, but it is now the largest annual street party in Europe.

Help

- *aware of* conscient de
- *to blend* mélanger, mêler
- *double-edged sword* une épée à double-tranchant

- **The Arts.** Music, film, fashion and other arts are an expression of a community's culture. They can also be a way for cultures to be globalized, to penetrate new places and to blend with the cultures they encounter there.

  Example. India is now the country that produces the most movies in the world. Just as Hollywood introduced American cultural habits to the world, "Bollywood" (a combination of "Hollywood" and "Bombay" the old name for Mumbai, the city that is the heart of the Indian film industry) has introduced Hindi music, dance and legends to the world.

- **Re-writing history**. There is an expression: "History is written by the victors." It means that it is difficult for oppressed minority to defend their point of view. The dominant culture often tries to impose its interpretation of history. Nowadays, many oppressed groups are demanding a chance to express their side of the story. In America, this has led to events like Black History Month (February) and Women's History Month (March). During that time, events in schools, on TV and elsewhere, present the important contributions that Black people and women have made to American culture.

- **Education: a double-edged sword.** Education can be an important tool in helping minority communities preserve their cultural inheritance. However, education is sometimes also used against certain cultures. In many countries, certain languages were forbidden, like Native

Did you know?

In 1998, Australia recognized those children as victims. They are now known as the "Stolen Generation." Since 1998, May 26 is National Sorry Day in Australia, a day to acknowledge and apologize for the mistreatment of Aboriginal children and families, and to honour Aboriginal culture.

American languages in North America and Aboriginal languages in Australia. In Australia, children were taken from their families and sent to schools where they were forced to speak English. They were told that this was for their own good, to help them assimilate.

B Cultural Heritage

• **What is cultural heritage?** It is a legacy from past generations for future generations. It is unique and cannot be replaced.

> **Help**
> ■ *a legacy* un legs

• **Positive image.** A society's cultural heritage can be composed of buildings, monuments and/or works of art that are vivid testimonies of the past. They reflect a particular period of time, and the historical events that took place then. They often have a positive image, as reminders of periods of peace and prosperity, or of victory in wars and other military conflicts (like the Churchill Museum in London). But some monuments, like the 9/11 Memorial in New York, can have sad or negative images. They memorialize the dead, and remind visitors about events that we hope will never be repeated.

> **The Churchill Museum in London** is a history museum dedicated to the political life of Sir Winston Churchill. The Cabinet War Rooms are the underground rooms where Churchill and his ministers and military command met.
> **The 9/11 Memorial** in Manhattan is dedicated to the memory of the victims of the September 11, 2001 terrorist attacks against the World Trade Center (WTC) towers in New York and the Pentagon, in Virginia. The Memorial is located on the exact spot where the WTC towers used to stand.

• **The role of artists**. Artists play an important role in developing a sense of community. Paintings, song lyrics, films and more often express a different point of view from the government's. They are sometimes accused of being biased (against war, or the government, for example), but others defend their right to free speech.

• **Traditions and languages**. Languages, folklore and other intangibles are also important parts of ethnic groups' cultural heritage. Languages and other cultural elements can disappear when ethnic groups' population diminishes or they are forced to assimilate into another culture. According to UNESCO's *Atlas of the World's Languages in Danger*, almost half of the approximately 6,000 languages spoken in the world today are in some degree of danger. Almost 100 languages are estimated to be in severe or critical danger, because they are only spoken or understood by elderly people.

> **Help**
> ■ *biased* subjectif
> ■ *free speech* la liberté d'expression
> ■ *elderly* âgé

● **Natural resources.** Natural sites and native plants and animals can also be considered as part of communities' cultural heritage. Present generations have a responsibility to protect and preserve landscapes that are important to their cultural history. In 1993, Tongariro National Park, a volcanic site in New Zealand, became "the first place in the world to be listed as a World Heritage Site for the spiritual and cultural values the landscape possesses for the indigenous people in the area." (The indigenous people in New Zealand are the Maori. For more information about the Maori, see p. 134).

Did you know?
In the late 1960s – early 1970s, many American artists expressed criticism of America's involvement in Vietnam. America had first got involved in the conflict in the 1950s, to prevent a Communist takeover (prise de pouvoir) of South Vietnam. But the large number of casualties (morts et blessés) on both sides led to a strong anti-war movement. Many rock musicians wrote "protest songs" for that movement.

C Preservation of Sites and Monuments

● **Heritage preservation or conservation** protects and preserves buildings, monuments and landscapes. For example, by the 1870s, Stonehenge, a pre-historic site in southern England, was threatened by tourists, who were chipping off parts of the stones and carving their initials into the rock. This led to the creation of the Society for the Protection of Ancient Buildings in 1877. In 1895, the National Trust was founded to help preserve historic buildings.

Help
- *to threaten* menacer
- *to chip off* (ou *away*) enlever petit à petit (au couteau etc.)
- *to carve* graver

Stonehenge
Stonehenge is a prehistoric monument in the South of England. It was built by a people who left no written records. Thus numerous myths surround the stones. It became a UNESCO World Heritage Site in 1986.

KEY IDEAS
- The borders have regularly evolved over time.
- Immigration and colonization have built new borders.
- Motivations were varied: religion, political persecution, American Dream or economical motives.

Maori Culture, New Zealand

The Maori are the indigenous people of New Zealand. They arrived there from Polynesia over 1,000 years ago. Today, New Zealand counts 600,000 Maori (14% of the total population), while the rest of the New Zealand population is mostly of European descent.

1. Ancient customs

- **The Polynesian peoples** were highly skilled navigators and astronomers. They travelled long distances by sea. **One of their migration voyages led them to New Zealand.** They learned to use local resources to produce tools and food. During the 18th and 19th centuries, the Maori began to become less nomadic, as they started settling on territories. They developed activities such as gardening, fishing and hunting of birds.

- **They built tribal fortifications** and implemented "utu", or balanced exchange. This was a gift exchange led by three principles. Giving a gift led to receiving another present of higher value in exchange. The objective was to continue the exchanges.

- **The Maori house** was a simple hut with a low roof, an earth floor, no window and a small open fire.

- ***Toi moko*** (Maori tattoo, or a tattooed face or head) **was a traditional practice**, generally for men of high status. The tattoo provides information about the person's status, origins and exploits. *Toi moko* heads were often preserved after the person died (either to honour an ancestor, or as a war trophy). In the 1820s, Maori who wanted to acquire muskets[1] and gun powder sometimes exchanged tattooed heads for them.

1. *a musket* un mousquet, sorte de fusil

2. Influence of European settlers

- **Maori culture changed in contact with Europeans**, starting in the late 18th century. They traded fish to British settlers in exchange for steel objects and blankets. European food was introduced, and many Maori changed their agricultural methods and eating habits. Some converted to Christianity and chose to sell their lands to missionaries.

- **By the 20th century,** due to colonisation, the Maori had been relegated to land that was difficult to farm. They suffered from poverty, poor housing and poor health, which led to high crime and alcoholism rates, as well as to racial tension with white people.

- **From the 1970s,** politically committed Maori began getting involved in the Maori land-rights movement and defending Maori language and culture. The introduction of the Mixed Member Proportional elections in 1996 enabled the Maori to play a greater political role in New Zealand society. In 1996, Maori MP Winston Peters became Deputy Prime Minister.

Indian Wars

The Indian Wars were the conflicts opposing European settlers or soldiers and Native Americans, from the earliest colonial settlement to 1890.
By 1783, the USA had achieved independence from Britain. As the country's population grew, it began to expand westward. This meant chasing Native Americans off their ancestral territories. As settlers expanded their territories, they generally pushed Native Americans northward and westward. This resulted in cycles of reprisal.[1]
All together, 19,000 white settlers and 45,000 Native Americans were killed in more than 40 Indian Wars.

1. In the East (1775-1842)

- **The American Revolutionary War** or War of Independence (1775-1783) was a two-sided war. While American settlers were fighting against British rule in the east, they were also fighting against Indian tribes in the west. Most Native Americans sided with the British, who said they would grant[2] them territories. This was the most destructive of the Indian Wars.
Villages and food supplies were destroyed by military expeditions.

- **Little by little, settlers managed to gain Native American territories.** In 1800, William Henry Harrison became Governor of the Indiana territory. With the support of President Jefferson, he aggressively pursued Indian lands.

- **In the War of 1812**, the British tried to stop American expansion. Some Indian tribes allied with the British. But they were defeated.

- **In the early 19th century,** Americans wanted to gain access to land owned by Native Americans in the Southeast. Under the *Indian Removal Act of 1830*, "Indians" were forced to exchange their lands in the east for land west of the Mississippi. More than 10,000 Native Americans died during this relocation, which came to be known as the "Trail of Tears".

2. In the West (1811-1890)

- **From 1854 to 1890,** the *Sioux,* led by chiefs Sitting Bull and Crazy Horse, resisted, attempting to keep their lands in Minnesota, South Dakota and Wyoming.

- **In 1864,** the *Cheyenne* and *Arapaho* began to retaliate[3] for the terrible conditions on the reservations by attacking stagecoaches[4] and settlements along the Oregon Trail.

- **In December 1890**, the US Cavalry killed more than 200 *Lakota*. Known as the *Wounded Knee Massacre,* that battle is considered the last Indian War.

- **Native Americans were not granted American citizenship until 1924**. In 1934 the *Indian Reorganization Act* gave them the right to perpetuate their historic traditions and culture, and restored management of their territories to them.

1. *reprisal* des représailles
2. *to grant* accorder
3. *to retaliate* se venger
4. *a stagecoach* une diligence

Biographies

Vasco DE GAMA (1460-1524)

Vasco de Gama was a Portuguese explorer. In 1497, the King of Portugal asked him to find a maritime route to the East. De Gama reached India by circumnavigating Africa. He is considered to be one of the most successful explorers of the Age of Discovery (the 15th to 18th centuries). In 1524, after two more voyages to India, he was appointed Governor of India. His expedition from Portugal to India and back was the longest ocean voyage ever completed at that time.

Christopher COLUMBUS (1451-1506)

Christopher Columbus was an Italian navigator who sailed across the Atlantic Ocean under the patronage of Queen Isabella and King Ferdinand of Spain. Columbus believed that he could reach Japan by sailing west from Spain. Instead, in 1492 he reached the Bahamas with three Spanish galleons: the *Niña*, the *Pinta* and the *Santa Maria*.

Colombus is known as the explorer who "discovered America". In fact, he is responsible for starting European colonisation of the "New World". Columbus is remembered in many place names, from the South American nation of Colombia to the full name of the capital of the USA: Washington, District of Columbia (DC).

James COOK (1728-1779)

Captain James Cook was an explorer, navigator and cartographer in the British Royal Navy. He sailed to the Pacific three times. On his voyages, he made contact with indigenous peoples in Hawaii, Australia and New Zealand. He mapped those regions far more accurately than had been done before. In 1770, he became the first European to navigate Australia's dangerous Great Barrier Reef. His ship, HMB *Endeavour*, was damaged, but they managed to repair it and to sail home.

Jacques CARTIER (1491-1557)

Jacques Cartier was a French navigator who explored Canada. The mission given to him by King Francis I was to "discover (…) islands and lands where (…) a great quantity of gold and other precious things are to be found." Cartier's original goal was to find the Northwest Passage – a mythical sailing route from the North Atlantic to the Pacific. Instead, he became the first European to explore and map the Gulf of Saint Lawrence and the Saint Lawrence River. Thanks to his map, France established its first permanent colony in Canada. Cartier believed that China was at the other end of the river. So he named the rapids that blocked his way the "Lachine Rapids".

Books and films

Three books

***Bury My Heart at Wounded Knee: An Indian History of the American West,* by Dee BROWN (→ Indian Wars)**
This non-fiction book presents the history of the American West in the 19th century from a Native American point of view. The author describes decades of war and forced relocations, detailing the misconduct of the American government. The book also introduces key Native Americans from that era, including Sitting Bull, Crazy Horse, Geronimo and Big Foot.

***Beloved,* by Toni MORRISON (→ slavery)**
This powerful novel portrays the psychological trauma of slavery, even after it was legally ended. The title character, Beloved, whose mother is a freed slave, is a ghost who haunts her family years after her death. Published in 1987, the book is on the World Library's list of the 100 Best Books. In 1993, its author, Toni Morrison, became the first black woman to win the Nobel Prize for Literature.

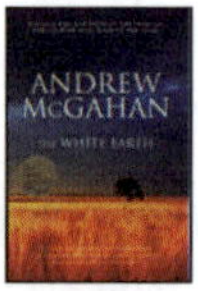

***The White Earth,* by Andrew McGahan (→ Australia)**
it is the story of a young boy named William who lives on his uncle's homestead in the Australian Outback. When Indigenous Australians win the right to reclaim their territories, William is caught up in a dramatic conflict.

Two films

***Slumdog Millionaire,* directed by Danny BOYLE (→ India)**
This film tells the fictional story of Jamal Malik, a poor young man from the slums of Mumbai. He takes part in the TV contest "Who Wants to be a Millionaire?" and he is the winner. But because of his social background, he is accused of cheating (tricher). The story accurately depicts urban India as a land of contrasts where modern skyscrapers and poverty-stricken slums can be found side by side.

***Bloody Sunday,* directed by Paul GREENGRASS (→ Ireland)**
The film offers a documentary-like dramatization of the 1972 incident in Derry, Northern Ireland known as "Bloody Sunday", when British Army troops fired on unarmed demonstrators, killing 14 people, including seven teenagers. The events are shown through the eyes of Ivan Cooper, a real-life Member of the Parliament of Northern Ireland.

Territories and Memory / Territoires et mémoire

1 *Poverty* / La pauvreté, la misère

the poor	les pauvres	*extremely poor = destitute*
the underprivileged	les démunis	
the haves and have-nots	les riches et les pauvres	
the needy	les nécessiteux	
the throwaways	les exclus	
the downtrodden	les opprimés	
the poverty line, the poverty threshold	le seuil de pauvreté	*to live below the poverty line* vivre en dessous du seuil de pauvreté
the grinding poverty	la misère noire	
the deprivation	la privation	syn : *hardship*
to live from hand to mouth	vivre d'expédients	
to be in dire straits	être aux abois	
to be penniless	être sans le sou	*to be broke* être fauché *to be hard up for money = to be short of money* être à court d'argent
to scrimp and save	économiser sur tout	*to make cheeseparing economies* faire des économies de bouts de chandelle
to fight one's way out of poverty	se battre pour sortir de la pauvreté	*to work one's way out of poverty* s'efforcer de sortir de la pauvreté
to tighten one's belt	se serrer la ceinture	
to pull yourself up by your bootstraps	se hisser hors de la misère tout seul	Litt : *se tirer soi-même par les languettes de ses chaussures*
a self-made man	un homme riche qui vient d'une famille sans argent	
to be driven off the land	être expulsé de ses terres	
substandard housing	logement insalubre	
a shack	une cabane	*a chicken coop* litt. : un poulailler ; mét. : une cage à lapins
to starve	être affamé	*to be racked by hunger* être tenaillé par la faim *to go hungry* souffrir de la faim *to starve to death* mourir de faim *to have an empty stomach* avoir le ventre vide
to forage in trash	fouiller dans les poubelles	

to scavenge for food	fouiller dans les poubelles pour de la nourriture	*dumpster diving* la fouille des poubelles des supermarchés et restaurants peut être un acte politique "anti-gaspi" et/ou par faim

2 *Emigrating* / L'émigration

a newcomer	un nouveau venu	
a native	un/e autochtone, indigène	*a national* un ressortissant
a legal (an illegal) alien	un ressortissant étranger avec (ou sans) papiers	
a host country	un pays d'accueil	
mass migration	l'émigration massive	*large-scale immigration* l'immigration de grande envergure
a citizen	un citoyen	
citizenship	la citoyenneté, la nationalité	*to receive citizenship* obtenir la nationalité *to grant citizenship* accorder la nationalité
to contemplate leaving	envisager de partir	
to improve living conditions	améliorer les conditions d'existence	
to go west	aller vers l'Ouest	
to be cut off from one's roots	être coupé de ses racines	
to be uprooted	être déraciné	
tyranny	la tyrannie	
oppression	l'oppression	
a leap toward freedom	un saut vers la liberté	
to provide a (safe) haven	offrir un refuge (sûr)	
a language barrier	une barrière linguistique	
to face hardships	affronter les épreuves	*to meet with hardships* affronter les épreuves *to endure hardships* supporter les épreuves
a surge of immigration	une vague d'immigration	
to open one's borders	ouvrir ses frontières	*to fling open one's borders* ouvrir tout grand ses frontières
to stream across the border	traverser la frontière en masse	
to crisscross a country	parcourir un pays dans tous les sens	

3 *Illegal Immigration* / L'immigration clandestine

undocumented immigrant	un sans-papiers (syn : *an illegal alien*)	*an undocumented worker* un travailleur clandestin
to smuggle in	faire entrer de façon clandestine	*a people-smuggling network* un réseau de passeurs
a smuggler	un passeur (slang : *a coyote*)	
to cross the border	passer la frontière	
to sneak into a country	entrer clandestinement dans un pays	
to try one's luck	tenter sa chance	
a border guard	un garde frontière	
to police a border	surveiller une frontière	
to round up	rafler	*a round up* une rafle
to make a round	effectuer une patrouille	
to arouse suspicion	susciter la suspicion	
to look down on sb	mépriser qqn	
a refugee	un réfugié	*a refugee camp* un camp de réfugiés
a holding centre	un centre de détention	
to be warehoused	être détenu dans un lieu inapproprié/sans confort (syn : *to be held in a warehouse*)	
to be sent back to one's country of origin	être renvoyé dans son pays d'origine	
to deport	expulser	
to deter from immigrating	dissuader d'immigrer	
a deterrent	un moyen de dissuasion	

LEXIQUE

Cahier Spécial BAC

Description de l'épreuve

1 Les sessions d'examen

Trois sessions de contrôle continu sont prévues lors du cycle terminal.

- La **première session** (E3C1) a lieu au **deuxième trimestre** de l'année de **Première**. L'épreuve d'anglais dure une heure, elle est composée d'une **compréhension orale** et d'une **expression écrite**.
- La **deuxième session** (E3C2) a lieu au **troisième trimestre** de l'année de **Première**. L'épreuve d'anglais dure 1 h 30, elle est composée d'une **compréhension écrite** et d'une **expression écrite**.
- La **troisième session** (E3C3) a lieu au **troisième trimestre** de l'année de **Première**. L'épreuve d'anglais se déroule en deux temps : une épreuve écrite de deux heures, composée d'une **compréhension orale** et écrite et d'une **expression écrite** ; et une épreuve d'**expression orale** de dix minutes.

2 La compréhension orale

Organisation de l'épreuve

- La compréhension orale se base sur un **document audio ou vidéo en anglais** de 1 min 30 au maximum. Vous l'écoutez **trois fois**, avec une minute entre chaque écoute pour organiser vos notes. Vous devez ensuite rendre compte de ce que vous avez compris **en français**.
- Il n'y a pas de temps spécifique imparti, c'est à vous de gérer le temps que vous consacrez à chaque épreuve.

Attendus de l'épreuve

- En **Première** : savoir relever des informations détaillées sur le contexte (objet, enjeux, perspective narrative, expériences relatées…) et établir des liens entre elles ; relever l'essentiel des éléments porteurs de sens (suivre les points principaux d'une discussion, d'un reportage…) et identifier des liens de causalité simple ; identifier l'expression de points de vue, souhaits ou perspectives.
- En **Terminale** : identifier la richesse d'un contexte ou d'une situation d'énonciation, identifier la cohérence globale d'un document (les arguments pour ou

contre une idée, une chronologie d'événements…), repérer une intention en distinguant l'expression d'un point de vue de l'exposé des faits.

3 L'expression écrite

Organisation de l'épreuve

- L'expression écrite se base sur **une ou deux questions** en lien avec la thématique générale du document support de la compréhension orale ou écrite.
- Elle peut être la rédaction d'une **opinion argumentée** (à partir d'une citation, du document support, d'une mise en situation…) ou d'un écrit d'invention (lettre, mail, suite d'un texte…). Le sujet est à traiter **en anglais**.

Attendus de l'épreuve

- En **Première** : savoir traiter le sujet et produire un écrit intelligible et relativement développé, faire référence à quelques éléments culturels, rendre compte d'expériences en décrivant ses sentiments et réactions, exposer et illustrer un point de vue, bonne maîtrise des structures simples et courantes.
- En **Terminale** : savoir traiter le sujet et produire un écrit clair, détaillé et globalement efficace ; prendre appui sur certains éléments culturels pertinents ; produire un récit ou une argumentation structurée en indiquant la relation entre les faits et les idées ; bonne maîtrise des structures simples et courantes ; usage d'un lexique précis et de formulations variées.

4 La compréhension écrite

Organisation de l'épreuve

- La compréhension orale se base sur **un ou deux textes en lien avec une thématique du programme**.
- Les questions seront plus ou moins détaillées et auront pour but de rendre compte des documents **en anglais**.

Attendus de l'épreuve

- En **Première** : savoir relever des informations détaillées sur le contexte (objet, enjeux, perspective narrative, expériences relatées…) et établir des liens entre elles ; relever l'essentiel des éléments porteurs de sens (reconstituer le plan général d'un texte) et identifier des liens de causalité simple ; identifier l'expression de points de vue, souhaits ou perspectives ; identifier la nature de l'articulation entre les documents (lien chronologique, illustratif, d'opposition...).

- En **Terminale** : identifier la richesse d'un contexte ou d'une situation d'énonciation, identifier la cohérence globale d'un document (les arguments pour ou contre une idée, une chronologie d'événements...), repérer une intention en distinguant l'expression d'un point de vue de l'exposé des faits, identifier des éléments implicites de l'articulation entre des documents.

5 L'expression orale

Organisation de l'épreuve

- L'expression orale est une épreuve individuelle d'une durée de **dix minutes**, sans temps de préparation. Vous aurez le choix entre **trois axes culturels** du programme sélectionnés par l'examinateur, qui vous proposera alors des pistes de discussion. L'épreuve se base sur **deux documents**, qui peuvent être des documents iconographiques ou des citations. Vous devrez expliquer **en anglais** quel document illustre le mieux l'axe choisi selon vous, pendant **cinq minutes maximum**.
- À l'issue de votre présentation, vous échangerez avec l'examinateur. Cet **entretien de cinq minutes** sera l'occasion de répondre à des questions plus générales sur l'axe.

Attendus de l'épreuve

- En **Première** : savoir exposer un point de vue de manière simple en l'illustrant par des exemples et des références culturelles ; tenir un discours structuré (relations de causalité, comparaison...) ; engager, soutenir et clore une conversation simple sur des sujets familiers ; s'exprimer de manière intelligible ; bonne maîtrise des structures simples.
- En **Terminale** : savoir développer un point de vue pertinent et étayé ; nuancer un propos en s'appuyant sur des références culturelles ; argumenter, chercher à convaincre ; réagir avec pertinence et relancer la discussion ; s'exprimer de manière intelligible ; énoncés fluides et variété des formulations.

Comment bien se préparer ?

1 Travailler régulièrement

- **Tout au long de l'année**, rédigez des fiches de révision sur les axes, le vocabulaire, certaines notions importantes. N'hésitez pas à tenir un cahier avec vos références culturelles personnelles ! La lecture n'est pas le seul moyen d'apprentissage : il existe de nombreux podcasts ou documentaires qui peuvent vous permettre de diversifier vos modes de révisions.
- Pour la compréhension orale, **développez votre propre méthode de prise de notes** : abréviations, codes couleurs, carte mentale… Cela vous permettra de gagner du temps et d'être efficace le jour de l'examen.

2 Le jour J

- **Gérer son temps est primordial**, particulièrement pour une épreuve comme l'anglais qui évalue le vocabulaire et la clarté de la rédaction. Ne rédigez pas vos réponses au brouillon, et prenez le temps de relire intégralement votre copie.

3 Gérer son stress

- Les épreuves orales peuvent être stressantes, d'autant plus lorsqu'elles sont en langue étrangère. Afin d'être le plus à l'aise le jour de l'oral, il n'y a qu'un seul moyen : **l'entraînement**. Entraînez-vous à faire des présentations de cinq minutes devant vos amis ou votre famille. Vous pouvez même retenir certaines formulations (de présentation, pour combler un silence…) si cela vous rassure !

Aborder la compréhension orale

1 Présentation de l'exercice

- L'exercice de **compréhension orale (CO)** consiste à restituer **en français** le contenu d'un document audio ou vidéo en langue espagnole. On le retrouve dans deux des trois épreuves de contrôle continu.
- En classe de **Première**, la compréhension orale est associée à une expression écrite. Les deux compétences sont évaluées pendant **une heure** au cours du deuxième trimestre. Elle est notée sur 10 points.
- En classe de **Terminale**, la compréhension orale est associée à une compréhension écrite et à une expression écrite lors d'une épreuve de **deux heures** à la fin du troisième trimestre. Elle est notée sur 5 points.
- Libre à vous de gérer votre temps entre les exercices afin de mener à bien l'épreuve.

2 Comment se déroule l'exercice ?

- L'enregistrement audio ou vidéo proposé sera en lien avec l'une des thématiques du cycle terminal. Le document n'excédera pas **1 minute 30**.
- Vous bénéficierez de trois écoutes entrecoupées d'une minute de pause.
- Vous rendrez compte **en français** de ce que vous avez compris.

3 Méthode

Anticiper le thème

- Tout d'abord, avant la première écoute, **on vous indiquera le titre du document, la notion et le nom des personnages**. Il va vous permettre **d'anticiper le thème de l'enregistrement** et vous préparer à son écoute. On comprend d'autant mieux un message oral que l'on a une idée de sa teneur.

Première écoute, vous repérez

- Il s'agit d'une compréhension globale. Vous allez repérer du vocabulaire.

– **Repérez en priorité les verbes et leurs sujets** : la phrase se structure autour du verbe. Il est donc essentiel de les repérer, soyez attentif aux modes et aux temps employés, déterminez leur sujet.

– **Commencez à repérer les connecteurs logiques** (*first and foremost, consequently, however…*).

- Vous pouvez préparer au brouillon un **tableau**, que vous remplirez au fur et à mesure des trois écoutes, répondant aux questions : qui, quand, où, quoi, pourquoi ?

■ Pendant la pause d'une minute, rajoutez tout ce que vous avez compris, dont vous vous souvenez, mais que vous n'avez pas eu le temps d'écrire. Notez également tout ce qui peut aider au compte-rendu du document : type de document, nombre de personnes qui interviennent, ton employé, accent…

Deuxième écoute, vous précisez

– **Soyez attentif aux adjectifs, aux adverbes, aux compléments circonstanciels** qui permettent de préciser le sens des phrases.

– **Précisez les liens entre les différentes informations.** Soyez attentifs à tous les mots qui marquent des rapports de temps (*before, after, while, as soon as…*), des rapports logiques (*that's the reason why, unless, providing…*).

- La pause d'une minute vous permet d'établir un nouveau bilan des informations obtenues, que vous pouvez commencer à organiser à l'aide d'une **carte mentale** (voir application dans les quatre sujets qui suivent).

Troisième écoute, vous vérifiez

- Cette dernière écoute doit vous permettre de vérifier les informations que vous avez notées : les formes verbales, les indications de temps, les adverbes, les connecteurs logiques, et de rajouter quelques précisions. C'est ce qui vous permettra d'élaborer un compte-rendu aussi complet et précis que possible.

Un compte-rendu en français (10 minutes)

- **Le compte-rendu est rédigé en français** et vous avez **dix minutes** pour l'élaborer. Il ne s'agit pas de traduire tout ce que vous avez entendu, mais de **construire**, avec les éléments que vous avez compris, **un texte qui rende compte au maximum des idées, des informations et de la cohérence interne du document sonore écouté.** Vous pouvez donc être amené à restituer les informations dans un ordre différent de celui du document sonore. Pour ce faire, mettez en évidence les enchaînements logiques.

Aborder la compréhension écrite

1 Présentation de l'exercice

- L'exercice de **compréhension écrite (CE)** est présent à la fois dans la deuxième épreuve de première, et dans celle de terminale.
- En classe de **Première**, la compréhension écrite est associée à une expression écrite. Les deux compétences sont évaluées pendant **une heure trente minutes** au cours du troisième trimestre lors des épreuves d'E3C2.
- En classe de **Terminale**, la compréhension écrite est associée à une compréhension orale et à une expression écrite pour une durée de **deux heures** à la fin du troisième trimestre lors des épreuves d'E3C3.
- Vous gérerez votre temps comme vous le souhaitez.

2 Comment se déroule l'exercice ?

- Le sujet se composera d'un ou deux textes **en lien avec l'une des thématiques du cycle terminal**. Il est tout à fait possible qu'un document iconographique accompagne ce ou ces textes, en rapport avec la thématique du sujet. Ces documents sont généralement suivis de deux questions de compréhension.
- On peut vous demander :

– de **synthétiser** le ou les documents ;

– de **mettre en avant** le thème du ou des documents (repérage des éléments-clés) ;

– de **mettre en relation** le ou les documents (similitudes et/ou différences).

3 Méthode

ÉTAPE 1. AVANT DE COMMENCER LA LECTURE

- Y a-t-il une illustration ? Si oui, elle a pour objectif de fournir un indice sur le sujet probable du ou des textes.
- Quel est le titre ? Y a-t-il le nom de l'auteur ou la date de publication ? Ces éléments sont porteurs d'informations importantes qui vous guident sur le type de textes.

- Dans un texte de presse, le premier paragraphe formule le sujet principal de l'article. Dans chaque paragraphe, la première phrase résume ce qui va être développé et illustré.
- Ne lisez pas les questions tout de suite, il faut attendre la fin de la 2e lecture…

ÉTAPE 2. PREMIèRE LECTURE

- La première lecture est une lecture intégrale de repérage des informations de base. Il faut lire le texte en entier, sans chercher à ce stade à répondre aux questions (il ne faut même pas les avoir lues encore). À la fin de cette première lecture, vous devez être capable de répondre à la plupart des questions suivantes :

– Quelle est l'idée générale du texte ?

– Qui est le narrateur ?

– Qui sont les personnages présents et/ou mentionnés ?

– Où se passe l'action ?

– Quand se passe l'action ?

ÉTAPE 2. DEUXIÈME LECTURE

- La deuxième lecture s'effectue à l'aide de quatre surligneurs, qui vous permettront de repérer des informations plus précises.

– Une première couleur permettra de faire ressortir les informations concernant les **personnages**. Repérez : noms, prénoms, liens avec les autres personnages et adjectifs les caractérisant.

– Une deuxième couleur permettra de faire ressortir les informations concernant les **lieux.** Repérez : lieux géographiques (noms de pays, villes…), lieux matériels (bâtiments, pièces…).

– Une troisième couleur permettra de faire ressortir les **marqueurs temporels ou chronologiques.** Repérez : dates, adverbes de temps, adverbes de fréquence…

– Une quatrième couleur permettra de faire ressortir les **mots de liaison**. En effet, les connecteurs logiques structurent le discours. Les repérer facilite l'émission des hypothèses sur le sens du texte.

- Ce n'est qu'après cette deuxième lecture que vous devriez lire les questions.

ÉTAPE 3. COMPRENDRE LES QUESTIONS

- Avant d'aborder la troisième lecture, prenez le temps de bien lire les questions.

Pour bien répondre aux questions, il faut d'abord bien les comprendre. Il faut donc connaître le vocabulaire des consignes.

• Lorsque vous devez citer le texte, citez le numéro de la ligne et le passage concerné entre guillemets. Évitez d'écrire seulement le début et la fin avec des poins de suspension entre, car si l'élément qui justifie se trouve entre les deux, votre justification ne sera pas prise en compte.

• Si vous devez répondre en utilisant vos propres mots, cela vous demande de reformuler le texte et non de le citer.

• Certaines questions valident le niveau B2 et traitent de l'implicite. Il est nécessaire de faire la synthèse de votre compréhension du texte afin de construire votre réponse.

• Respectez le temps des verbes de la question dans votre réponse.

Vous devez répondre aux questions dans l'ordre sur votre copie. Pour plus de clarté, vous pouvez tracer un trait de séparation entre chaque question.

• Certaines questions doivent être rédigées dans un nombre de mots précisé dans le sujet. C'est un précieux indicateur qui vous permet de vous autoévaluer : ai-je été assez précis(e) dans ma réponse ?

• Pour finir, ne négligez aucune question. Tentez de répondre à chacune d'entre elles !

Le niveau de langue est à soigner. Certes, la compétence évaluée est bien la compréhension de l'écrit, cependant votre réponse doit être rédigée clairement pour être bien comprise.

Comprendre les consignes

guidelines / instructions	les consignes
to account for	rendre compte de, expliquer
to circle	entourer
to cross out	barrer
to fill in	compléter
to find	trouver
to find out	découvrir
to justify	justifier
to make a list	énumérer
to match / to pair	associer
to match something with something	relier qqch à qqch
to pick out	relever
to quote from the text	citer le texte
to rephrase	reformuler
to sum up, to summarize	résumer
to tick (UK) / to check (US)	cocher
an extract (UK) /an excerpt (US)	un extrait, un passage

ÉTAPE 4. TROISIÈME LECTURE

- Pendant la troisième lecture, vous pouvez associer le texte et les questions en notant dans la marge le numéro de la question.

- **Ne paniquez pas si vous ne comprenez pas tous les mots du texte.** L'objectif est de trouver les informations qui répondent aux questions. N'hésitez pas à retrouver la **phrase minimale** lorsqu'une phrase vous semple trop complexe.
- La phrase minimale est formée d'un sujet + verbe + complément, et elle apporte l'information essentielle.

- La compréhension fine vous demande d'être capable de **comprendre l'implicite**. Ce sont les formes grammaticales telles que la modalité, la notion de réel ou d'irréel, les voix active ou passive ainsi que la nature du discours direct, indirect ou indirect libre qui vous permettent de déduire ce qui n'est pas explicitement écrit dans le texte.

ÉTAPE 5. RÉPONDRE AUX QUESTIONS

- C'est maintenant l'étape de rédaction des réponses aux questions. Les éléments que nous avons relevés dans les étapes précédentes vont nous servir à répondre aux questions. Vous pourrez citer le texte entre guillemets en soulignant les éléments essentiels si nécessaire pour justifier certains points de votre réponse.

Aborder l'expression écrite

1 Présentation de l'exercice

- L'exercice d'**expression écrite (EE)** est présent à la fois dans les deux épreuves de Première, et dans la première épreuve de Terminale.
- En classe de **Première**, l'expression écrite est associée à une compréhension orale lors de la première épreuve d'une durée d'**une heure** au cours du deuxième trimestre. Elle est également associée à un exercice de compréhension écrite lors de la deuxième épreuve d'une durée d'**une heure trente** au cours du troisième trimestre, lors des épreuves d'E3C2.
- En classe de **Terminale**, l'expression écrite est associée à une compréhension orale et à une compréhension écrite pour une durée de **deux heures** à la fin du troisième trimestre lors des épreuves d'E3C3.
- Vous gérerez votre temps comme vous le souhaitez.

2 Comment se déroule l'exercice ?

À NOTER

L'un des sujets peut être accompagné d'un document iconographique sur lequel vous appuyer.

- Les sujets d'expression écrite seront toujours en rapport avec la thématique générale du dossier.
- On peut vous demander :

– de **donner votre opinion** sur un aspect du ou des documents ;

– de **commenter une citation** extraite du ou des documents ;

– de **commenter un point de vue** extrait du ou des documents ;

– de **rédiger un article de presse** sur la thématique du dossier ;

– de **choisir une opinion** parmi plusieurs possibilités (opinions par rapport à la thématique du dossier) et de justifier votre choix ;

– d'**expliquer le lien** du ou des documents avec l'axe du dossier...

3 Méthode

ÉTAPE 1. ANALYSEZ LE SUJET

- Les différents sujets vous amènent à **discuter** d'une question relative au thème abordé dans le dossier, à formuler **votre opinion personnelle**, fondée sur **vos arguments** ; il vous faudra appuyer votre réponse sur des **exemples personnels** ou **tirés de connaissances** que vous avez sur ce sujet.
- Identifiez le type de sujet : argumentation, opinion… Relevez au brouillon les **mots-clés** dans le sujet, identifiez le **champ lexical** ou les champs lexicaux attendus.

ÉTAPE 2. CONSTRUISEZ-VOUS UNE BANQUE DE VOCABULAIRE

- Notez au brouillon les **formes lexicales** (mots ou tournures idiomatiques), les **formes langagières** ou **grammaticales** (phrases complexes) que vous pourriez utiliser.

1. Principaux outils langagiers

- ***Defending one's opinion***

It seems to me that…	Il me semble que…
I can't help thinking that…	Je ne peux m'empêcher de penser que…
As a matter of fact, I am convinced that…	En fait, je suis convaincu que…
For my part, I believe that…	Quant à moi, je pense…
There is no denying that…	On ne peut nier le fait que…
As far as I'm concerned…	En ce qui me concerne…
The point is…	Le fait est que…

In my opinion. En langage "texto" : *IMHO (in my humble opinion)*

- ***Expressing agreement***

It is true to say that…	Il est vrai de dire que…
I perfectly understand that…	Je comprends parfaitement que…
They are right to suggest that…	Ils ont raison de suggérer que…
I share the writer's point of view…	Je partage le point de vue de l'auteur
I agree with…	Je suis d'accord avec…

- ***Expressing disagreement***

Contrary to / unlike the journalist, I believe that…	Contrairement au journaliste, je pense que…
I disagree with… / I do not agree with…	Je ne suis pas d'accord avec…
That is not how I see it	Ce n'est pas ainsi que je le vois

- ***Expressing doubts***

I am rather skeptical (about something)	Je suis plutôt sceptique
I am not really sure (about something)...	Je ne suis pas vraiment sûr
In theory, yes; but in practice...	En théorie, oui ; mais en pratique...
To what extent...	Dans quelle mesure...

2. Pour exprimer les liens logiques

Similarité	*Similarly*	De même
Renforcement	*Indeed*	En effet
Ajout	*In addition / moreover*	De plus
Exemple	*For example / for instance* *Namely* *That is to say* *Let us take the case...* *Let us take the example...*	Par exemple À savoir C'est-à-dire Prenons le cas de... Prenons comme exemple...
Résumé	*Briefly* *In a nutshell* *In short* *To sum up*	Brièvement En un mot En résumé Pour résumer
Reformulation	*In other words* *To put it differently*	En d'autres mots Pour dire les choses autrement
Cause	*Because* *Because of* *For*	Parce que À cause de Car
Conséquence	*Consequently* *That's why* *So / therefore*	Par conséquent C'est pourquoi Donc, alors
Contraste	*However* *On (the) one hand... on the other hand* *Nevertheless* *Yet*	Cependant / toutefois D'un côté... d'un autre côté Néanmoins Pourtant
Opposition	*Although / though* *On the contrary* *Unlike* *Whereas*	Bien que Au contraire Contrairement à Alors que

ÉTAPE 3. PRÉPAREZ LES ARGUMENTS ET LES EXEMPLES

- Réfléchissez au point de vue à défendre. Sous forme de notes au brouillon, listez les arguments à utiliser et classez-les en colonnes sous forme logique et cohérente.
- Listez les exemples que vous pouvez utiliser, soit tirés de votre expérience personnelle, soit tirés de vos connaissances du sujet.
- Ne rédigez pas d'abord en français pour traduire ensuite, rédigez directement en anglais
- Ne laissez jamais un mot en français ou un blanc. Au cas où un mot vous manque, contournez la difficulté en formulant une périphrase.

ÉTAPE 4. CONSTRUISEZ VOTRE PLAN

- L'argumentation doit être nuancée et organisée. Pour cela, il est nécessaire de faire **un plan au brouillon,** afin de rédiger des paragraphes constitués d'un argument et d'un ou plusieurs exemples. Il faut placer en dernier les arguments qui sont en cohérence avec votre opinion.
- Il y a trois types de plan possibles : le plan cartésien : thèse/antithèse ; le plan logique (faits/causes/conséquences) ; le plan explicatif (analyse des mots-clés du sujet, illustrée par des exemples).

ÉTAPE 5. RÉDIGEZ L'INTRODUCTION ET LA CONCLUSION AU BROUILLON

- Il est préférable de rédiger l'introduction au brouillon, en n'omettant aucun des éléments suivants : 1) une phrase stimulus afin d'attirer l'attention du correcteur, 2) la reformulation de la problématique, 3) l'annonce du plan.
- De même, il est préférable de rédiger la conclusion au brouillon. Elle devra comporter : 1) un rappel de la problématique, 2) un résumé de votre opinion personnelle 3) une ouverture du sujet vers de nouvelles perspectives.

Quelques tournures lexicales pour vous aider

- ***Introduction***

Most people claim that…	La plupart des gens prétendent que…
People usually think that…	Les gens pensent généralement que…
It is often said that…	On dit souvent que…
It is a well-known fact that…	Il est bien établi que…
We may legitimately wonder whether…	On peut légitimement se demander si…
To what extent can it be said that…	Dans quelle mesure peut-on dire que…
Let us weigh the pros and cons	Pesons le pour et le contre
Let us consider the advantages and drawbacks	Considérons les avantages et les inconvénients

- ***Transitions***

At first sight it would seem that...	À première vue, il semblerait que...
We must point out that...	Nous devons souligner que...
We may as well mention the fact that...	Nous pouvons également mentionner le fait que...
It should be remembered...	Il nous faudrait nous souvenir...
However, it must be asserted that...	Cependant, il nous faut affirmer que...
The other side of the coin is...	Le revers de la médaille est...
The advantages and disadvantages	Les avantages et les inconvénients
On (the) one hand... on the other hand...	D'une part.... d'autre part...

- ***Conclusion***

It must be acknowledged that...	Nous devons reconnaître que...
All things considered...	Tout bien considéré...
This might lead us to... / This might result in...	Cela pourrait nous mener à... / Cela pourrait provoquer
It is to be hoped that...	Il est à espérer que...
What is at stake is...	Ce qui est en jeu, c'est...
What is to become of...?	Que va-t-il advenir de...?

ÉTAPE 6. RÉDIGEZ SUR LA COPIE

- Après avoir recopié l'introduction, vous rédigerez vos paragraphes en suivant votre plan et en n'oubliant pas d'utiliser le lexique, les outils langagiers et les formes grammaticales que vous avez listés au brouillon. Enfin, vous terminerez en recopiant votre conclusion.
- Dans la rédaction, il ne faut pas obligatoirement annoncer les parties mais il est impératif d'utiliser des **transitions** (mots de liaison) entre les différentes parties de l'argumentation.
- Enfin, sur la copie, il faut sauter une ligne après l'introduction, entre les différentes parties et avant la conclusion. Il faut également prévoir des alinéas avant chaque début de paragraphe. Veillez à ce que les parties aient des tailles sensiblement identiques.
- L'objectif étant d'exprimer un point de vue personnel, l'utilisation du **pronom personnel *I*** est tout à fait possible.
- Gardez du temps pour vous **relire** (orthographe et ponctuation) et notez le nombre de mots rédigés !

Aborder l'expression orale

1 Présentation de l'exercice

L'exercice d'**expression orale (EOC/EOI)** aura lieu au troisième trimestre de l'année de terminale, lors des épreuves d'E3C3. C'est une épreuve orale individuelle d'une durée de **10 minutes**, sans temps de préparation.

2 Comment se déroule l'exercice ?

- Le candidat a **le choix entre 3 axes culturels** proposés par l'examinateur.
- L'examinateur propose des pistes de discussion en fonction du choix du candidat : 2 documents iconographiques ou 2 citations ou 1 document iconographique + 1 citation.
- **Le candidat explique en 5 minutes** maximum et **en anglais** quel document ou quelle citation illustre le mieux l'axe choisi et pourquoi.
- **Entretien de 5 minutes** élargi à des questions plus générales (par exemple portant sur le travail réalisé par le candidat sur l'axe choisi).

3 Méthode

LES DOCUMENTS

- Les documents sont là pour illustrer ce que vous dites : vous pouvez donner l'exemple d'un personnage, d'une situation. Vous pouvez lire une expression, renvoyer à une phrase ou à un détail du document. Mais attention, il ne s'agit ni de présenter les documents les uns après les autres, comme vous avez pu le faire dans d'autres épreuves, mais de présenter une problématique autour d'un des 3 axes culturels.
- **La prise de parole en continu** : regardez votre interlocuteur. Ne parlez ni trop vite ni trop bas, l'examinateur doit aisément suivre votre exposé. N'oubliez pas d'utiliser des mots de liaison pour structurer votre pensée (chronologie, addition, opposition, cause, conséquence). N'hésitez pas à vous corriger, à reprendre une idée ou une explication si vous n'avez pas été assez clair.

POUR SALUER

Good morning Sir / Madam
Bonjour Monsieur/Madame (le matin)

Good afternoon Sir / Madam
Bonjour Monsieur/Madame (l'après-midi)

Cahier spécial BAC

À l'oral, on utilise des phrases moins longues qu'à l'écrit. On peut plus facilement se répéter ou se reprendre.

● **L'échange avec l'examinateur** : il s'agit d'un échange avec l'examinateur, regardez-le et répondez-lui. Si un mot ou une phrase vous pose problème, vous pouvez demander de l'aide.

● La conversation va porter sur votre présentation. Les questions ou remarques de l'examinateur vont vous amener à approfondir ou à clarifier des points de votre exposé. On peut également vous demander d'élargir votre réflexion et dans ce cas, vous allez pouvoir développer alors des points auxquels vous aviez juste fait allusion. Vous pouvez au cours de la conversation faire référence à des documents dont vous n'avez pas parlé dans votre présentation. Les questions de l'examinateur ne sont là que pour vous aider à aller plus loin dans votre réflexion et pour vous encourager à mettre en valeur ce que vous savez. Ayez confiance et n'hésitez pas à parler.

POUR DEMANDER...

- *How do you say... in English?* Comment dit-on... en anglais ?
- *What does "..." mean?* Que signifie le mot... ?
- *Could you repeat please?* SVP, pouvez-vous répéter ?
- *I don't understand the question.* Je ne comprends pas la question.

SUJET DE BAC E3C1

Énoncé

PARTIE I : COMPRÉHENSION ORALE

Hero student in UNCC shooting is being honored as a "Star Wars" Jedi

→ *Retrouvez le fichier audio de la compréhension orale en flashant la page via l'application Nathan live.*

En rendant compte, **en français,** du document, vous montrerez que vous avez compris :

– le thème principal du document ;

– à qui s'adresse le document ;

– le déroulement des faits, la situation, les événements, les informations ;

– l'identité des personnes ou personnages et, éventuellement, les liens entre elles/entre eux ;

– les éventuels différents points de vue ;

– les éventuels éléments implicites du document ;

– la fonction et la portée du document (relater, informer, convaincre, critiquer, dénoncer, etc.).

REMARQUE

Les noms propres cités dans le document vidéo sont les suivants : Riley Howell • Lucasfilm • Ri-Lee Howell • Lauren Westmoreland

PARTIE II : EXPRESSION ÉCRITE

Vous traiterez **en anglais** et en 120 mots au moins **l'un des deux sujets suivants au choix :**

Sujet A :

You are a blogger writing about fictional heroes. Post an article on your blog drawing the portrait of your favourite fictional hero.

Sujet B :

Comment upon Ronald Reagan's quotation: "This country was founded and built by people with great dreams and the courage to take risks."

Corrigé

PARTIE I : COMPRÉHENSION ORALE

→ *Retrouvez la transcription du fichier audio en flashant la page via l'application Nathan live.*

Le reportage met à l'honneur Riley Howell, mort en héros lors d'une fusillade dans son université de Charlotte en Caroline du Nord. En avril 2019, cet étudiant de 21 ans a perdu la vie pour sauver celle de ses camarades en s'attaquant au tireur. C'est pourquoi, en mai, la société Lucasfilm a décidé de lui rendre hommage en créant un personnage de Jedi en sa mémoire. Ce dernier se prénomme Ri-Lee Howell. Il est décrit comme un maître Jedi et un historien de l'Ordre Jedi, dont le travail est de collecter tous les rapports d'exploration de la Force. Ri-Lee Howell est également mentionné dans le livre de référence sorti dans le sillage du film *Star Wars : Épisode 9 – L'Ascension de Skywalker.*

MÉTHODE

Le sujet vous donne une liste d'éléments dont vous devez rendre compte dans votre copie. Relisez-la avant de rédiger pour vous assurer de bien couvrir les différents attendus.

La petite amie de la victime, Lauren Westmoreland, précise que tous considéraient Riley Howell comme un héros ou un maître Jedi. Elle se montre donc très heureuse qu'il soit immortalisé par un personnage de la saga. Le jeune homme était par ailleurs un grand fan de Star Wars : à son cinquième anniversaire, la saga constituait ainsi le thème de sa fête. Son gâteau d'anniversaire était décoré de figurines, dont il avait énoncé les noms avec fierté. Cet hommage, aujourd'hui, compte beaucoup pour Riley Howell et sa famille. Il arrive à un moment crucial pour ses proches : l'anniversaire de Riley Howell et le sixième anniversaire de sa rencontre avec Lauren Westmoreland.

PARTIE II : EXPRESSION ÉCRITE

Sujet A :

Harry Potter, hero with magical abilities and human qualities

Hi guys,

Today I'll tell you about Harry Potter. You know the protagonist of the Harry Potter series. I enjoy him so much… I mean the character and the actor of course! The book and film series cover seven years of his life. And each book or film deals with his ability to defeat the dark wizard Lord Voldemort while living in a difficult magical world. As Harry Potter lost his parents when he was a baby, he was raised by his aunt and uncle. But he didn't get much caring from them. He was forced to make his own decisions at an early age and he managed to find by himself what was right and wrong. That's the reason why he has a strong personality and defends values such as honesty, bravery and honour. He proved to be a powerful wizard with strong powers, such as casting spells while fighting against the Dark Arts.

To me, Harry Potter is the best fictional hero because in his childhood, he suffered a lot but he manages to turn his sufferings into a force to defeat the evil. Of course he's full of magical abilities. But what makes him a true hero is his values and the strong ties of friendship he binds with Ron and Hermione.

What about you? Feel free to comment upon my post.

MÉTHODE

Adressez-vous directement à vos lecteurs et ajoutez des indications, comme le titre ou un commentaire qui indiquent qu'il s'agit d'un post de blog.

Sujet B :

When Ronal Reagan said: "This country was founded and built by people with great dreams and the courage to take risks", he made a reference to all the men and women who built the United States because they believed in their American Dream.

There are numerous Americans who made the most of their skills to build the country. In fact, since the first man set foot on the soil, hundreds of thousands of men and women have left their marks, whatever their race, religion or ethnic group. But I think that the most important ones are the Founding Fathers. They were a group of seven American leaders who succeeded in uniting the thirteen colonies. They also led the war for independence from Great Britain. And they implemented a government for the new United States of America respecting Republican principles. I acknowledge that they made mistakes and some were even accused of crimes but they took risk to build the new world and they fought for values such as freedom and equality.

GAGNEZ DES POINTS !

Ronald Reagan a été président des États-Unis de 1981 à 1989. Cette citation est issue d'une allocution dans une firme du Massachusetts en 1983.

SUJET DE BAC E3C2

Énoncé

PARTIE I : COMPRÉHENSION ÉCRITE

Doc. Shepard Fairey: "My goal was to make art by any means necessary"

The street artist, famous for his Obama image, could get a 10-year jail sentence for vandalism in Detroit, but meanwhile has a New York gallery exhibition

When the artist Diego Rivera arrived in Detroit in April 1932 to create the Detroit Industry murals, he entered an industrial colossus laid low by the great depression and amplified by a chorus of conservative critics, who called his mixed-race, humanistic portrayal of the working class, "coarse in conception … foolishly vulgar, and a slander to Detroit workmen".

More than 80 years later, street artist Shepard Fairey turned up in Detroit to paint several murals in the demolished city. He also allegedly put up some illegal posters, which city officials described as vandalism. Now he faces 10 years in prison and fines exceeding $10,000.

Rivera was eventually renowned as the greatest Mexican artist of the 20th century. Fairey, whose most recent show, On Our Hands, is currently showing at Jacob Lewis in New York, awaits his verdict both in Detroit and the arena of public opinion. "To some people street art is vandalism, to others it's gentrification, and either of those could be considered more legit than the other depending on your perspective," says Fairey, an admirer of Rivera, by email. Although not permitted to talk about his current legal troubles in Detroit, for which he will stand trial on 26 January 2016, Fairey said that when outsider art was accepted, it often wound up in "the narrow bits of important historical documentation".

"A lot of great things fall through the cracks in terms of art history or general history," he added. "I really don't care about the concept of legitimacy from anyone else's perspective other than mine."

However, Fairey has never left his roots. "I went to art school and I've drawn and painted my whole life – my goal was to make art by any means necessary," he says. "For a long time that meant street art and T-shirts were my only options. Now I have a lot more options."

With mixed-media painting built up from layers of rich designs – the base of which consists of Fairey's detailed stencilling of faux newspaper print – Fairey evokes communist propaganda, Barbara Kruger-style advertorials and Jasper Johns subversion. He has also ventured into sculpture, with one particularly poignant bronze, emulating a late-1950s trophy featuring a soldier in full weaponry standing atop a decorative grenade.

"I share my art through a lot of platforms, and making art pieces that I can put a lot of time into is one of the important ways I can communicate with an audience," Fairey says.

On Our Hands also demonstrates the disillusion Fairey – best known for his "Hope" poster co-opted by the 2008 Obama presidential campaign – has experienced in an era of promise beginning with the United States' election of its first black president. Citing his dismay over Obama's use of drones in Pakistan and the Middle East, as well as the administration's continuation of the domestic surveillance programs, Fairey said he has "come to realise that the problems are not dependent on the actions of one person" but are largely symptoms of a broken system where corporations and oligarchs corrupt democracy. "Americans need to stop being obsessed with personalities and start looking more closely at the principles that are at play within the dynamics of our system. The players change but the problems stay the same."

"Ten years ago I thought that hard work and moving up through the various stages of societal and cultural validation would make me feel secure and satisfied," he says. "Now, I would tell anyone that the most important thing is to be honest with yourself and be happy if you feel you've accomplished your vision – no matter what the rest of the world has to say."

The Guardian, October 16, 2015 (abridged and adapted).

Answer the following questions in English using your own words:

a. After reading the text, what can you say about Shepard Fairey and the situation he is in?

b. Focus on the exhibition:
– Title
– Location
– Subject

c. What can you say about his vision of street art? Does it differ from people's view?

d. Explain why he may be sent to jail.

e. Draw the portrait of Shepard Fairey:
– Education
– Techniques
– Art influences
– Best-known work

f. In your opinion, what is his present vision of the American Dream? Justify your answer.

PARTIE II : EXPRESSION ÉCRITE

Vous traiterez **en anglais** et en 120 mots au moins **l'un des deux sujets suivants au choix :**

Sujet A :

On a blog, you read three different reactions from people who read the article "Shepard Fairey: 'My goal was to make art by any means necessary'". Which one do you agree most with? Why?

Street art? That is useless and polluting!

Comment 1

I admire Fairey because his art asks the right questions.

Comment 2

Street art is considered as vandalism by blind authorities.

Comment 3

Sujet B :

You are on holiday in New York and you have just visited the exhibition. Write an email to your best friend to tell him/her what you liked and what you disliked in the exhibition.

Corrigé

PARTIE I : COMPRÉHENSION ÉCRITE

a. Shepard Fairey is a street artist who is exhibiting his works in a New York Gallery. At the same time, he is on trial because his works are sometimes considered as vandalism since they are illegal.

b. The exhibition is entitled On Our Hands. It is located in a New York Gallery. The subject of this exhibition is the expression of Shepard Fairey's disillusion towards his country and Obama's presidency.

c. For some people, street art is vandalism. For others it is gentrification, which means that street art can renovate or improve some buildings and houses in districts. To Shepard Fairey, both visions of street art are right. It depends on the perspective. And to judge the legitimacy of a piece of art, he only trusts his own perspective. He regrets that some pieces of street art are only considered as historical documentation instead of works of art.

MÉTHODE

Les différentes parties de la question sont là pour vous aider à organiser votre réponse, mais celle-ci doit se présenter sous la forme d'un seul paragraphe rédigé.

d. Shepard Fairey may be sent to jail for 10 years with a \$10,000 fine because he illegally painted murals and put posters in demolished districts of Detroit.

e. Shepard Fairey went to art school. He has been drawing and painting since childhood. He has always aimed at showing art was necessary. When he started, he was only able to make T-shirts and street art. Now he has a larger variety of options, such as collages and sculpture. He is a great admirer of Rivera whose works deal with the working-class. In the exhibition, his techniques are also influenced by other artists such as Barbara Kruger or Jasper Johns. In the world, he is best known for the poster "Hope" he created for the 2008 Obama presidential campaign.

f. Shepard Fairey used to have the same dream as others. He thought that with hardwork and determination, he could achieve a better life and feel satisfied. But he knows now that to fulfill one's dream, one must be honest with oneself and be happy.

PARTIE II : EXPRESSION ÉCRITE

Sujet A :

Comment 1

I agree with the person saying that street art is useless and polluting because street artists always choose places illegally and use public buildings to convey a private message. Drawings and characters are gigantic to make sure everyone can see it while driving or sitting in a bus. But there is usually no harmony among them. Besides it can be dangerous for drivers if they focus on the graph! Street art may also have a short life because the drawings or paintings are not safely sheltered in a museum. Rain, wind or snow may alter colours and shapes. To finish, I would add that the chemical products street artists use may be polluting the environment. In case of heavy rain, for example, the toxic inks used by the artist may flow on the ground.

Comment 2

I admire Shepard Fairey because I find that he asks the right questions. As an artist, he does not hesitate to give his opinion on the American society and he even dares to criticize it! In 2008, when he created the "Hope" poster, he was optimistic and imagined Obama could bring a real change. Now even if he is upset by the decisions the Obama government has taken in the Middle East or in Pakistan, he explains that a man cannot change a broken or corrupted system. To me, street art is more than only historical documentation, it is a way to raise people's awareness everyday. Other committed artists may also play this role. But you must go to a museum to see their works and access to their thoughts about society. Thanks to Shepard Fairey, the message is easily accessible.

Comment 3

To me, street art is indeed considered as vandalism by blind authorities. In fact, I do not understand why artists can be sued or fined because they turn decrepit or demolished districts into colourful places! I think that art can take various forms and renovating a wall thanks to drawings and paintings is wonderful! Those places are like open-air museums where you can admire works of art freely. I suggest you should visit Bushwick in Brooklyn in New York to be definitely convinced that street art is necessary. In fact, thanks to street art, Bushwick has become a trendy place with lots of life whereas it was one the most dangerous places to go at the end of the 1990s. Nowadays, many guided tours are available for tourists.

L'ASTUCE DU PROF

Faites appel à vos références culturelles pour étayer votre propos.

Sujet B :

Hi Lea,

Hope you're doing well. As you know, I'm on holiday in New York and I love it. What a wonderful city! It's incredible! There are so many things to do. You can't be bored, you know. I understand why people call New York "The City That Never Sleeps". Yesterday we went to an art gallery. The exhibition was about Shepard Fairey. Do you know him? Of course, you remember that he is the one who designed the "Hope" poster for the Obama presidential campaign in 2008. The visit was so much fun. I liked it because he uses different techniques to express his art. I could see collages, paintings and sculptures. I really enjoyed it a lot. My parents told me that he was on trial. I'll tell you why and you won't believe your eyes. Some years ago, he drew and painted illegally in demolished districts of Detroit. He may be sent to prison for that! How sad! If only your parents had agreed to let you come with me. I miss you.

Hugs and kisses,

Tana

SUJET DE BAC E3C3

Énoncé

PARTIE I : ÉPREUVE ÉCRITE

1. Compréhension orale

Abortion in India

→ *Retrouvez le fichier audio de la compréhension orale en flashant la page via l'application Nathan live.*

En rendant compte, **en français,** du document, vous montrerez que vous avez compris :

– le thème principal du document ;

– à qui s'adresse le document ;

– le déroulement des faits, la situation, les événements, les informations ;

– l'identité des personnes ou personnages et, éventuellement, les liens entre elles/entre eux ;

– les éventuels différents points de vue ;

– les éventuels éléments implicites du document ;

– la fonction et la portée du document (relater, informer, convaincre, critiquer, dénoncer, etc.).

REMARQUE

Les noms propres cités dans le document vidéo sont les suivants : Kamala · Amalner · Maharashtra · Bori River · Dehli

2. Compréhension écrite

Doc. 1 Discrimination kills 230,000 girls under five in India each year

Hundreds of thousands of young girls in India die every year because of "invisible discrimination", according to research published in the Lancet Global Health. Researchers estimate an average of 239,000 girls under five in India die each year, or 2.4 million in a decade, because of their gender.

Many of the deaths were due to neglect, both within their families and from health practitioners, as well as an "invisible, routine and continued" bias Indian girls experience in food allocation. Studies have shown that Indian girls receive less education, have poorer nutrition and get less medical attention than boys. They found what they described as an "excess mortality rate" among girls under five across 29 out of 35 Indian states. The rate was 18.5 per 1,000 live births. The worst affected was northern India, which has a number of large rural agricultural states with low education and socio-economic development levels and high fertility.

Christophe Guilmoto from the Université Paris-Descartes, France, said that for too long, the focus had been on pre-natal sex selection.

"Gender-based discrimination towards girls doesn't simply prevent them from being born, it may also precipitate the death of those who are born," said Guilmoto. "Gender equity is not only about rights to education, employment or political representation. It is also about care, vaccination and nutrition of girls, and ultimately survival."

India, in common with China, is known for having a skewed sex ratio, due to sex-selective abortions. Interestingly, the results did not coincide with states known for sex selection, such as Punjab, Gujarat and Maharashtra.

But in northern India's four largest states, Uttar Pradesh, Bihar, Rajasthan, and Madhya Pradesh, the level of "excess mortality" among girls was much higher than the average – as high as 30 per 1,000 live births.

Dr Nandita Saikia, said any intervention to reduce discrimination against girls should target priority states in northern India. "Discrimination towards the girl child is not justified," Saikia said. "As the regional estimates of excess deaths of girls demonstrate, any intervention to reduce the discrimination against girls in food and healthcare allocation should therefore target priority regions of Bihar and Uttar Pradesh where poverty, low social development and patriarchal institutions persist, and investments in girls are limited. This reinforces the need to address directly the issue of gender discrimination in addition to encouraging social and economic development for its benefits on Indian women."

The Guardian, May 15th 2018 (abridged and adapted).

Doc. 2 Portrait of Nidhi Goyal, disability and gender rights activist and comedian

From the age of four, Nidhi Goyal loved to paint, and by the time she was a teenager, she knew she wanted to be a portrait artist. When Nidhi was diagnosed with a degenerative eye disorder, at age 15, the loss of this dream was the biggest blow.

"I'm not sure, looking back now, that I would have had the temperament – the patience – for it," Nidhi tells us over a lime soda at a beachfront coffee shop in Malad. Articulate, chatty, and quick to laugh, this through-and-through Bombay girl eventually found a different creative outlet to suit her personality. A few years ago, she turned to stand-up comedy, both as a form of self-expression and as a way to extend the advocacy work she was already doing for disability and gender rights.

She eventually chose a career in mass media and then transitioned to rights-based work for people with disabilities. In May 2015, Nidhi recorded with a filmmaker instances of ignorance or prejudice that she encountered, ranging from misconceptions about disability and sexuality, to observations about navigating public spaces – from city streets to airplane bathrooms. Then, it was just a matter of stringing them together for the show. "It's part of the way I've looked at things in life – the lens I adopted to my own challenges," she says.

She may not have become a portrait painter, but Nidhi has succeeded in holding a mirror up to society, challenging its stereotypes one quip at a time.

Blog page United Nations in India,
In.one.un.org (abridged and adapted).

Answer the following questions in English using your own words:

Doc. 1

a. After reading the text, can you quote the three reasons explaining why more than 230,000 girls under five die every year?

b. Explain the regional disparities.

c. In what way will social and economic development have benefits on Indian women?

Doc. 2

d. After reading the text, what can you say about the main character and the situation she has had to face?

e. What can you say about disabled people in India? Are they integrated into the society?

f. Explain how comedy may be "a way to extend the advocacy work she was already doing for disability and gender rights" (l. xxx).

Doc. 1 et Doc. 2

g. In your opinion, can Nidhi Goyal's message be heard by the population in the northern states of India?

3. Expression écrite

Vous traiterez **en anglais** et en 120 mots au moins **l'un des deux sujets suivants au choix :**

Sujet A :

You have attended Nidhi Goyal's show and you are writing an article for your school paper to express her message and your feelings.

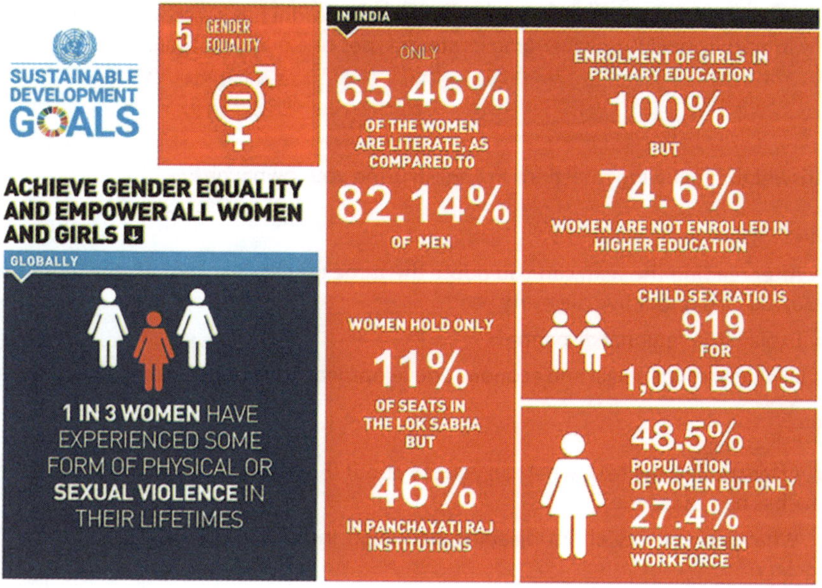

Sujet B :

You are a member of the Model United Nations for teenagers and you are in charge of warning other delegates about the dangers Indian girls are facing. Write the speech.

PARTIE II : ÉPREUVE ORALE

A. Look at the quote and the picture and say which one correspond the best to Diversity and inclusion according to you. Explain and give precise examples to justify your choice.

> **MÉTHODE**
> Cette partie de l'épreuve se déroule dans un second temps face à un examinateur, sans temps de préparation.

Quotation

"As women, we must stand up for ourselves.
We must stand up for each other.
We must stand up for justice for all."

Michelle Obama, Former First Lady, USA.

Visual Document

May 31st 2014, *Asianews.it*

B. Entretien

À la suite de votre exposé, l'examinateur vous posera des questions sur le travail que vous avez effectué en cours sur le même axe.

Quelques questions possibles :

- How important is education to favour inclusion?
- Is positive discrimination a way to develop equal treatment for women and ethnic minorities?
- If you had the opportunity to study in a foreign country, do you think you would lose your cultural identity to feel better integrated?

Corrigé

PARTIE I : ÉPREUVE ÉCRITE

→ *Retrouvez la transcription du fichier audio en flashant la page via l'application Nathan live.*

1. Compréhension orale

Ce document traite de l'augmentation du nombre d'avortements de fœtus de sexe féminin en Inde à cause de l'utilisation des techniques d'échographie qui permettent de prédire le sexe du bébé.

Le document donne l'exemple de Kamala, une Indienne, qui nous explique qu'elle a dû faire face à ce dilemme.

Kamala habite à Amalner, une ville de l'État du Maharashtra, sur les bords de la rivière Bori en Inde. Elle relate qu'elle avait beaucoup de rêves en se mariant et qu'elle croyait que ce serait comme dans les films. Aujourd'hui, elle se sent trahie.

MÉTHODE

Relevez les informations concernant le personnage principal :
– nom ;
– origine ;
– lieu d'habitation ;
– statut marital ;
– situation familiale.

En effet, elle dit avoir subi des pressions de son mari et de la famille de ce dernier, qui voulaient qu'elle avorte car elle attendait une deuxième fille.

Par conséquent, elle a préféré quitter le domicile conjugal avec ses deux filles. Elle est actuellement en procès contre son mari. Mais celui-ci conteste les charges d'accusation.

Même si ces pratiques sont illégales en Inde, certains y ont recours pour connaître le sexe du bébé. Ainsi, on observe un manque de filles. À Delhi, le ratio est de 821 filles pour 1 000 garçons. Et ce n'est pas la nature qui est responsable de ce déséquilibre. Les filles sont considérées comme un poids par les parents, qui doivent notamment payer des dots élevées au moment du mariage.

LEXIQUE

abort/abortion avorter/avortement
screening techniques échographie
dowry dot
gender gap manque de filles
liability poids (ici)

Kamala fait aujourd'hui figure de modèle car, dans un pays où des millions de filles ne vont pas à l'école, elle conseille aux autres femmes de suivre son exemple, c'est-à-dire de donner une éducation scolaire à leurs filles.

2. Compréhension écrite

Doc. 1

a. In the text, the journalist gives three reasons explaining why more than 230,000 Indian girls die every year. Many deaths are caused by neglect from the girls' families and health practitioners. The first two reasons deal with health. Girls receive less medical attention than boys. Secondly they have poorer nutrition. The last reason concerns education. In fact, girls receive less education than boys.

b. The excess mortality rates concern 29 out of 35 states of India. There are regional disparities. The average rate is 18.5 per 1,000 live births, which is the case in southern states. However, the rate in northern states is much higher. It is 30 per 1,000 live births. The gap can be explained by the fact that northern states are mostly rural with lack of knowledge and socio-economic status and high fecundity.

c. In northern states, poverty is present, social development is low and patriarchal institutions persist. Gender discrimination is high since girls represent a burden to their families. Increasing social and economic development would enable girls to have a better access to food and healthcare.

Doc. 2

d. The main character is Nidhi Goyal. As a teenager, she wanted to be a portrait artist. But at the age of 15, she was diagnosed with a degenerative eye disorder. So she had to change her plans. As a young woman suffering from blindness, she considered she could use her gender and her disability to convey a message. So she decided to become a comedian.

e. Nidhi Goyal observed that Indian people have misconceptions about disabled people. Those false ideas are due to ignorance or prejudice.

f. Nidhi Goyal is a committed woman and she advocates gender rights and disability. Comedy may be a way to extend her work since she plays on stage the scenes she encounters in her life. It is a way to raise the audience's awareness on both subjects.

Doc. 1 et Doc. 2

g. It may be difficult for people from northern states to understand the message she conveys on stage. In fact, as a female comedian, she is not legitimate in states where patriarchal institutions keep persisting. It is certainly too premature to use comedy to make mentalities evolve.

L'ASTUCE DU PROF

Relisez rapidement les deux textes pour répondre à cette question.

3. Expression écrite

Sujet A :

L'ASTUCE DU PROF

Donnez un titre à votre article !

Nidhi Goyal, Activist and Committed Comedian

Yesterday, Nidhi Goyal performed on the school stage and 50 students and I got the opportunity to attend the show.

Nidhi Goyal is an exceptional Indian woman with a lot of energy. She is a committed comedian who regularly performs in metropolitan cities in India.

When she was a child, she wanted to become a portrait artist. But unfortunately, at the age of 15, she was diagnosed with a degenerative eye disorder. How disappointed she was! But with courage and determination, she managed to build new plans.

In fact, she understood that as a disabled young woman, it was more difficult for her because handicap is ill-regarded in India. That is the reason why she decided to convey her message as a comedian. It is easier to use humour to sensitize people.

Her show is based on her everyday experiences and thanks to comedy, people's awareness toward gender rights and disability is raised.

To conclude, I suggest you should attend Nidhi Goyal's show. It is a moment full of joy, happiness and hope.

Sujet B :

Honourable Chairs, Honourable Delegates,

As a member of an organization defending women's rights in India, I would like to depict the worrying conditions young girls are facing in rural regions of India.

First there is a gender gap in 29 out of 35 states. The ratio is 919 girls for 1,000 boys. Young girls are missing because of the high rate of abortion. Even if it is illegal in India, screening techniques are used to predict the sex of the baby.

However, abortions are not the only reason explaining gender gap. In fact, many young girls' deaths are caused by neglect from families and health practitioners. Girls have poorer nutrition and they receive less medical attention than boys. Besides, they receive less education than boys. Only 65.46% of women are literate compared to 82.14% of men. It is due to the fact that only 74.6% of Indian girls have access to higher education.

Secondly, women are regarded as a liability because patriarchal traditions still persist in India. Parents have to pay expensive dowries when they marry their daughters. And married women must move to live by their husband's families and take care of the ageing parents. Many women suffer from physical or sexual violence in their lifetimes. Indeed, one in three women have had such a sad experience.

To conclude, it is difficult for women to do like Kamala, as only 27.4% of women are in the workforce and can thus be financially independent.

I thank you for your attention.

PARTIE II : ÉPREUVE ORALE

A high number of young girls are missing in India today. Women are not well-integrated into the Indian society and may be considered as second-class citizens. To what extent can tradition explain the gender gap Indian women are facing today? In a first part, I will examine the reasons of these statistics. Then in a second part, I will study the consequences of traditions in rural regions of India.

The gender gap faced by the Indian society is due to the mass killings of young girls. Parents use ultrasound screening techniques to predict the sex of babies. Even if it is illegal in India, they take the risk to do it. When they learn that they are expecting a baby girl, they choose abortion. Besides young girls suffer from poorer conditions than boys. They receive less medical attention by parents and health practitioners. They also suffer from starvation as they have poorer nutrition. They are given less education than boys. As a consequence, many girls are illiterate. Moreover, they also suffer from physical and sexual violence. Rapes and physical violence are frequent. In the visual document, we can see young women demonstrating in the street. They want to raise people's awareness about the dangers of being a woman. In the foreground, the woman is holding a placard where it is written: "I live in a country where a girl is neither safe inside the womb nor outside it." As I have just mentioned, girls may die before birth or once born." Sexual violence may bring about trauma and death. As there is a lack of women, men have difficulties to find wives. Consequently, the number of rapes increases in big cities and rural regions. Justice is unbalanced and rapists are rarely sued. The woman on the document wants to warn people. Michelle Obama affirms that "as women, we must stand up for ourselves. We must stand up for each other. We must stand up for justice for all." It means that Indian women must warn other Indian women. But she also wishes to raise the international community's awareness. Education is a means to succeed in gathering other women. If more Indian women had access to higher education, they could claim for justice. They could work and be financially independent. They could decide to leave their husbands and prevent their baby girls from being killed.

India is a male-dominated society. Patriarchal institutions still persist. And in rural regions, traditions are even stronger. Marriages are still arranged in those regions. And young girls may get married even before the age of 12. Their parents see them as a burden as they will have to pay expensive dowries for their marriages. Boys are much more popular; in fact, they will keep their parents' businesses. They will hold their parents' names. And they will take care of their parents when they get old.

On the contrary, when they get married, girls will leave their families to live by their husbands' families. Thus they are considered as useless mouths to feed.

The situation is better in metropolitan cities because the cities as Delhi, for instance, are westernizing. Women can have access to education more easily. And patriarchal institutions have less weight. The trend is thus changing. It means that it will need a lot of time before women may reach equality and inclusion. Hard work and education are two tools to help the situation evolve. There are models to follow. Some committed women show that the situation is gradually evolving. Prathiba Patil was the first and only woman to hold the office of President of India between 2007 and 2012. Whereas there were no women in politics before the 1960s, they are today 11% female members of Parliament.

To conclude, westernization may be a way for Indian women to get a better status and be better included in the society. Perhaps it will turn the male-dominated society into a more egalitarian society in which women could work and have responsibilities. If they were included, young girls would not be in danger before birth or once born. However, westernization cannot be the only solution to improve the status of Indian women. Education and hard work will help women to be equally-represented in politics and thus will give them more power to change things!

Annexes

THE UNITED STATES OF AMERICA

Quebec City
Montreal
OTTAWA
MAINE (ME)
Augusta
Montpelier
VERMONT (VT)
NEW HAMPSHIRE (NH)
Concord
Boston
MASSACHUSETTS (MA)
Providence
RHODE ISLAND (RI)
CONNECTICUT (CT)
Hartford
Albany
NEW YORK (NY)
New York
Lake Superior
MICHIGAN (MI)
Lake Michigan
Lake Huron
Toronto
L. Ontario
Buffalo
L. Erie
WISCONSIN (WI)
Madison
Milwaukee
Lansing
Detroit
Cleveland
PENNSYLVANIA (PA)
Philadelphia
Trenton
Pittsburgh
Harrisburg
NEW JERSEY (NJ)
MARYLAND (MD)
Dover
DELAWARE (DE)
Annapolis
WASHINGTON D.C.
IOWA (IA)
Des Moines
Chicago
ILLINOIS (IL)
Springfield
INDIANA (IN)
Indianapolis
OHIO (OH)
Columbus
Cincinnati
WEST VIRGINIA (WV)
Charleston
Richmond
VIRGINIA (VA)
St Louis
Jefferson City
MISSOURI (MO)
Ohio
Frankfort
Louisville
KENTUCKY (KY)
Appalachian Mts
Raleigh
NORTH CAROLINA (NC)
Mt Mitchell 2038
Nashville
TENNESSEE (TN)
Memphis
Tennessee
ARKANSAS (AR)
Mississippi
Little Rock
Columbia
SOUTH CAROLINA (SC)
Atlanta
GEORGIA (GA)
ALABAMA (AL)
Montgomery
Alabama
MISSISSIPPI (MS)
Jackson
LOUISIANA (LA)
Baton Rouge
New Orleans
Tallahassee
FLORIDA (FL)
Tampa
Miami
Gulf of Mexico
ATLANTIC OCEAN
BAHAMA ISLANDS
Straits of Florida
CUBA
Federal capital
State capital
Important city
State boundary
2000 m +
1000 m +
200 m +
0 m - 200 m
500 km
500 miles

Annexes

THE BRITISH ISLES

LES PRONOMS PERSONNELS

Pronoms personnels sujet	Pronoms personnels complément	Pronoms personnels réfléchis	Adjectifs possessifs	Pronoms possessifs
I work	*He gives **me** an orange*	*myself*	my house	It's **mine**
You work	*I give **you** an orange*	*yourself*	your house	It's **yours**
He works	*I give **him** an orange*	*himself*	his house	It's **his**
She works	*I give **her** an orange*	*herself*	her house	It's **hers**
It works	*I give **it** an orange*	*itself*	its house	It's **its**
We work	*They give **us** an orange*	ourselves	our house	It's **ours**
You work	*They give **you** an orange*	yourselves	your house	It's **yours**
They work	*We give **them** an orange*	themselves	their house	It's **theirs**

Attention !
Ne pas confondre : *they them their theirs* entre eux, mais aussi avec *there*. La prononciation est très semblable, mais la construction des phrases et l'orthographe des mots ne le sont pas du tout.

→ ***They** like chocolate.* **Ils** aiment le chocolat. (pronom personnel sujet)
→ *We hate **them**.* Nous **les** détestons. (pronom personnel complément)
→ *It is **their** car.* C'est **leur** voiture. (adjectif possessif)
→ *Yes it is **theirs**.* Oui, c'est **la leur**. (pronom possessif)
→ ***There** are many people in the street.* **Il y a** beaucoup de gens dans la rue.

Pronoms possessifs de la troisième personne
En anglais, ils prennent le genre (masculin, féminin, neutre) **de la personne qui possède** et ne s'accordent pas avec le nom qu'ils précèdent. Le possessif peut donc changer pour un même nom.

→ *her house* sa maison (la maison appartient à une femme)
→ *his house* sa maison (la maison appartient à un homme).

LES PRINCIPAUX QUANTIFIEURS

	Quantifieur	Noms dénombrables	Noms indénombrables
Quantité nulle	***No***	→ *She has* ***no*** *brothers.* Elle n'a pas de frères. Devant les dénombrables au singulier, on préfère utiliser *a* plutôt que *no.* → *We haven't got* ***a*** *car.* Nous n'avons pas de voiture.	→ *She has* ***no*** *money.* Elle n'a pas d'argent.
	Not… any	→ *He has* ***not*** *got* ***any*** *brothers and sisters.* Il n'a pas de frères et sœurs.	→ *She has* ***not*** *got* ***any*** *money.* Elle n'a pas d'argent.
	None ***No one*** (pronom personnel)	→ How many children came to the party? Combien d'enfants sont venus à la réception ? ***None****/none of them.* Aucun/aucun d'entre eux. ***No one*** *came.* Personne n'est venu.	
Petite quantité	***Little*** peu de ***A little*** un peu de		→ *Please, spend* ***a little*** *time with me.* S'il te plait passe un peu de temps avec moi. → *They were giving* ***little*** *information.* Ils donnaient peu de renseignements.
	Few peu de ***A few*** quelques	→ *There are* ***few*** *birds, it's too cold.* Il y a peu d'oiseaux, il fait trop froid. → *I have seen* ***a few*** *friends.* J'ai vu quelques amis.	
Grande quantité	***Much*** beaucoup Peut être adjectif ou pronom. S'emploie surtout dans les phrases négatives.		→ *I can't lend you* ***much*** *money because I haven't got much.* Je ne peux pas te prêter beaucoup d'argent parce que je n'en ai pas beaucoup.
	Too much trop de		→ *I have* ***too much*** *wine in my glass.* J'ai trop de vin dans mon verre.
	Many beaucoup Peut être adjectif ou pronom. S'emploie surtout dans les phrases négatives.	→ *I could not read* ***many*** *books during the holidays.* Je n'ai pas pu lire beaucoup de livres pendant les vacances.	

	Quantifieur	Noms dénombrables	Noms indénombrables
	Too many trop de	→ *There were* ***too many*** *animals in the zoo*. Il y avait trop d'animaux dans le zoo.	
Grande quantité	***A lot of / lots of / plenty of*** beaucoup / plein de	→ *I have seen* ***a lot of*** *his films and I really appreciate them.* J'ai vu beaucoup de ses films et je les apprécie. → *There were* ***lots of*** *cats / plenty of cats around.* Il y avait beaucoup de chats aux alentours.	→ *In England you always drink* ***a lot of*** *tea.* En Angleterre, on boit toujours beaucoup de thé. → *Don't worry, we have* ***lots of*** *time / plenty of time.* Ne t'inquiète pas, on a tout le temps qu'il faut.
Quantité indéterminée : du/ de la /des **Dans les phrases affirmatives**	***Some***	→ *I have got* ***some*** *very interesting new photographs to show you.* J'ai de nouvelles photographies très intéressantes à vous montrer.	→ *I can give you* ***some*** *information if you want.* Je peux vous donner des renseignements si vous voulez.
et aussi dans les phrases **interrogatives** dites « de politesse » qui ne laissent aucun doute sur la réponse positive, ou bien si c'est une offre.		→ *Can I have* ***some*** *biscuits please?* Puis-je avoir des biscuits s'il vous plait ? (si on en propose, c'est qu'il y en a).	→ Would you like **some** coffee? Voulez-vous du café ? (si on en propose, c'est qu'il y en a).
Dans les phrases négatives	***Any***	→ *I don't want* ***any*** *reward.* Je ne veux pas de récompense.	→ *He does not accept* ***any*** *money.* Il n'accepte pas d'argent.
et aussi **interrogatives** lorsqu'on ne connaît vraiment pas la réponse.		→ *Have you received* ***any*** *letters?* Avez-vous reçu des lettres ?	→ *Do you have* ***any*** *change?* Avez-vous de la monnaie ?

Annexes

LES CONNECTEURS LOGIQUES

- *Although / Though* bien que, quoique • ***Although*** *Pat was an Irish name, the man on the phone sounded totally English.*
- *As / Since* comme, étant donné que, puisque • ***As*** *there are so many pubs in London, Bridie could have been mistaken.*
- *As* au fur et à mesure que • ***As*** *the story unfolds, we realize that she is not going to meet the man she expected.*
- *As* comme, de la même façon que • ***As*** *it is usually the case when you meet someone for the first time, Bridie finds it hard to contain herself.*
- *As if / As though* comme si • *When the little Indian started talking to her, Bridie reacted* ***as if*** *she had felt insulted.*
- *As long as / So long as* tant que, pourvu que, à condition que • ***As long as*** *you don't expect to meet your friend you won't be disappointed.*
- *As soon as* dès que, aussitôt que • ***As soon as*** *the Indian man started to talk to her she looked down on him.*
- *Because of / Due to / Owing to* à cause de, en raison de • ***Due to*** *the unusual conditions, they were both very embarrassed.*
- *Besides* d'ailleurs, en outre • *Pat meant no harm to her.* ***Besides****, he addressed her very politely.*
- *Contrary to* en opposition à, à l'encontre de • ***Contrary to*** *the tall Prince Charming she had been dreaming of, Pat was a small man.*
- *Despite / In spite of* malgré, en dépit de • ***Despite*** *Bridie's lack of enthusiasm, the Indian man insisted on taking her out to dinner.*
- *Either… or* ou (bien)… ou (bien) • *On a blind date you* ***either*** *accept to be surprised* **or** *you do not go at all.*
- *Even though* bien que • ***Even though*** *Pat was smiling, Bridie remained very cold and unwelcoming.*
- *For* depuis (+ durée) • ***For*** *weeks she had been dreaming of this!*
- *For fear of* de peur de, de crainte de • *She could hardly speak* ***for fear of*** *letting her disappointment transpire.*
- *However / Yet / Still / Nevertheless* pourtant, cependant • *The reader has mixed feelings about Bridie.* ***However****, he sympathizes with Pat.*
- *However* + **adjectif ou adverbe:** aussi (+ adjectif + subjonctif) ; avoir beau • ***However unlikely*** *it seems, they might have agreed to meet again.*
- *If* si • ***If*** *I were you, I would never go to another blind date.*
- *In order to / So as to* afin de • *She was just about ready to do anything* ***in order to*** *avoid any more blind dates.*

- *Insofar as / Inasmuch as* dans la mesure où • ***Insofar as*** *she did not know his last name, she could not guess he was Indian.*
- *Moreover / Furthermore / What's more* de plus, qui plus est, en outre • *This text relates the story of a blind date.* ***Moreover*** *it tackles an interesting issue: the difficulties of integration in a biased society.*
- *Neither… nor* ni… ni • ***Neither*** *Pat* ***nor*** *Bridie was relaxed.*
- *No matter what / Whatever* quoi que (+ subjonctif) ; peu importe • **No matter what** he said, at this stage, she had made her decision.
- *No matter who / Whoever* peu importe qui • ***No matter who*** *is in front of you, remember beauty is only skin deep.*
- *Once / As soon as* une fois que, dès que • ***Once*** *she has found a suitable man, she will be happy.*
- *Provided (that) / Providing (that)* pourvu que, à condition que • ***Provided*** *you can speak a little English, visiting London is a treat.*
- *Since* depuis (+ moment précis) • *English women over 21 have had the right to vote* ***since*** *1928.*
- *So / And that's why / Thus* ainsi, donc, par conséquent • *There are myriads of pubs in London,* ***so*** *pick the trendy ones!*
- *So that* afin que, pour que • *The narrator gives us a lot of details* ***so that*** *we may visualize the scene.*
- *Therefore* donc, par conséquent, pour cette raison • *He is desperately looking for someone,* ***therefore*** *he may not find anyone.*
- *Though / And yet* et pourtant • *They are not made for each other, they might get along in the end* ***though****.*
- *Unless* à moins que • *She will remain single* ***unless*** *she tries to be more open-minded.*
- *Until / till* jusqu'à • ***Until*** *recently it took three hours from Paris to go to London by train, now it has gone down to two hours and 15 minutes!*
- *Whatever* quoi que (+ subjonctif) / *Whenever* chaque fois que / *Whoever* qui que / *Wherever* où que • ***Whatever*** *you do, be honest with yourself* ***whenever*** *you can,* ***whoever*** *you are,* ***wherever*** *you are.*
- *Whereas / While* alors que (par opposition) • *Pubs have strict schedule rules,* ***whereas*** *cafés are open all day long.*
- *Whether… (or)* si… (… ou) • *We may wonder* ***whether*** *Pat had foreseen what actually happened.*
- *Whether… (or not)* que (+ subjonctif) (… ou non) • ***Whether*** *you speak English* ***or not*** *makes a great difference when you travel.*
- *While* pendant que • *You must strike* ***while*** *the iron is hot.*
- *Yet* jusqu'ici • *This is likely to be her best blind date* ***yet.***
- *(Not) Yet* (pas) encore • *While the reader is aware of the Indian man's purpose, Bridie has* ***not*** *got any clue* ***yet.***

LES ERREURS À ÉVITER

	WRONG	REMEMBER	MEMORIZE
« Être d'accord » **« Ne pas être d'accord »**	– *I ~~am~~ agree* – *I'~~m not~~ agree*	*To agree* est un verbe	– *I* **agree with** *that statement* – *I* **don't agree with** *you*
« Avoir raison » **« Avoir tort »**	– *She ~~has reason~~* – *He ~~has wrong~~*	– *To be right* – *To be wrong*	– *She* **is right** – *He* **is wrong**
Expression du but	*I'm going to London ~~for~~ find a job*	Jamais *"for"* devant un verbe pour exprimer un but	*I'm going to London* **(in order) to** *find a job*
« Permettre à quelqu'un de faire quelque chose »	*Watching movies in the original version ~~permits~~ me to improve my English*	*To enable / allow someone to do something*	*Watching movies in the original version* **enables / allows** *me to improve my English*
Depuis : durée / moment précis	*He ~~sleeps since~~ eight hours*	*For* et *since* : *present perfect be + V-ing*	*He***'s been sleeping for** *eight hours /* **since** *8:00 pm*
« Pendant » **« Pendant que »**	*~~During~~ three years*	– *During = at one point, in a certain period of time* – Pendant que = *while*	– **During** *my holidays I went to London* **for** *three days* – **While** *you were reading, I was doing my homework*
Adjectifs	*The ~~french~~ students are ~~differents~~ from the ~~american~~ students*	– Adjectifs invariables – Majuscules aux nationalités	*The* **French** *students are* **different** *from the* **American** *students*
Adjectifs composés	*The main character is ~~thirteen years~~*	– Traits d'union – et pas de *"s"*	*The main character is* **a thirteen-year-old boy**
Assez	*He's ~~enough~~ old to understand*	*"Enough"* après l'adjectif	*The main character is* **old enough** *to understand*

	WRONG	REMEMBER	MEMORIZE
"Much" **"Many"**	*~~Much~~ people think…*	– *"Much"* suivi d'un indénombrable – *"Many"* suivi d'un dénombrable	– *He doesn't have* **much money** – **Many people** *think…*
Gérondifs	*She drinks after ~~to eat~~*	*V-ing* après une préposition : *without, instead of, before, after*	*She drinks* **without** *eat***ing**
« Tous » **« Tout »**	*Every ~~men are~~*	– *Every* + singulier – *All* + pluriel – *Everything*	– *Every* **man is** *an island* – **All** *students* **are** *told to work* – *Thank you for* **everything**
« Vouloir que quelqu'un fasse quelque chose »	*The teacher ~~wants that…~~*	*To want someone to do something*	*The teacher* **wants the students to** *work hard*
L'habitude dans le passé	*People used to ~~smoking~~*	*Used to* + base verbale	*People* **used to** *smoke*
Subjonctif	*I suggest he ~~goes~~ there*	*Suggest / Require* + base verbale	*I suggest he* **go** *there*
Modaux	*He must ~~to~~ leave now*	*Must / can / may / might / should…* + base verbale	*He* **must leave** *now*
Verbes à deux compléments	*~~They tell us~~ that*	Voix passive *(give, offer, award, show, teach, ask, send…)*	**We are told** *that…*
"To tell" ≠ "to say"	*He ~~said me~~*	Constructions différentes des verbes *to tell* et *to say*	– *He* **said to me**: *"I'll come"* – *He* **told me** *he would come*
"As" ≠ "like"	– *She sleeps ~~as~~ a log* – *I did ~~like~~ you told me*	– *"Like"* + substantif – *"As"* + proposition (verbe)	– *She sleeps* **like** *a log* – *I did* **as** *you told me*
"The same… as"	*This essay deserves the same grade ~~than~~ that one*	*The same* est suivi de *"as"*	*This essay deserves* **the same** *grade* **as** *that one*

PRINCIPAUX FAUX-AMIS

anglais	français	français	anglais
to abuse	insulter	abuser (de la situation)	*to take advantage of*
actually	vraiment, en fait	actuellement	*currently*
an agenda	un programme / un ordre du jour	un agenda	*a diary / a schedule*
a coin	une pièce	un coin	*a corner*
a college	une université	un collège	*a junior school*
to deceive	tromper	décevoir	*to disappoint*
to deliver	livrer	délivrer	*to free*
eventually	finalement	éventuellement	*possibly*
a figure	un chiffre	la figure	*the face*
an information	un renseignement	les informations	*the news*
to injure	blesser	une injure	*an insult*
a journey	un voyage	une journée	*a day*
a lecture	une conférence	la lecture	*reading*
a library	une bibliothèque	une librairie	*a book shop*
to pass an exam	réussir un examen	passer un examen	*to sit (UK), take(US) an exam*
petrol	l'essence	le pétrole	*oil*
a phrase	une expression	une phrase	*a sentence*
a rest	une sieste	rester	*to stay*
sensible	raisonnable	sensible	*sensitive*
to support	soutenir / encourager	supporter (une douleur…)	*to put up with*
a surname (UK)	un nom de famille	un surnom	*a nickname*
sympathetic	compatissant	sympathique, aimable	*friendly*

QUELQUES VERBES PRÉPOSITIONNELS ET À PARTICULES

Quelques verbes ou expressions prépositionnels *Attention : quand on met un verbe après une préposition, il est en V –ing.*	**Quelques verbes à particules** *Les particules adverbiales n'introduisent pas de complément ; elles changent le sens du verbe.*
to account for expliquer	*to talk back* rétorquer (réalphabétiser)
to agree with s.o. on something être d'accord avec quelqu'un sur quelque chose	*to break out* éclater (une guerre/un conflit)
to (dis)approve of (dés)approuver	*to bring up (children)* élever (des enfants)
to be different from être différent de	*to call off* reporter, remettre à plus tard
to be interested in être intéressé par	*to carry on* continuer
to be responsible for être responsable de	*to come through* s'en sortir
to be synonymous with être synonyme de	*to cut down* réduire
to blame s.o. for sthg accuser quelqu'un de	*to cut off* supprimer (une somme d'argent)
to borrow sthg from s.o. emprunter	*to fill in* remplir (un formulaire)
to cope with faire face, surmonter	*to get along with s.o.* s'entendre bien avec quelqu'un
to deal with s'occuper d'un problème, régler un problème	*to get by* se débrouiller
to depend on dépendre de	*to give back* rendre
to escape from s'échapper	*to give in* céder
to get on well with s.o. s'entendre bien avec quelqu'un	*to give up* abandonner
to be good at être bon en	*to go on* continuer
to glance at jeter un coup d'œil	*to keep on* continuer
to laugh at s.o. se moquer de quelqu'un	*to let s.o. down* laisser tomber quelqu'un
to listen to écouter	*to look down on s.o.* mépriser quelqu'un
to look after s.o. s'occuper de	*to look a word up in the dictionary* vérifier un mot dans le dictionnaire
to look for chercher	*to make out* comprendre / distinguer dans l'obscurité
to look forward to attendre avec impatience de	*to pick up* ramasser
to look like s.o. ressembler à	*to put off* reporter
to prevent s.o. from empêcher quelqu'un de	*to set up a business* créer une entreprise
to put up with supporter (une douleur…)	*to slow down* ralentir
to rely on compter sur	*to sum up* résumer
to take to se mettre à	*to take off* ôter un vêtement / décoller (avion)
to suceed in réussir à	*to throw away* jeter
to wait for attendre	*to turn down* refuser une offre / baisser le son

ANGLAIS BRITANNIQUE ET ANGLAIS AMÉRICAIN

British English	American English	Français
autumn	*fall*	l'automne
the bill	*the check*	l'addition
a biscuit	*a cookie*	un gâteau sec
chips / crisps	*french fries / chips*	des frites / des chips
a Christian name	*a first name*	un prénom
a film	*a movie*	un film
a flat	*an apartment*	un appartement
ground floor	*first floor*	le rez-de-chaussée
holidays	*vacation*	les vacances
a last name	*a surname*	un nom de famille
a lift	*an elevator*	un ascenseur
a lorry	*a truck*	un camion
a mark	*a grade*	une note (à l'école)
a motorway	*a highway*	une autoroute
a pavement	*a sidewalk*	un trottoir
petrol	*gas*	de l'essence
to queue	*to line up*	faire la queue
sweets	*candy*	des bonbons
a tap	*a faucet*	un robinet
a taxi	*a cab*	un taxi
trousers	*pants*	des pantalons
underground / the tube	*the subway*	le métro

Il existe également certaines différences orthographiques :
Les mots en **-our** en anglais s'écrivent **-or** en américain : *colour* (UK), *color* (US)
Les mots en **-tre** en anglais s'écrivent -ter en américain : *theatre* (UK), *theater* (US)

NOMS DE PAYS ET ADJECTIFS DE NATIONALITÉ

Pays	Adjectifs de nationalité	Noms des habitants
Africa	*African*	The Africans
America / The USA	*American*	The Americans
Australia	*Australian*	The Australians
Austria Autriche	*Austrian*	The Austrians
Burma (Myanmar) Birmanie	*Burmese*	The Burmese
Canada	*Canadian*	The Canadians
China	*Chinese*	The Chinese
Denmark	*Danish*	The Danes
England	*English*	The English
Europe	*European*	The Europeans
France	*French*	The French
Germany Allemagne	*German*	The Germans
Great Britain	*British*	The British
Greece	*Greek*	The Greeks
Holland / The Netherlands	*Dutch* hollandais	The Dutch
Iraq	*Iraqi*	The Iraqis
Ireland	*Irish*	The Irish
Israel	*Israeli (Israelian)*	The Israelis
Italy	*Italian*	The Italians
Japan	*Japanese*	The Japanese
Lebanon	*Lebanese*	The Lebanese
Morocco	*Moroccan*	The Moroccans
Norway	*Norwegian*	The Norwegians
Poland	*Polish*	The Poles
Portugal	*Portuguese*	The Portuguese
Russia	*Russian*	The Russians
Saudi Arabia	*Saudi*	The Saudis
Scotland	*Scottish*	The Scots
Spain	*Spanish*	The Spanish (the Spaniards)
Sweden	*Swedish*	The Swedes
Switzerland	*Swiss*	The Swiss
Thailand	*Thai*	The Thai
Vietnam	*Vietnamese*	The Vietnamese
Wales	*Welsh*	The Welsh

QUELQUES VERBES IRRÉGULIERS

Les verbes suivis de * ont aussi une forme régulière.

was / were born : naître.

infinitif	preterit	participe passé	traduction
be	*was / were*	*been*	être
bear	*bore*	*borne*	supporter
beat	*beat*	*beaten*	battre
become	*became*	*become*	devenir
begin	*began*	*begun*	commencer
bend	*bent*	*bent*	se courber
bet	*bet*	*bet*	parier
bite	*bit*	*bitten*	mordre
bleed	*bled*	*bled*	saigner
blow	*blew*	*blown*	souffler
break	*broke*	*broken*	casser
breed	*bred*	*bred*	élever
bring	*brought*	*brought*	apporter
build	*built*	*built*	construire
*burn**	*burnt*	*burnt*	brûler
burst	*burst*	*burst*	éclater
buy	*bought*	*bought*	acheter
cast	*cast*	*cast*	lancer
catch	*caught*	*caught*	attraper
choose	*chose*	*chosen*	choisir
come	*came*	*come*	venir
cost	*cost*	*cost*	coûter
cut	*cut*	*cut*	couper
deal	*dealt*	*dealt*	distribuer, négocier, s'occuper de
dig	*dug*	*dug*	creuser
do	*did*	*done*	faire
draw	*drew*	*drawn*	tirer [un trait]

infinitif	preterit	participe passé	traduction
*dream**	*dreamt*	*dreamt*	rêver
drink	*drank*	*drunk*	boire
drive	*drove*	*driven*	conduire
eat	*ate*	*eaten*	manger
fall	*fell*	*fallen*	tomber
feed	*fed*	*fed*	nourrir
feel	*felt*	*felt*	sentir, se sentir
fight	*fought*	*fought*	lutter, combattre
find	*found*	*found*	trouver
flee	*fled*	*fled*	fuir
fly	*flew*	*flown*	voler [en avion]
forbid	*forbade*	*forbidden*	interdire
forget	*forgot*	*forgotten*	oublier
freeze	*froze*	*frozen*	geler
get	*got*	*got*	obtenir, se procurer
give	*gave*	*given*	donner
go	*went*	*gone*	aller
grow	*grew*	*grown*	pousser, croître
hang	*hung*	*hung*	accrocher, suspendre
have	*had*	*had*	avoir
hear	*heard*	*heard*	entendre
hide	*hid*	*hidden*	cacher
hit	*hit*	*hit*	frapper, atteindre
hold	*held*	*held*	tenir, occuper
hurt	*hurt*	*hurt*	blesser, faire mal
keep	*kept*	*kept*	garder, conserver
kneel	*knelt*	*knelt*	s'agenouiller
know	*knew*	*known*	savoir, connaître
lay	*laid*	*laid*	coucher, placer
lead	*led*	*led*	mener, diriger
*lean**	*leant*	*leant*	s'appuyer
*learn**	*learnt*	*learnt*	apprendre

infinitif	preterit	participe passé	traduction
leave	*left*	*left*	quitter, partir
lend	*lent*	*lent*	prêter
let	*let*	*let*	permettre, laisser
lie	*lay*	*lain*	être couché, situé
lose	*lost*	*lost*	perdre
make	*made*	*made*	fabriquer, faire
mean	*meant*	*meant*	vouloir dire, signifier
meet	*met*	*met*	rencontrer
pay	*paid*	*paid*	payer
put	*put*	*put*	mettre, placer
quit	*quit*	*quit*	quitter
read (pron: reed)	*read (pron: red)*	*read (pron: red)*	lire
ride	*rode*	*ridden*	aller à cheval, à vélo
ring	*rang*	*rung*	sonner, téléphoner à
rise	*rose*	*risen*	se lever, s'élever
run	*ran*	*run*	courir
say	*said*	*said*	dire, déclarer
see	*saw*	*seen*	voir
seek	*sought*	*sought*	chercher
sell	*sold*	*sold*	vendre
send	*sent*	*sent*	envoyer
set	*set*	*set*	placer, fixer
shake	*shook*	*shaken*	secouer
shine	*shone*	*shone*	briller
shoot	*shot*	*shot*	lancer, tirer
show	*showed*	*shown*	montrer
shut	*shut*	*shut*	fermer
sing	*sang*	*sung*	chanter
sink	*sank*	*sunk*	couler, sombrer
sit	*sat*	*sat*	s'asseoir, rester assis
sleep	*slept*	*slept*	dormir
slide	*slid*	*slid*	glisser

infinitif	preterit	participe passé	traduction
*smell**	*smelt*	*smelt*	sentir
speak	*spoke*	*spoken*	parler
*spell**	*spelt / spelled*	*spelt / spelled*	épeler
spend	*spent*	*spent*	dépenser, passer [temps]
spill	*spilt*	*spilt*	répandre
spit	*spat*	*spat*	cracher
split	*split*	*split*	fendre
*spoil**	*spoilt*	*spoilt*	gâter, gâcher
spread	*spread*	*spread*	étendre
stand	*stood*	*stood*	se tenir debout
steal	*stole*	*stolen*	voler, dérober
stick	*stuck*	*stuck*	coller
strike	*struck*	*struck*	frapper
string	*strung*	*strung*	enfiler
swear	*swore*	*sworn*	jurer
sweep	*swept*	*swept*	balayer
swim	*swam*	*swum*	nager
take	*took*	*taken*	prendre
teach	*taught*	*taught*	enseigner
tear	*tore*	*torn*	déchirer
tell	*told*	*told*	dire, raconter
think	*thought*	*thought*	penser, réfléchir
throw	*threw*	*thrown*	jeter, lancer
undergo	*underwent*	*undergone*	subir
understand	*understood*	*understood*	comprendre
undertake	*undertook*	*undertaken*	entreprendre
wake	*woke*	*woken*	se réveiller
wear	*wore*	*worn*	porter [vêtements]
weep	*wept*	*wept*	pleurer
win	*won*	*won*	gagner
write	*wrote*	*written*	écrire

116 : SHUTTERSTOCK/ Andras_Csontos ; **117 :** SHUTTERSTOCK / Pierre Leclerc ; **119 :** SHUTTERSTOCK / Francesco Ferrarini ; **121 :** ADOBE STOCK PHOTO / Mistervlad ; **122 ht g :** CHRISTOPHE L COLLECTION /©Miramax ; **122 ht d :** CHRISTOPHE L COLLECTION /©World View Entertainment / Wild bunch Distribution ; **122 bas g :** CHRISTOPHE L COLLECTION /© Warner Bros. Pictures - Malpaso Productions ; **122 bas d :** CHRISTOPHE L COLLECTION ; **141 ht g :** SHUTTERSTOCK / © Frederic Legrand-COMEO ; **141 bas d :** SHUTTERSTOCK / © Twocoms ; **141 bas g :** SHUTTERSTOCK / Lev Radin ; **141 ht d :** SIPA PRESS / AP - Jeff Chiu ; **142 ht g :** PENGUIN RANDOM HOUSE, 2004 ; **142 bas g :** CHRISTOPHE L COLLECTION / © Prodigal Film & TV-BFI ; **142 ht d :** Droits Réservés / Sid Colton ; **142 bas d :** CHRISTOPHE L COLLECTION / © Paramount ; **156 ht g :** LIBRARY OF CONGRESS ; **156 bas d :** SHUTTERSTOCK / JStone ; **156 bas g :** Droits Réservés ; **156 ht d :** SHUTTERSTOCK / © Drop of Light ; **157 ht g :** Droits Réservés / The Modern Libray, 2016 ; **157 bas d :** CHRISTOPHE L COLLECTION / © RKO Radio Pictures / Mercury Productions ; **157 bas g :** CHRISTOPHE L COLLECTION/ © Warner Independant Pictures ; **157 ht d :** Droits Réservés / © The Crown Publishing .com ; **173 ht g :** LIBRARY OF CONGRESS / W. Kurtz ; **173 bas d :** WIKIMEDIA / Luna Imper ; **173 bas g :** Droits réservés / © Royal Canadian Academy of Arts / Library and Archives Canada ; **173 ht d :** LIBRARY OF CONGRESS ; **174 ht d :** Droits Réservés ; **174 bas d :** CHRISTOPHE L COLLECTION / © Universal Pictures ; **174 ht g :** Illustrated by Ann Grifalconi © HARPER COLLINS PUBLISHERS, 2005 ; **174 bas g :** CHRISTOPHE L COLLECTION /© Wadlegh Maurice ; **183 bas d :** Leemage / Emmevi ; **183 bas g :** PHOTO12.COM / ALAMY- Zuma Press ; **183 ht d :** SHUTTERSTOCK / Joe Seer ; **183 ht g :** PHOTO12.COM / ALAMY- Derrick Coetzee ; **184 ht g :** PENGUIN RANDOM HOUSE 2011 ; **184 bas d :** CHRISTOPHE L COLLECTION /©) Warner Bros. Pictures -Legendary Pictures ; **184 bas g :** CHRISTOPHE L COLLECTION / © Allied Vision ; **184 ht d :** PENGUIN RANDOM HOUSE 2013 ; **195 :** BASTIEN Pascal ; **196 ht g :** BIS / Ph. © Archives Nathan ; **196 bas d :** Droits Réservés / © Art Shay / The Life Image Collections ; **196 bas g :** SHUTTERSTOCK / © S_Bukley ; **196 ht d :** ROY EXPORT COMPANY ESTABLISHMENT ; **197 bas :** CHRISTOPHE L COLLECTION / Pathé ; **197 m d :** Droits Réservés / 2012-2020 Syrinh / Deviant Art Book Cover Project ; **197 m g :** CHRISTOPHE L COLLECTION / © Warner Bros . Television ; **197 ht :** Droits réservés / BBC Books 2009 ; **212 ht g :** AKG-Images / SPL ; **212 bas d :** Shutterstock / © Helga Esteb ; **212 bas g :** Shutterstock / Featureflash Photo Agency ; **212 ht d :** SHUTTERSTOCK / Action Sport Photography ; **213 ht g :** Droits Réservés / Faber &Faber 2005 ; **213 bas d :** CHRISTOPHE L COLLECTION / © Warner Bros-Village Roadshow ; **213 bas g :** CHRISTOPHE L COLLECTION / © Metro Goldwyn Mayer ; **213 ht d :** Droits Réservés / 2002-2004 by Kevin Warwick ; **227 ht g :** SHUTTERSTOCK / © s_bukley ; **227 bas d :** SHUTTERSTOCK / Nadezda Murmakova ; **227 bas g :** LIBRARY OF CONGRESS ; **227 ht d :** SHUTTERSTOCK / © Alessia Pierdomenico ; **228 bas g :** CHRISTOPHE L COLLECTION / © warner.bros Pictures-Malpaso Productions ; **228 ht d :** Droits Réservés / © Simon & Shuster 2014 ; **228 ht g :** Droits Réservés / HMH books 2003 ; **228 bas d :** CHRISTOPHE L COLLECTION / © Sumitomo Corporation / Imagica ; **241 :** BIS / Ph. © The British Library, Londres / Archives Bordas. ; **243 ht g :** ISTOCK / Clu ; **243 ht d :** BIS / Ph. © National Maritime Museum, Londres - Archives Larbor ; **243 bas g :** BIS / Ph. Gustavo Tomsich © Archives Larbor ; **243 bas d :** BIS / Ph. Studio Schweisthal © Archives Larbor ; **244 ht g :** Droits Réservés / © Picador- Macmillan Publishing 2007 ; **244 ht d :** Droits Réservés / © A. Knopf Publishing 1987 ; **244 m :** Droits Réservés / © Allen & Unwin Publishers 2005 ; **244 bas g :** CHRISTOPHE L COLLECTION / © Warner Bros-Celador Films ; **244 bas d :** CHRISTOPHE L COLLECTION / Bord Scannan na hEireann ; **278 :** Droits Réservés / United Nations in India / in.one.un.org ; **279 :** SIPA PRESS / AP- Photo: Anupam Nath.

Direction éditoriale : Raphaëlle Mourey
Coordination éditoriale : Marion Gautier, Julie Langlais
Édition : Nicolas Waszak
Conception graphique intérieur : Élise Launay
Couverture : Hugues Vollant, Marc Henry
Iconographe : Laure Penchenat
Compositeur : Linéale
Fabrication : Kévin Magar

FSC www.fsc.org MIXTE Papier issu de sources responsables FSC® C022030

Nathan est un éditeur qui s'engage pour la préservation de son environnement et qui utilise du papier composé de fibres naturelles, renouvelables, fabriquées à partir de bois provenant de forêts gérées de manière responsable et contrôlée.

N° éditeur : 10259020 - Dépôt légal : juin 2020
Achevé d'imprimer en juin 2020 par l'imprimerie Clerc à Saint-Amand-Montrond en France